HET WONDERLIJKE VERHAAL VAN DE MAN DIE VAN INDIA NAAR ZWEDEN FIETSTE VOOR DE LIEFDE

www.boekerij.nl

PER J ANDERSSON

HET WONDERLIJKE VERHAAL VAN DE MAN DIE VAN INDIA NAAR ZWEDEN FIETSTE VOOR DE LIEFDE

Ongelofelijk maar waargebeurd

Eerste druk juni 2018
Tweede druk juli 2018

ISBN 978-90-225-8448-4
ISBN 978-94-023-1129-7 (e-book)
NUR 402

Oorspronkelijke titel: *New Delhi – Borås*
Oorspronkelijke uitgever: Bokförlaget Forum, Stockholm
Vertaling: Daniëlle Stensen
Omslagontwerp: James Jones
Illustraties © Neil Gower
Zetwerk: Mat-Zet bv, Soest

Inhoud

De profetie

Al sinds mijn geboorte in een dorp in de jungle is mijn leven voorbestemd.

Het was winter, niet lang voor de viering van het Nieuwjaar van de Engelsen, al waren die er twee jaar daarvoor vandoor gegaan. Normaal regende het niet zo in deze tijd van het jaar, maar dit jaar was de moesson uit het noordoosten boven de kusten van Orissa blijven hangen. Uiteindelijk was het toch opgehouden met regenen, maar de donkere wolken onttrokken de beboste heuvels langs de rivier nog steeds aan het oog. Daardoor leek het alsof de schemering al was gevallen, zelfs al was het pas ochtend.

Maar toen brak de zon door, die het donker verdreef.

In een mand in een van de hutten in het dorpje in het bos lag ik, de hoofdpersoon van dit verhaal, nog naamloos. Ik was net geboren en mijn familie stond om me heen en keek verwonderd op me neer. De astroloog van het dorp was er ook en bekeek mij, geboren onder het sterrenbeeld Steenbok, op dezelfde dag als de profeet van de christenen.

'Kijk,' zei een van mijn broers, 'zien jullie dat?'

'Waar?'

'Daar, boven de baby!'

Iedereen zag de regenboog die in de door het raampje vallende lichtstraal werd gevormd. De astroloog wist wat dat betekende.

'Als hij groot is, gaat hij met verf en vormen werken.'

Al snel deed er een gerucht de ronde in het dorp. Een regenboogkind, zei iemand. Er is een belangrijke ziel, een mahatma, *geboren, zei iemand anders.*

Een paar weken later was er een cobra in de hut verzeild geraakt. Hij hief zich op tot boven de mand, waar ik onwetend van het gevaar lag te slapen, en spande zijn gespierde halsschild. Toen mijn moeder de slang in het oog kreeg, dacht ze dat hij al had toegeslagen en dat ik dood was. Terwijl de slang de hut uit kronkelde, rende ze naar de mand en ze ontdekte dat ik nog leefde. Ik lag daar stilletjes met mijn vingers te spelen en keek met mijn donkere ogen in het niets. Een wonder!

De slangenbezweerder van het dorp verklaarde dat de cobra de hut in was gekronkeld en zijn halsschild voor mij had uitgezet om me te beschermen tegen de regen, die door het gat in het dak recht boven de mand viel. De laatste paar dagen had het hard geregend en het water had het dak van de hut beschadigd. De cobra is goddelijk en men zag het beschermende gedrag van de slang als een teken Gods. De astroloog knikte instemmend toen de slangenbezweerder klaar was met zijn uitleg. Zo zat het, stemde hij in. Daar hoefden ze verder geen woorden aan vuil te maken.

Ik was niet zomaar een baby.

Daarna was het de beurt aan de astroloog. Het was zijn taak om op te tekenen wat er in mijn leven zou gebeuren. Hij kraste met een geslepen stokje in een palmblad: Hij zal trouwen met een meisje dat niet uit deze stam komt, niet uit het dorp, niet uit de streek, niet uit de provincie, niet uit de deelstaat en ook niet uit ons land.

'Je hoeft niet naar haar op zoek te gaan, ze zal jou vinden,' zei de astroloog terwijl hij me recht in de ogen keek.

Mijn vader en moeder konden eerst niet lezen wat de astroloog in het blad had gekrast. Pas toen hij de vlam van een olielamp onder een messing kandelaar hield die met boter was ingevet en het roet dat werd gevormd op de inkepingen in het dikke poreuze blad liet vallen, werd de tekst zichtbaar. Toen hoefde de astroloog het niet meer voor te lezen. Nu lazen ze zelf: Jouw aanstaande vrouw is muzikaal, eigenaar van een jungle en geboren onder het sterrenbeeld Stier, *stond er met ronde, krullerige letters in het Odia geschreven.*

Sinds de dag waarop ik begon te begrijpen waar de volwassenen het over hadden, heb ik geleefd met het palmblad met de profetie en het verhaal over de regenboog en de cobra. Iedereen was ervan overtuigd dat mijn toekomst vaststond.

Ik was niet de enige over wie een profetie was uitgesproken. De toekomst van alle kinderen staat in de sterren geschreven op het moment dat ze geboren worden. Dat geloofden mijn ouders, dat geloofde ik toen ik opgroeide en ergens geloof ik dat nog steeds.

Zijn naam is Jagat Ananda Pradyumna Kumar Mahanandia. Die naam bevat veel vreugde. Jagat Ananda betekent universele vreugde en Mahanandia betekent grote vreugde. Maar dit is nog niet eens zijn volledige naam. Die is nog langer. Als je alle namen meetelt die hij van zijn grootouders had gekregen, van zijn stam en van zijn kaste, krijg je een heel lang verhaal van 373 letters.

Wie kan er 373 letters onthouden? Voor het gemak namen zijn vrienden genoegen met twee letters. De initialen P (van Pradynumna) en K (van Kumar). Kortweg PK, uitgesproken zoals in het Engels.

Maar zijn familieleden riepen geen van die namen als ze het kleine kind zo snel over de weg in het dorp zagen rennen en heel hoog de palmboom in zagen klimmen. Zijn vader noemde hem *poa*, dat 'jongen' betekende, zijn grootouders zeiden altijd *nati*, kleinkind, terwijl zijn moeder *suna poa* zei, 'gouden jongen', omdat hij een lichtere huid had dan zijn broers.

Zijn eerste herinnering aan het dorp bij de rivier aan de rand van de jungle is van toen hij drie jaar was. Misschien was hij net vier geworden. Of was hij nog maar twee. Leeftijden vond men niet zo belangrijk. Ook gaf men niet om verjaardagen. Als je iemand uit het dorp vroeg hoe oud hij of zij was, kreeg je vage antwoorden. Iemand was ongeveer tien jaar, rond de veertig, bijna zeventig of gewoon: jong, midden in het leven of heel oud.

PK herinnert zich in elk geval dat hij op de vloer stond van een huis met dikke muren van lichtbruine leem en een dak van geel gras. Daarna begon het beeld helderder te worden. Eromheen lagen de maisvelden met de stoffige bladeren die ritselden in de avondbries, en groepjes bomen met dikke bladeren die in de winter mooi bloeiden en in de lente zoete vruchten droegen. En dan was er nog het stroompje dat uitmondde in een grote rivier. Aan de andere kant van de stroom rees een wand van bladeren en takken op. Daar begon de jungle. Daar hoorde je soms een wilde olifant trompetteren of een panter of tijger grommen. Veel vaker zag je sporen van wilde dieren, olifantenpoep en de afdruk van een tijgerpoot, en hoorde je zoemende insecten en zingende vogels.

De bosrand was PK's horizon, maar zijn wereld strekte zich uit tot achter de horizon, tot in het bos. Daar hield de wereld op. Het dorp en het bos. Er was niets anders. Het bos was oneindig, mystiek, geheim en tegelijkertijd bekend en veilig. Het betekende avontuur, maar ook vanzelfsprekendheid. Over de stad had hij slechts horen praten, maar tot nu toe had hij die nog nooit gezien.

In het huis woonden hijzelf, zijn moeder, vader en twee oudere broers. En natuurlijk zijn oma en opa. Zo was dat bij bijna iedereen. Volgens de traditie blijft de oudste zoon bij zijn ouders wonen, ook al is hij getrouwd en heeft hij zijn eigen gezin. Shridhar, zijn vader, volgde de traditie.

Maar hij zag Shridhar niet vaak. Hij werkte als hoofd van een postkantoor in Athmallik, de dichtstbijzijnde grotere plaats met bazaars, theehuizen, een politiebureau en een gevangenis. Omdat het te ver was om elke dag de twintig kilometer heen en terug te fietsen, had zijn vader een kamer met bed gehuurd in het postkantoor. Daar sliep hij doordeweeks. Maar elke zondagavond fietste zijn vader naar zijn gezin thuis, samen met PK's twee oudere broers, die op het internaat in Athmallik zaten.

Het voelde alsof hij enig kind was. Hij kreeg veel aandacht van zijn moeder. De meeste dagen van de week bewoonden alleen hij en zijn moeder, samen met zijn opa en oma, het huis in het dorp aan de rand van het bos.

Het dorp koesterde zich in de zon op de open plek omgeven door bos, dat er zo dichtbij stond dat het licht amper de grond kon bereiken. De meeste huizen leken op elkaar: ronde en rechthoekige hutten van bruin gedroogd leem met een dak van grijze palmbladeren en omheiningen van bamboe voor de koeien en geiten. Naast de omheiningen werden groenten geteeld en lagen hooibergen als veevoer. In het dorp stonden niet alleen lemen hutten, maar ook een paar bakstenen huizen, die de Britten uit barmhartigheid voor de onaanraakbaren hadden gebouwd. Maar die huizen waren al beschadigd door de moessonregens voordat iemand erheen had kunnen verhuizen en stonden er nu verlaten bij met een ingestort dak. Er was ook een schooltje in het dorp en een huis waarin de dorpsraad vergaderde.

PK's moeder zei altijd dat ze in het grootste bos van India woonden en dat Kondpoda het oudste dorp van het bos was. Het dorp, zei ze, was het thuis van levenden en doden. Beneden bij de stroom lag een zanderig dal, de crematieplaats. Ze zei dat de zielen van de doden zich daar om middernacht verzamelden om te zingen en dansen. In de stroom bevond zich een stroomversnelling, waar twee pasgetrouwde, zwangere vrouwen een paar jaar eerder waren verdronken. Ze had de lijken op de oever zien liggen, met de stralende rode stippen op hun voorhoofd. Volgens haar straalden de stippen zo mooi omdat de vrouwen zo'n rein, vlekkeloos en kuis leven hadden geleid. Hun ogen waren wijd open, alsof ze nog steeds ergens naar zochten. Ook hun mond stond wijd open, alsof ze op het laatste moment hadden gehuild en om hulp hadden geroepen. Eigenlijk, zei ze, stond de mond van de dode vrouwen open omdat hun ziel hen via de mond had verlaten en was vergeten de deur achter zich dicht te doen.

's Avonds, als ze naast haar zoon op de stromatras lag, vertelde ze over de ziel van dode mensen, goden, godinnen en zwarte magiërs. Ze maakte rammelende, spookachtige geluiden met haar arm- en voetringen. PK huiverde en hield met bonkend hart zijn adem in. Hij luisterde: in het donker kwamen de spoken steunend en kreunend naderbij. Maar dan voelde hij het warme lichaam van zijn moeder weer. Ze begreep dat ze haar zoon bang had gemaakt en hield hem troostend vast. Van het plezier tijdens het spelen in het bos 's middags, ging hij via de angst in het dodendal naar de eindbestemming in de veilige omhelzing van zijn moeder. Met dat gevoel sliep hij in.

Zijn moeder was niet bang voor de doden. Ze was van mening dat je kwaadaardige geesten met voldoende zelfvertrouwen op afstand kon houden. En ze vond dat ze dat had. Alleen als je aan jezelf twijfelt ben je kwetsbaar voor de macht van de doden.

'Zolang ik moedig ben, kan niemand me iets doen, ook de doden niet,' zei ze.

Voordat PK naar school ging, wist hij niet wat 'kaste' betekende. Niemand had hem verteld dat mensen werden ingedeeld in vier kasten en duizenden onderkasten. Hij had nooit gehoord van de duizenden jaren oude hymnenverzamelingen *Rigveda*, waarin het ontstaan van de vier kasten wordt beschreven. Hij wist niets van de mythologische oermens Purusa die in vier stukken werd verdeeld. Of van de brahmanen, dat wil zeggen de priesters, die uit Purusa's mond kwamen. En dat de kshatriya's, de krijgers, uit zijn armen kwamen, de vaishya's, de kooplui, handwerkslieden en boeren, uit zijn dijen, en de soedra's, arbeiders en dienaars, uit zijn voeten.

Evenmin had hij ooit iemand horen praten over de rijzige en lichte Indo-Ariërs, het steppevolk dat 3500 jaar geleden te paard uit Midden-Azië kwam en het bosvolk van het Indiase schiereiland leerde het land te bewerken, waarna het zich ontwikkelde tot priesters, soldaten en administrateurs en zich invoegde in de hoogste kaste. Of over de donkerder bosvolken, de oorspronkelijke bevolking, die in de laagste groepen terechtkwamen en boeren werden, ambachtslui en bedienden, zoals de familie van PK's vader, of jagers in het bos bleven en het inheemse volk werden genoemd, zoals de familie van zijn moeders kant.

Toen PK volwassen was, vond hij het kastenstelsel eigenlijk niet vreemder dan het Europese feodale systeem en de klassenmaatschappij.

'Het is helemaal niet zo moeilijk te begrijpen,' zei hij altijd als westerlingen zeiden dat ze het kastenstelsel niet snapten.

'Oké, een beetje lastiger misschien,' gaf hij soms wel toe.

En dan vertelde hij dat je geboren wordt in een groep die *jati* heet, geboorte, die weergeeft wat je beroep is en een ondergroep is van een van de vier hoofdgroepen, de vier *varna*, een Sanskriet woord dat 'kleur' betekent. De vier varna zijn hetzelfde als de vier hoofdkasten die in de oude hindoeïstische boeken staan.

'Er zijn dus slechts vier varna, maar miljoenen jati,' vertelde PK altijd.

'Miljoenen jati! Hoe kun je die in vredesnaam uit elkaar houden?' vroegen zijn westerse vrienden zich af. En als PK antwoordde dat ze dat niet konden, dat geen enkele Indiër dat kon, gaven ze het op en sneden ze een ander onderwerp aan.

Als niemand aandrong vertelde hij niet dat zijn eigen familie niet tot een van de vier varna behoorden, maar dat ze als kastelozen of onaanraakbaren werden gezien. Daar was hij namelijk niet echt trots op. Maar PK's leven had er heel anders uitgezien als hij niet tot de onaanraakbaren had behoord.

De vader van de natie, Mahatma Gandhi, wilde de status van de onaanraakbaren verhogen en had hen daarom kinderen Gods genoemd. PK vindt dat heel mooi gezegd. Gandhi wilde hun een mooie naam geven, waardoor hun situatie misschien minder uitzichtloos zou aanvoelen. Sinds India bevrijd was van de Britten werden ze door overheidsinstanties als *scheduled castes* geclassificeerd en hoefden ze minder te betalen voor treinkaartjes. Ook werden er quota ingesteld zodat ze makkelijker naar de universiteit konden of een politieke partij konden oprichten. Het waren welwillende duwtjes in de rug die hun lage status zouden compenseren.

Vrijwel alle vereisten om een eind te maken aan de discriminatie zijn verwoord in wetten die de onrechtvaardigheden moeten bestrijden. Maar een wet is nutteloos als hij niet wordt nageleefd. Mensen hebben oeroude vooroordelen en waardebepalingen in hun hoofd, die zo vastzitten als lagen van het oergesteente.

PK heeft ondervonden dat de verandering van binnenuit moet komen, uit het hart.

Lotta verlangt al sinds haar twaalfde naar India. Dat herinnert ze zich nog heel goed. In groep acht keken ze op school een keer een film over de Ganges. De filmprojector snorde en de zon kwam op boven de rivier. Ze herinnert zich de sitarmuziek die uit de luidspreker schetterde, de tempelbellen die werden geluid en pelgrims die vanaf de trappen naar beneden liepen, totdat ze tot aan hun middel in de rivier stonden.

Lotta dacht vaak terug aan die zwart-witfilm, haar eerste contact met India.

De film over de Ganges raakte haar meer dan al het andere wat ze op school had ervaren. Na de film schreven ze een opstel over hun indrukken. Dat van haar was lang en emotioneel van toon.

Op een dag ga ik daarheen, dacht Lotta.

Ze wilde archeoloog worden. Ze hield ervan om in de aarde te graven en dingen te zoeken. Ze droomde over opzienbarende vondsten en wilde graag de kluwen van de geschiedenis ontwarren. Op school maakte ze op eigen initiatief een groot beeld van de Egyptische piramides toen ze over de Britse archeoloog Howard Carter las, die het graf van Toetanchamon had gevonden. De vloek die Carter trof was fascinerend. Het kriebelde in haar buik toen ze las hoe eenentwintig van zijn medewerkers bij de opgraving op vreemde manieren waren overleden. Dat soort mysteries wilde Lotta onderzoeken.

Als puber ging ze naar de bibliotheek om boeken te lenen over ufo's en reisde ze naar Göteborg om lezingen bij te wonen over leven op andere planeten in de ruimte. ze nam een abonnement op een ufo-tijdschrift, waarvan ze elk nummer van voor tot achter las. Ze was ervan overtuigd dat de mensen op aarde niet de enigen waren in het heelal.

Tegelijkertijd droomde ze over het leven van vroeger. Ze fantaseerde vaak dat ze in de zestiende eeuw was geboren. Ze stelde zich voor dat haar familie in een hut in het bos woonde. Het leven was zwaar en het ontbrak aan technische snufjes. Terug naar de kern, eenvoudig, dicht bij de natuur.

Alleen zijn moeder begreep wie de kleine PK eigenlijk was. Zijn moeder heette Kalabati, had donkerblauwe strepen op haar gezicht getatoeëerd, een gouden hartje in haar neus en gouden maantjes in haar oren. Het enige wat er tegenwoordig nog van haar over is, is een messing kandelaar in de vorm van een olifant. Dat was haar lievelingskandelaar. Als hij ernaar kijkt, op de schoorsteenmantel in het gele huis in het bos, denkt hij aan haar.

In het dorp had ze de traditionele taak om voor de jaarlijkse festivals magische figuren op de huismuren te schilderen. Ze keek met de blik van een kunstenaar en kon goed schilderen. Haar vaardigheden waren veelgevraagd in het dorp, zelfs de brahmanen deden een beroep op haar. Als er een festival was, stond ze vroeg op, waste de bruine lemen muren van de hutten met koeienpoep en versierde ze. Als ze klaar was met het huis van haar familie ging ze verder met dat van de buren. De dag voor het festival begon, ging ze van 's ochtends vroeg tot 's avonds laat van huis tot huis en schilderde mensen met dunne benen en armen, slingerplanten en bloemen met smalle bladeren. De witte kleur die ze op de okergele leemmuren schilderde had ze zelf gemaakt van rijstemeel en water. In het eerste lichtgele ochtendgloren op de dag van het festival glinsterden de huisjes in het dorp van de mooie patronen. Dat was allemaal het werk van Kalabati.

PK keek toe als zijn moeder de muren beschilderde en vroeg zich vaak af waarom ze nooit iets op papier schilderde.

Kalabati was geboren in de Khutia Kondh-stam.

'Mensen van het inheemse volk, zoals wij, zijn afstammelingen van de donkere bosjesmensen die hier al zo lang wonen als je je kunt voorstellen. Al duizenden jaren voordat het steppevolk hierheen kwam, het bos kapte en graan en rijst ging verbouwen,' vertelde ze PK.

'Het steppevolk, de boeren, verspreidde oorlog en ziektes. Het was het steppevolk dat de mensen indeelde in degenen die meer waard zijn en degenen met minder waarde. Voor de komst van de steppehindoes maakten we geen verschil tussen mensen. In die tijd voelde niemand die in het grote bos woonde zich beter dan een ander.'

Zijn moeder was de enige die hij echt kende. De rest van de familie was min of meer onbekend. Als zijn vader en broers op zaterdagavond uit de stad kwamen fietsen om hun vrije zondag thuis in het dorp door te brengen, kreeg hij een gek gevoel in zijn buik. Als zijn vader de fiets tegen de muur van het huisje zette en naar hem toe liep om hem op te tillen werd hij bang en barstte hij in huilen uit.

'Huil maar niet, zie je niet dat papa iets lekkers voor je heeft meegenomen?' probeerde Kalabati.

Dan werd hij stil, beet op zijn tanden, pakte snuffend een van de suiker knisperende *burfi*, een luchtige en vochtige *jamun* of een taaie Engelse toffee uit zijn vaders hand en kroop bij zijn moeder op schoot.

Elk ochtend waste Kalabati hem in de Kondpodo. Soms ging ze naar beneden naar de rivier, waar het rook naar de wilde bloemen die langs de oever groeiden en ronde koeienvlaaien die lagen te drogen op de zonnige helling die naar het water toe liep. Zijn moeder maande hem voorzichtig te zijn en niet te ver weg te zwemmen, schrobde zijn rug met een puntje van haar sari en wreef zijn lichaam in met kokosolie zodat het glansde in de zon. Daarna klom hij op een steen die gladgeslepen was door het stromende water, dook in het water, zwom terug en klom weer op de steen. Daar kon hij tot in de eeuwigheid mee doorgaan. Hij kreeg het nooit koud en werd nooit verkouden, omdat de dikke laag olie op zijn huid ervoor zorgde dat het rivierwater er in druppels af liep en hem warm hield totdat de zon hoger aan de hemel stond.

In de voorzomer, vlak voor de moessonregens, waren de stroom en de rivier bijna helemaal opgedroogd. De Mahanadi-rivier was kortgeleden gekrompen, beroofd van zijn wildste watermassa's door de Hirakud-dam, die op een paar dagen kanovaren lag. Begin juni liep er nog maar een smal stroompje in het midden van de rivierbedding. Het gebrek aan water was een vloek voor iedereen in het dorp. Als ze in ruil voor het watergebrek elektriciteit hadden gekregen, had hun lijden in elk geval nog nut gehad. Maar de elektriciteit die in de waterkrachtcentrale werd opgewekt kwam ergens anders terecht. In de schemering knetterden nog steeds houtvuren, vlamden nog steeds olielampen.

Als het stroompje en de rivier bijna uitgedroogd waren, groeven Kalabati en de andere vrouwen in het dorp provisorische bronnen in de grote zandbanken. Metersdiepe gaten waar het water ten slotte vanaf de zijkanten in sijpelde. Zijn moeder bracht het water in gedeukte metalen emmers naar huis. Een emmer op haar hoofd en één in elke hand.

Volgens de priesters bezoedelde de aanwezigheid van onaanraakbaren alles wat schoon en heilig was. Als PK in de buurt van de tempel in het dorp kwam, gooiden ze daarom altijd stenen naar hem. Het jaar voordat hij in de eerste klas begon, ging hij een keer in een hinderlaag liggen om wraak te nemen. Toen het religieuze ritueel begon en de priesters aardewerken kruiken met water naar voren droegen, pakte hij zijn katapult, raapte wat stenen van de grond, laadde en schoot. *Plof! Plof! Plof!* Het water begon uit de gebarsten kruiken te sijpelen. De priesters ontdekten hem en zaten hem door het hele dorp achterna.

'We maken je af!' schreeuwden ze.

Hij verstopte zich in het struikgewas, dat uit cactussen bestond. De stekels boorden zich in zijn lichaam. Bloedend hinkte hij naar huis, om door zijn moeder te worden getroost. Hij dacht: zelfs de planten zijn me slechtgezind.

Zijn moeder streelde zijn rug en vertelde zachtjes fijne dingen over de wereld, hoewel ze wist dat het voor onaanraakbaren en inheemse volken vaak zwaar was. Hij wist niet waarom de brahmanen boos op hem waren. Hij snapte niet waarom hij niet in de buurt van de tempel mocht komen. Hij had geen idee waarom er stenen werden gegooid. Die deden alleen maar pijn.

Zijn moeder vertelde de waarheid niet en met verzachtende beschrijvingen spon ze dromen en illusies voor hem.

Als de kinderen uit een hogere kaste PK per ongeluk aanraakten, renden ze meteen weg om zich in de rivier te wassen.

'Waarom doen ze dat?' vroeg hij.

'Omdat ze vies zijn, het is heel goed dat ze zich gaan wassen,' antwoordde zijn moeder. 'Ze moeten zich echt wassen! Bah, wat waren ze vies!' herhaalde ze, totdat het erop leek dat zijn onrust verdwenen was.

Kalabati was nooit naar school geweest en kon niet lezen of schrijven. Maar ze wist veel andere dingen. Ze kon haar eigen verf maken, mooie motieven schilderen en de bladeren van planten, zaden en wortels mengen tot doeltreffende natuurlijke medicijnen.

Haar leven bestond uit dagelijkse routines. Ze voerde haar taken elke dag op hetzelfde tijdstip uit. Ze stond op als het nog donker was. Kraaiende hanen waren haar wekker en de positie van de morgenster aan de hemelboog was haar wijzerplaat. PK bleef dan op zijn stromatras op de grond liggen luisteren hoe ze de vloer, de veranda en de binnenplaats dweilde met een mengsel van water en koeienpoep. Hij vond het vreemd dat ze koeienpoep gebruikte om schoon te maken. Dat bleef lange tijd een van de mysteries van het leven, totdat zijn moeder vertelde dat het een beter schoonmaakmiddel was dan het witte chemische poeder dat je in de dorpswinkel kon kopen.

Als Kalabati het huis had schoongemaakt, bemestte ze het maisveld van de familie, waarna ze zich waste in de rivier. Als ze terugkwam, ging ze in haar donkerblauwe sari op de net schoongemaakte veranda staan. Haar vochtige krullende haar glansde in de ochtendzon terwijl ze met een katoenen lap langzaam het water uit haar lange haarlokken drukte.

Daarna gaf ze de heilige basilicum met de welriekende groen-paarse bladeren water terwijl ze een mantra zong. Dan ging ze naar het aanrecht, doopte haar wijsvinger in een zware stenen schaal met vermiljoen verfpoeder, drukte haar vinger tegen haar voorhoofd en keek in de gebarsten spiegel die aan een haak bij het fornuis hing. Ze boog zich naar de spiegel en verfde met kohl dikke strepen om haar ogen. Kohl die ze zelf had gemaakt: een mengsel van roet en ghee, een thuis gekarnde, geklaarde boter.

Pas als ze klaar was stond PK op. Hij rolde zijn stromatras op en ook hij kreeg een stip met kohl op zijn voorhoofd. Die beschermde hem tegen kwaadaardige krachten, zei zijn moeder. Hij kreeg zelfs een klodder ghee op zijn voorhoofd. Buiten in de zon smolt de boter en liep over zijn gezicht naar beneden. De boter was Kalabati's manier om aan de rest van het dorp te laten zien dat ze niet arm waren.

'Niet iedereen kan zich boter en melk veroorloven,' zei Kalabati. 'Maar wij wel.'

Kalabati hoopte dat de dorpsbewoners zouden denken: kijk, de familie Mahanandia heeft zo veel boter dat het bij de kinderen over hun voorhoofd loopt.

Het lichaam schoon, de haren gekamd, kohl en boter op het voorhoofd. Dan was PK klaar om de nieuwe dag te beginnen.

Het inheemse volk, waartoe zijn moeder behoorde, had duizenden jaren tussen de bomen gejaagd en op de open plekken in het bos eten verbouwd. Tegenwoordig hielden de meeste familieleden van Kalabati zich bezig met de productie van bakstenen aan de oever van de rivier. Ze haalden leem van de bodem en vormden en bakten bakstenen. Maar PK's oom jaagde nog steeds. PK kreeg een pauwenveer van hem, stak die achter een band om zijn hoofd en begon rond te sluipen in het bos en speelde dat hij ook jager was.

PK had lang, gevlochten haar. Hij was trots op zijn vlechten. Kalabati had zijn haar laten groeien omdat ze diep vanbinnen een meisje had gewild. Hij vond het prettig om zijn kracht te meten en gebruikte zijn vlechten om te laten zien uit wat voor hout hij gesneden was. Dan bond hij een steen aan zijn haar, tilde die van de grond en riep triomfantelijk: 'Zie je, zo sterk is mijn haar!'

De andere jongens, die geen vlechten hadden, waren onder de indruk. Zoiets hadden ze nog nooit gezien.

Hij was meestal naakt, en hij droeg een armband en een riem om zijn middel waaraan witte schelpen hingen. Alle Khutia Kondh-kinderen uit het dorp liepen naakt rond. De hindoes die tot een kaste behoorden, vonden het inheemse volk maar raar. Hun eigen kinderen droegen wel kleren.

Kalabati vereerde de zon en de hemel, de apen en koeien, pauwen, cobra's en olifanten. Ze vereerde de naar drop ruikende heilige basilicum, de bodhiboom en de neem, waarvan de takken met het antibacteriële sap werden gebruikt als tandenborstels. Voor Kalabati had het goddelijke geen naam. God was in alles wat om hen heen te zien was en leefde. Ze ging een paar keer per week naar een bosje waar de bomen zo dicht op elkaar stonden dat de takken en bladeren muren en een dak vormden zodat er een natuurlijk kamertje ontstaan was. Daarin had ze stenen en groen onbetreden gras verzameld, een klodder boter neergelegd en rood verfpoeder gestrooid en daar bad ze tot al het levende in het bos, maar vooral tot de bomen, die samen met de zon het meest goddelijke vertegenwoordigden.

Het Kondh-volk en de andere stammen in de bossen in het oosten van India hadden zichzelf nooit verdeeld in kastegroepen of onderscheid gemaakt in bazen en ondergeschikten. Ze hadden allemaal evenveel recht om de goden te vereren en de heilige dingen aan te raken. Maar op een bepaald moment gebeurde er iets. Kalabati vertelde PK hoe het steppevolk uit het westen kwam, hoe het valleien en rivieroevers begon te ontginnen en de bosmensen als primitief en ongeciviliseerd beschouwde.

'Uiteindelijk werden we gedwongen ons in hun kastenstelsel te voegen,' zei zijn moeder verdrietig.

Zo af en toe kwam het bosvolk in opstand. Dan stuurden de Britten troepen om de orde te herstellen. Het was een ongelijke strijd, waarbij de opstandelingen voortdurend werden verslagen. Toen PK een tiener was las hij dat guerrillastrijders, die naxalieten werden genoemd, ten strijde waren getrokken voor de rechten van het inheemse volk. Het conflict escaleerde steeds verder. Het ging hard tegen hard. Bloed vloeide, de haat kreeg voet aan de grond, de kranten noemden het conflict een burgeroorlog. PK had moeite met die gewelddadige wending. Hij begreep dat veel van zijn moeders stamgenoten de hoop verloren hadden toen mijnbouwbedrijven en industriële ondernemingen zonder toestemming hun heilige bergtoppen en heuvels, bomen en struiken gingen exploiteren in hun jacht op minerale grondstoffen. Eerst dacht hij dat hard tegen hard de enige manier was. Maar later week zijn haat. Niemand is zo weinig waard dat diegene het verdient te sterven, zelfs een onderdrukker of een moordenaar niet. PK hield van Gandhi's uitspraak 'oog om oog maakt de hele wereld blind', die zijn kijk op de filosofie van de oorlog en de methoden van de revolutionairen aardig samenvatte.

Tot 1947, toen India nog een Britse kolonie was, was Athmallik een van de 565 onderkoninkrijken. Een lilliputterland dat begin 1900 slechts 40.000 inwoners had. Maar het was nooit een 'echt' land: de koningen waren ondergeschikte Britten die toen India zelfstandig werd, afstand van de troon moesten doen om plaats te maken voor een modern staatsapparaat en democratisch verkozen politici.

In Athmallik heeft men het nog steeds over de tijd dat de koningen regeerden. In PK's familie heeft die tijd een nostalgische glans. Het begon ermee dat PK's opa de respectabele opdracht kreeg om op de wegen van de koning in de jungle wilde olifanten te vangen en te temmen om aan het hof dienst te kunnen doen. Sindsdien had de koninklijke familie een zwak voor de kinderen en kleinkinderen van de olifantenvanger.

De koningen in Athmallik ruzieden niet met de Britten. Ze accepteerden dat de Britten politieke soevereiniteit eisten en de handel wilden beheersen en ze namen het aanbod van bescherming dankbaar aan. De Britten beloonden dat vertrouwen door in 1890 hun Indiase schatplichtige koning, Mahendra Deo Samant, te promoveren van radja, dat 'koning' betekent, tot maharadja, dat 'grote koning' betekent. Met die bevordering erkenden ze ook dat hij een voorbeeldig bewind voerde over Athmallik.

Toen koning Bibhudendra in 1918 stierf was de troonopvolger pas veertien jaar en te jong om het landje te besturen. De Britse kolonel Cobden Ramsay nam tijdelijk de troon van de koning over. Ramsay, die door zijn onderdanen 'de blanke radja' werd genoemd, bestuurde The Princely State of Athmalli zeven jaar lang. Zeven jaar die volgens PK's opa de beste jaren waren.

'Ramsay was geen racist, zoals sommige andere Engelsen,' zei zijn opa. 'Hij gaf er ook niet om tot welke kaste iemand behoorde.'

Opa zei altijd dat de Engelsen, anders dan veel Indiërs, aan het algemeen nut dachten en niet alleen aan zelfverrijking.

'Kun je één enkele brahmaan noemen die iets positiefs denkt over iemand buiten zijn eigen kaste?' vroeg zijn opa retorisch. 'Kun je één enkele brahmaan noemen die iets goeds voor mensen in een lage kaste gedaan heeft? Nee, dus! Maar de Britten doen dat voortdurend. Ze denken aan iedereen en discrimineren ons onaanraakbaren niet.'

De koning van Athmallik was niet erg rijk. Niet zoals de maharadja's in Rajasthan in het westen van India, die enorme paleizen en honderden olifanten hadden, jachttrofeeën aan de muren en lades vol diamanten. Niet zoals de maharadja die zeventwintig Rolls-Royces had, of zoals de maharadja die zijn dochter uithuwelijkte aan een prins en voor een bruiloft zorgde die in het *Guinness Book of Records* beschreven wordt als een van de duurste ter wereld. Of zoals degene die een bruiloft voor zijn honden regelde, waar tweehonderdvijftig hondengasten in brokaten gewaden met diamanten, zittend op versierde olifanten, de bruidegom verwelkomden toen hij met de trein aankwam. Zoiets overdadigs gebeurde niet in het lilliputterrijk waar PK opgroeide.

Toen PK geboren werd, waren het paleis van de maharadja en de kantoorgebouwen al grotendeels vervallen. De natuur had levenskrachtige lianen en uitlopers laten slingeren om de steeds meer door de moesson beschimmelde muren en ingestorte daken. De zoon van de laatste regerende maharadja van Athmallik had het paleis verlaten toen India zelfstandig werd, maar dankzij succesvolle zaken kon hij naar een statig landgoed verhuizen. Daar waren PK en anderen van zijn familie altijd welkom voor een praatje en een kopje thee. Daar kan hij tegenwoordig nog steeds net zoals in zijn kindertijd in het huis rondlopen en de ingelijste sepia foto's uit de koloniale tijd bekijken, met Britten met een tropenhelm en Indiase koningen en prinsen met een tulband.

PK's vader, opa en oma geloofden ondanks alles in de hindoeïstische goden. Zijn vader voerde zelfs hindoeïstische rituelen uit in huis. De onaanraakbaren deden dat niet altijd. Dat hij dat volhield komt volgens PK doordat hij werd geïnspireerd door zijn collega's uit een hogere kaste op het postkantoor. Shridhar had een altaartje gekocht met afbeeldingen van Lakshmi, de godin van de welstand, Ganesha, de olifantengod die men aanriep voor zware beproevingen en uitdagingen in het leven, en bovendien een beeldje van Vishnu, degene die het heelal overeind houdt, omgeven door wierookstokjes en olielampen. Gehuld in zoete geuren en rook van het vuur bad zijn vader elke dag tot de goden om een gelukkig leven voor hemzelf en zijn familie.

Zolang er geen brahmaan te zien was, konden de onaanraakbaren naar de Shivatempel in het dorp. Maar geen enkele onaanraakbare waagde zich tot in de binnenste ruimte van het gebouw, waar het beeld van de god zich bevond. Als de brahmanen hen betrapten, zouden ze helemaal gek worden en hemel en aarde bewegen om hen te verjagen.

De dorpstempel was een geliefde verblijfplaats voor slangen, die niemand durfde weg te jagen of te doden uit angst dat dat ongeluk zou brengen. PK vond het fijn dat de dorpsbewoners aardig voor ze waren en ze te eten gaven. Hij was per slot van rekening net na zijn geboorte door een cobra tegen de regen beschermd. De mensen hadden het beste voor met de slangen, daar was hij van overtuigd.

De priesters gaven de slangen elke dag te eten omdat ze geloofden dat dat Shiva's wens was. Als je door de deuropening naar binnen keek, kon je zien dat daar in het donker een glanzende metalen cobra stond met een uitgezet halsschild, die de god beschermde.

Als iemand door een slang werd gebeten, werd die naar de tempel gebracht en op zijn buik voor de ingang gelegd. De gewonde kreeg het strenge bevel om doodstil te blijven liggen en aan Shiva te denken. Vroeg of laat kwam dan het antwoord in de vorm van een telepathische boodschap van de god en dan werd diegene weer beter. PK had het met eigen ogen gezien. Op een avond werd zijn tante gebeten door een cobra. Ze ging naar de tempel om daar op de trap te gaan liggen en tot de god te bidden. Daarna ging ze naar huis en naar bed. De volgende dag stond ze op en zei tegen de familie dat ze helemaal beter was. Iedereen was ervan overtuigd dat Shiva dit wonder met haar kosmische kracht had bewerkstelligd.

Shiva kon nog meer. Een andere tante was al twaalf jaar getrouwd, maar had nog steeds geen kinderen. Ze ging naar de tempel, ging op de trap liggen, vier dagen en nachten, mediteerde en bad, at niets en sprak niet. Dat kostte haar heel veel van haar krachten. Toen ze weer naar huis ging, was ze zwak en moe. Ze werd naar de tafel gebracht en kreeg daar rijst gevoerd. Maar negen maanden later kreeg ze haar eerste kind.

God was niet alleen maar in de tempel. In een struik met cactussen in het maisveld woonden Sat Devi, De zeven godinnen, die afstamden van de goden van het bosvolk, maar tegenwoordig ook door de hindoes werden vereerd. De meeste mensen ontliepen de godinnen in het maisveld en waren bang voor hen. Ze hadden sterke krachten, zo werd beweerd. Als je daar geen respect voor had, kon het misgaan.

Om de godinnen milder te stemmen, hielden de priesters een ceremonie terwijl de dorpsbewoners zaad verzamelden voor de volgende oogst. Maar één man in het dorp begon al zaad te plukken voordat de priesters hun ritueel hadden kunnen uitvoeren. Het duurde niet lang voordat hij koorts en pijn kreeg. Zijn beenspieren verslapten en uiteindelijk waren zijn benen zo dun als twijgjes. Hij is nooit meer helemaal beter geworden. De rest van zijn leven sleepte hij zich voort op krukken. Zo kon het gaan als je de godinnen trotseerde.

Naast het smalle paadje dat vanuit het oosten het dorp in voerde stond een heel oude boom waarin vleermuizen en nachtvogels woonden, maar PK's oma dacht dat de boom ook bewoond werd door heksen. 's Nachts leek het wel alsof er een vogelcongres in de boom werd gehouden, met verschillende vogelsoorten die door elkaar heen praatten, met de schel krassende kraaien als meest enthousiaste sprekers. PK was bang dat de kraaien eigenlijk mensen waren die door zwarte magiërs in vogels waren veranderd.

Aan de rand van het dorp stond een grote houten kar geparkeerd. Bij de viering van het zomerfestival werd die gebruikt om tijdens de processie de zwarte, witte en gele goden rond te rijden: Jagannath, de heer van de wereld, zijn broer Balarama en zus Subhadra. Dat waren ook heel oude goden van het bosvolk, die al sinds mensenheugenis door zijn moeders familie werden vereerd, maar die de hindoes zich hadden toegeëigend door ze op te nemen in hun godenwereld. De hindoes hadden van Jagannath een verschijning van Vishnu gemaakt, terwijl de boeddhisten de god als een vorm van Boeddha zagen.

In de herfst was het tijd voor het volgende godenfeest. Dan werd Durga, de vrouw van Shiva, vereerd. De priesters offerden geiten op een heuvel buiten het dorp, waar de aarde donker kleurde van hun bloed. Het bloed, zeiden de brahmanen, gaf Durga de kracht om de demonen te bestrijden die de goddelijke orde bedreigden.

Wat hebben de hindoes toch veel goden, dacht PK dan altijd. Hij begreep nooit hoe alles verband hield met elkaar. Maar hij ervoer de nabijheid van de goden en de tegenstrijdigheden deerden hem niet. Als volwassene begreep hij dat zijn vader en moeder verdeeld waren over de godenfeesten. Ze mochten meedoen met de processie, maar ze mochten de godenbeelden en de houten kar waarop ze werden vervoerd niet aanraken. Ze mochten bidden, maar niet naast de mensen van een hogere kaste en niet in de tempel. Ze mochten de rituelen uitvoeren, maar het liefst in een verborgen hoekje zodat de brahmanen het niet hoefden te zien. Als het aan de priesters lag, zouden alle onaanraakbaren thuis bidden en zich verre houden van alles wat rein en heilig was.

Er zijn talloze televisieseries en Bollywoodfilms gemaakt over het conflict tussen schoonmoeder en schoondochter, een constante bron van ruzie in Indiase families. Als meer generaties onder hetzelfde dak wonen kan dat natuurlijk tot ruzie leiden. Terwijl de mannen de baas zijn buiten de muren van het huis, regeren de vrouwen binnenshuis. Schoonmoeder heeft een vaste greep op haar domein, terwijl de schoondochter haar eigen gewoontes heeft overgenomen van haar moeder. Hoe wordt het deeg voor chapatibrood uitgerold, de kikkererwtencurry gemaakt, de mais geoogst en hoe worden de kinderen opgevoed?

PK was drie jaar en te klein om te merken wat er gaande was, maar zijn oudere broers vertelden hem wanneer hun moeder het aan de stok had met oma.

Kalabati had net haar vierde kind gekregen, een meisje dat Pramodini was genoemd en nu drie maanden oud was. De nieuwe baby kon niet voorkomen dat oma de aanval inzette.

'Jouw hooggeëerde vrouw is een heks,' zei ze tegen Shridhar. En toen wendde ze zich tot Kalabati.

'Je kunt hier niet blijven wonen. Je brengt ons ongeluk.'

Kalabati's blik verduisterde, maar ze zweeg. Wat had het voor zin om te protesteren? Oma bepaalde, over die onuitgesproken regel werd niet gediscussieerd. Het was het huis van haar en opa. PK's moeder was erbij komen wonen. De enige die geloofwaardig zou kunnen protesteren was Shridhar. Maar hij zei niets. Hij slikte zijn woede, ergernis en schaamte in. Hij toonde geen reactie.

Stilte daalde neer over het huis. Shridhar vertrok zonder commentaar op wat er was gebeurd naar de stad om te gaan werken. Kalabati bleef chagrijnig een weeklang zwijgen terwijl ze haar taken uitvoerde zoals gewoonlijk. Na een week, toen Shridhar weer thuisgekomen was, ging Kalabati naar haar schoonmoeder en zei dat ze een beslissing had genomen. Terwijl alleen een traan haar gevoelens verraadde, vertelde ze dat ze weer bij haar ouders wilde gaan wonen.

'En dan neem ik beide kinderen met me mee.'

Oma ging dwarsliggen.

'Neem het meisje maar mee, dat is nog maar een baby, maar de jongen blijft bij mij.'

Zelfs dat accepteerde Kalabati zonder protest.

PK herinnert zich dat hij huilde toen zijn moeder met een grimmig gezicht haar spullen pakte. Hij herinnert zich dat hij met zijn armen over elkaar en met tranen op zijn wangen op de veranda stond toen ze haar tas pakte, de deur uit ging en de trap af liep met zijn zusje in haar armen. Hij herinnert zich dat ze zich een aantal keer omdraaide en naar hem keek, dat hij zwaaide en dat ze terugzwaaide. Hij ziet nog steeds voor zich hoe ze achter de rietsuikerstengels verdween en herinnert zich hoe stil en leeg de wereld ineens aanvoelde.

Zijn moeder en zusje waren weg. Omdat zijn vader zes dagen per week in de stad woonde, waren alleen PK, zijn opa en zijn oma nog in het huis.

Hij huilde dagen-, weken-, misschien wel maandenlang. De tranen vloeiden terwijl de moessonwolken aan de hemel regenbuien naar beneden smeten, die de lichtrode zandwegen scharlakenrood kleurden en de rieten daken begonnen naar vocht en schimmel te ruiken. Het was één grote nevel van regen, huilen en verdriet. Toen hij ophield met huilen werd hij stil. Hij praatte, lachte en glimlachte niet meer. Hij doorstond de dagen met een verbeten gezicht. Er kwam geen woord over zijn lippen. Hij zat vaak in zijn eentje in een hoekje voor zich uit te staren. Daarna begon hij eten te weigeren. Toen zijn oma hem onder dwang ging voeren, gaf hij zich gewonnen, hij had niet de kracht om ertegen te vechten, maar de happen rijst en linzenstoofschotel hadden hun smaak verloren. Het eten, herinnert hij zich, smaakte nergens naar.

Op een zondag kwam er een man op de fiets met het bericht van PK's andere opa en oma dat Kalabati zich niet goed voelde. De boodschapper vertelde dat ze haar taken niet langer uitvoerde. Ze zat alleen maar te huilen. Shridhar nam het bericht in ontvangst. Hij liep rustig en onbewogen naar de moestuin achter het huis, haalde zijn moeder op, die in de aarde aan het wroeten was, en nam haar apart achter de maisplanten.

'Zo kan het niet verder!' schreeuwde hij, en hij liet maanden opgekropte woede de vrije loop.

Ze zweeg.

'Je maakt mijn vrouw helemaal gek!' vervolgde hij.

Ze bleef zwijgen. Wat moest ze zeggen? Ze was te trots om te erkennen dat ze het verkeerd had aangepakt. En diep vanbinnen vond ze eigenlijk ook dat ze al die tijd gewoon gelijk had gehad. Ze was standvastig en onbuigzaam en deed zich voor als lichtend voorbeeld van redelijkheid en logica, terwijl de rest van de wereld gek was geworden.

Toen zijn vader een week later thuiskwam van zijn werk vertelde hij dat hij dicht bij het postkantoor van Athmallik een stukje land had gekocht.

'Daar gaan we samenwonen, in ons nieuwe huis.'

'Wie gaan daar wonen?'

'Wij. Alleen wij.'

'Gaan we in een huis wonen waar nog niemand anders woont?' vroeg PK, die nog nooit had gehoord van iemand met een huis zonder opa en oma.

'Ja, het wordt ons huis. Alleen van ons,' antwoordde Shridhar.

De regen had de bladeren van de rietsuikerstengels glanzend schoongespoeld en de rode aarde op het erf veranderd in modder, waar koeien en mensen doorheen baggerden en fietswielen diepe voren trokken, zodat het uiteindelijk net een rommelig slagveld was. Donkere wolken joegen voorbij en het landschap was in het donker gehuld. Door de regenwolken hadden de dorpsbewoners het gevoel dat het later op de dag was dan het in werkelijkheid was.

Zijn vader tilde PK op de kar die was gespannen achter twee ossen met hun glanzende vel. De wagen had een dak van gevlochten bamboe en achterin stonden een paar aardewerken kruiken met melk van de koe van zijn grootouders. De koetsier spoorde de ossen aan met de zweep en de wagen begon in een rustig tempo, maar piepend en krakend door het dorp te rijden.

Zijn vader, opa en oma liepen achter de wagen en praatten, terwijl PK dicht tegen zijn moeder aan zat, die zijn zusje op schoot had. Hij hoorde niet wat zijn vader tegen zijn grootouders zei, maar hij hoopte dat hij uitlegde waarom ze er niet konden blijven wonen, dat ze verhuisden zodat zijn moeder weer blij zou worden.

Na slechts een paar minuten bleef de wagen staan voor de heksenboom en de Shivatempel aan de rand van het dorp. Hij keek achterom en zag hoe zijn vader voor zijn oma op zijn knieën ging, zijn voorhoofd naar de grond bracht en haar voeten aanraakte met zijn vingertoppen.

Het begon weer te regenen. De regen maakte het grijze haar en de gele sari van zijn oma nat. Maar er liepen geen tranen over haar wangen, alleen regendruppels. De ossenkar reed weg over de smalle zandweg tussen de akkers door. PK keek achterom naar het dorp, dat steeds kleiner werd. Na een tijdje zag hij de huizen, maisplanten en tempel niet meer, alles werd opgeslokt door de mist die over de akkers kwam aandrijven.

Zijn oma bleef een trillende gele vlek in de grijze omgeving. Toen loste ze op en versmolt ze met het slechte weer en de schemering.

Hij legde zijn hoofd op zijn moeders schoot. Ze bedekte zijn naakte lichaam met een zware, zachte lap katoen.

De ossenkar reed schommelend verder over de weg die tussen de bomen door slingerde, langs het ondergelopen rijstveld en via smalle houten bruggetjes over bruisende beken en stromen. Vanwege de regenwolken was het een pikzwarte avond. Hij keek in het donker – hij zag niets, maar hoorde des te meer. De piepende wagenwielen en de welbekende geluiden van het bos: kwakende kikkers, baltsende sprinkhanen en blaffende vossen. Hij voelde de warmte van zijn moeders zachte dijen en het ritme van haar rustige ademhaling.

Toen de wagen het eindpunt naderde, werd hij wakker doordat zijn moeder zijn voorhoofd streelde. Hij was als verlamd van vermoeidheid en de koetsier moest hem van de wagen helpen. Hij tuurde lang in het donker, maar zag nog steeds niets. Waar was hun nieuwe huis?

Zijn vader stak een olielamp aan en daar kwam het nieuwe huis uit de schaduwen. En toen zag hij ook wat er aan zijn blote benen kietelde. Hij stond in hoog groen gras.

'Hoe heet het hier?' vroeg hij.

'Liptinga Sahi,' antwoordde zijn moeder. 'Dat ligt dicht bij Athmallik, dicht bij het werk van papa en de school van je broers.'

Zijn vader verdween in de nacht om eten te halen bij de keuken van het internaat en kwam terug met gevulde metalen kistjes. Daar zaten ze op de grond in hun nieuwe huisje en aten ze hun eerste maaltijd in hun nieuwe dorp, ver van zijn opa en oma. Er was plotseling een nieuw lichtpunt in hun bestaan, dacht PK, en hij bestudeerde de insecten die in het witte schijnsel van de benzinelamp vlogen en knetterend verbrandden. Hij merkte verbluft dat de linzenschotel hem weer smaakte. De wereld had zijn kleur en smaak weer terug. Het verdriet van de laatste paar weken begon even veraf te voelen als hun oude huis.

Nu, dacht hij, nu zou niemand hem ooit nog van zijn moeder scheiden.

Het huisje waar ze naartoe verhuisd waren om te ontsnappen aan de ouders van zijn vader lag op zichzelf, niet in een groepje met andere hutten. De hutten van de buren, die iets verderop lagen, zagen er daarentegen wel uit alsof ze aan elkaar vastzaten. PK hoorde er geluiden vandaan komen van roepende en lachende kinderen.

'Die behoren tot ons volk,' zei zijn moeder en ze gaf hem een klopje op zijn hoofd.

'Ons volk?' vroeg hij.

'Ze komen uit dezelfde kaste als wij.'

Dat was de eerste keer dat hij het woord 'kaste' hoorde. Maar hij vermoedde dat het betekende dat de kinderen wel met hem wilden spelen, dat ze bij elkaar hoorden.

'Kaste?' vroeg hij.

'Ja, ze zijn Pan, net zoals je vader.'

'En jij dan, mama?' vroeg PK.

'Ik ben Kondh. Khutia Kondh.' Dat was nieuw voor hem.

Achter de buurhuizen lag de drankwinkel. Een half vervallen, geel geschilderd cementen huis met een luikje met stevige tralies. Daar sjokten mannen in een gestage stroom heen om drank te kopen. Ze riepen hun bestelling naar de winkelbediende die binnen in het donker achter het traliewerk stond, en dan kwamen er grote flessen bier en kleine flesjes sterkedrank in bruin papier door het gat naar buiten.

Door de maisvelden pal naast hun huis liep een paadje naar de drankwinkel. Vanaf vroeg in de ochtend tot aan de schemering wankelden er zingende en lallende mannen met bloeddoorlopen ogen voorbij. Het was ook nieuw voor PK dat er sterkedrank bestond. Het was de eerste keer in zijn leven dat hij dronken mensen zag. Een flinter van de onschuld van de jeugd werd weggerukt en dwarrelde weg.

Er liep een ander smal weggetje vanaf hun huis naar beneden, naar een groot waterreservoir. Hij vond het leuk om de nieuwe plaatsen waar de trapjes heen leidden te onderzoeken. Elke dag durfde hij een stukje verder weg te gaan. Maar hij paste op dat hij niet op de weg naar de drankwinkel terechtkwam. Daar kon het namelijk gebeuren dat mannen met een adem die rook naar sterkedrank hem nariepen of vasthielden en onbegrijpelijke dingen mompelden.

Bij hun andere huis hadden ze zich in de stroom gewassen. In Liptinga Sahi gingen ze naar het waterreservoir, dat overdekt was met lotusbloemen en vol vissen zat. Veel dorpelingen namen hun ochtendbad in het meer, dat ook werd bezocht door vogels en beren die daarheen kwamen in de hoop vissen te vangen. Uit de beboste aarden wal om het meer heen groef zijn moeder vochtig leem op, dat ze in haar mand mee naar huis nam. Met het leem waste ze haar haren en schrobde ze hun borden en pannen schoon.

'Grind en leem zijn beter dan zeep en water,' zei Kalabati, die vond dat je zo weinig mogelijk in de winkel moest kopen en geld moest sparen voor belangrijker zaken in het leven.

Toen de moessonwolken dat eerste jaar waren weggetrokken en de herfstzon aan de hemel scheen, begon hij zich thuis te voelen in het nieuwe huis. Het leek bijna alsof ze er altijd hadden gewoond. Hij wende heel snel. Hij had zich altijd al makkelijk kunnen aanpassen.

Jaren later dacht hij: als je niet bereid bent om je gewoonten aan te passen als je op een nieuwe plek komt, dan red je het niet.

Op een dag ging zijn moeder met hem wandelen om hem twee grote bomen aan de rand van het dorp te laten zien. Er woonden adelaars en gieren in de bomen. Onder de bomen waren mannen dode koeien aan het villen en de huid aan het bewerken om daarna te verkopen aan de schoenmaker, die er schoenen en tassen van maakte.

'Dat,' zei ze, wijzend op de mannen die aan de koeienhuid trokken, 'zijn mensen die bij ons horen.'

'Zijn dat onze vrienden?' vroeg hij.

'Nee, die behoren tot onze kaste.'

Dat was niet helemaal waar. De mannen die met de dode dieren werkten, kwamen uit een groep families die tot de Ghassi behoorden en in de dorpjes in het bos woonden, achter de maisvelden. Zij waren ook onaanraakbaren, dat had zijn moeder bedoeld met de opmerking dat ze tot dezelfde kaste behoorden. De situatie van de Ghassi was afschuwelijk. De brahmanen vonden dat zij nog iets onreiner waren dan de Pan, omdat ze niet alleen dode koeien bewerkten, maar ook, god verhoede, rundvlees aten. De brahmanen ontliepen zelfs hun schaduwen. Alleen al de aanblik van een van hen was voor een brahmaan een slecht voorteken.

Maar de positie van de Ghassivrouwen als onaanraakbaren verdween na het invallen van het donker, wist Kalabati. Dan kwamen er mannen uit de dorpen in de buurt, ritueel schone en vooraanstaande mannen, om seks te kopen van de Ghassivrouwen. Zelfs brahmanen, die hen overdag bespuugden, brachten onder beschutting van het duister graag een bezoekje aan hun hutten.

Maar PK's moeder vertelde niet dat er zoiets beschamends gebeurde in het dorp. Ze vond dat hij zo lang mogelijk beschermd moest worden tegen het besef hoe vreselijk het leven voor de onaanraakbaren kon zijn.

Tijdens de tweede moesson in het nieuwe dorp, pal voordat hij in de eerste klas zou beginnen, stond hij in het maisveld en zag hoe een groep Ghassimannen onder de grijze hemel een dode koe naar de spokenboom sleepten. Hij zag hoe ze het zware dierenlijf neerlegden en de huid van het vlees begonnen te scheiden en het vlees van het bot. Vliegen zoemden boven de bergen vlees terwijl gieren steeds dichterbij en steeds lager rondcirkelden. Uiteindelijk doken de vogels als pijlen naar de grond, waar ze naast de vleesbergen gingen zitten wachten. Daar zaten ze roerloos als standbeelden, met een lichaamstaal die eerder geduld uitstraalde dan gretigheid. Alsof gieren goden waren en geen aasetende dieren. Hij begreep niet waarom ze niet direct begonnen te eten. Hij keek op naar de hemel. Daar cirkelden nog steeds twee vogels. Als laatste van allemaal begonnen ze hun duikvlucht naar de vleesbergen, met zo veel kracht dat de door hun vleugels in beweging gebrachte lucht klonk als een wervelstorm.

Wat wilde PK dat ook graag kunnen. Hij versnelde en rende over het doodlopende paadje dat kronkelend naar beneden naar hun huis liep terwijl hij zijn armen als vleugels uitstrekte en een gekrijs uitstootte dat leek op het geluid van de duikende gieren.

'Mama, als ik op de rug van een gier zit, kan ik dan ook vliegen?' vroeg hij toen hij thuiskwam.

Ze prikte zijn dromen over vliegen snel door. 'Pas op voor gieren! Ze pikken je ogen uit! Ze maken je blind!' antwoordde ze streng.

'Maar waarom wachtten die vogels op het laatste gierenpaar voordat ze gingen eten?'

'Gieren kunnen denken, net als mensen. Ze hebben een koning en een koningin, net zoals mensen. Ze hebben zoons en dochters en leven in gezinnen, net zoals mensen. Als er een koe dood is, vertellen de gierenverkenners aan de gierenkoning en gierenkoningin wat er op ze ligt te wachten. Geen enkele gier durft te gaan eten voordat de gierenkoning geland is en zich te goed heeft gedaan aan de prooi. Pas dan mogen de anderen aanvallen. Daarom wachtten de gieren die je zag zo geduldig.

De koning en koningin zijn de mooiste van alle gieren. Kijk de volgende keer maar goed, hun veren glinsteren als goud in het zonlicht.'

Ze legde haar hand op zijn voorhoofd. 'Eigenlijk lijkt de wereld van de gieren heel erg op die van de mensen.'

De moeder van PK's moeder woonde eenzaam in een dorpje nog een paar kilometer verder de jungle in. Vergeleken met hun huis was haar hut nog eenvoudiger, met muren van bamboe, leem en droog gras, dat vaak instortte door de moessonregens.

De hut van zijn oma was omgeven door een tuin, waarin de mais hoog stond. Als de maiskolven rijp waren, kreeg de tuin bezoek van wilde dieren. Een bezoeker die vaak kwam was de beer met zijn lange zwarte vacht. De vos was een andere hongerige gast. Toen zijn oma er genoeg van had dat de maisoogst werd opgevreten door dieren, maakte ze een vogelverschrikker van stro en zette die hoog op een bamboestok. Aan de ene arm hing ze een messing bel die klingelde in de wind. Daarmee hield ze de meeste dieren wel op afstand. Maar niet allemaal.

PK en zijn zusje Pramodini waren bij hun oma op bezoek op de avond dat de *hathi* op bezoek kwam. De kinderen sliepen al toen twee volwassen olifanten en een jonkie de stengels vertrapten en zo hard op de maiskolven gingen kauwen dat de grond trilde en de hut beefde.

Maar zijn oma werd niet bang. Ze ging naar de veranda, pakte een bos droog gras, stak die in brand en begon ermee te zwaaien. Helaas werden de olifanten ook niet bang. De grootste olifant schraapte met zijn achterpoten en rende briesend en tetterend recht naar PK's oma toe. Ze liet de grasfakkel los en ging terug de hut in, sloeg de houten deur dicht en vergrendelde hem.

De olifant beukte met zijn hele lichaamsgewicht tegen het broze bouwwerk, zodat het leem en de stromuren kraakten en begonnen te barsten. Oma wekte haar kleinkinderen, vroeg of PK even achteruit wilde gaan, zette de kleine Pramodini op haar heup en sloeg met een vuist de tegenoverliggende muur, die naar het bos leidde, kapot. Een mogelijke vluchtroute, hoopte ze. Ze slaagde erin een gat in de muur te maken en duwde PK voor zich uit de hut uit, over de steenhoop die aangaf tot waar ze met oogsten was gekomen, door het bosje cactussen en stekelplanten. PK herinnert zich dat hij de stekels niet eens voelde toen ze zijn huid doorboorden. Het was alsof hij verdoofd was. Maar het bloed sijpelde uit de schrammen en schaafwonden en de nacht leek wel een nare droom.

Ze bleven pas staan toen ze uitgeput waren van het rennen. Hij weet niet meer hoelang ze hadden gerend. De vlucht voor de olifanten leek maar heel even, en tegelijkertijd eindeloos lang te hebben geduurd. Bebloed en bezweet lieten ze zich bij een boomstam op de grond zakken om te wachten tot het ochtend werd. Er klonken muggen, sprinkhanen en krekels in de nacht.

Stel je voor dat ze boos op ons zijn en achter ons aan komen om ons te vertrappen, dacht PK.

Muggen en knoeten zoemden in het grensgebied tussen de jonge bomen en struiken en het riet bij de bosmeertjes rond Borås. Fitissen tjilpten hoge tonen terwijl schichtige elanden en reeën tussen de sparren in de honderd jaar oude bossen graasden. Op de stukken waar alles gerooid was glinsterde het regenwater in de wielsporen die de bosbouwmachines hadden achtergelaten. Er kwam grijze rook uit de schoorstenen van de zomerhuisjes op de open plekken.

Lotta's familie ging regelmatig naar de kerk in Borås. Lotta's moeder was opgegroeid in een familie die het vagevuur vreesde en bang was voor de preken van de priesters over wat er kon gebeuren als je zondigde. Haar vader ging mee naar de kerkdiensten, ook al was hij niet gelovig. Maar ze wist niet goed wat hij eigenlijk vond van religie en de kerk. Hij vertelde zelden wat hij dacht, ging bijna nooit in op dat soort levensvragen. Maar er waren momenten dat Lotta merkte dat ze toch contact met hem kreeg. Dat was als ze naast elkaar zaten, zonder iets te zeggen, en ze een diepe verbondenheid voelde.

Toen Lotta acht jaar oud was, werd een van haar tantes ziek tijdens haar zwangerschap. De familie bad tot God, terwijl het steeds slechter ging met haar tante. Toen haar tante en het kind uiteindelijk overleden, was ze diep teleurgesteld in en kwaad op God dat hij niet naar hun smeekbeden had geluisterd.

Ze deed haar confirmatie, maar zonder overtuiging, vooral omdat alle anderen het deden. De invloed van haar ouders en vrienden was groot. Het viel niet mee om haar eigen weg te gaan. Als je te veel afweek van de norm kon dat tegen je gebruikt worden. Lotta had geen sterke overtuigingen, ze vond het moeilijk ergens warm voor te lopen. In alles wat mensen beweerden zat wel een kern van waarheid en daardoor voelde ze zich niet politiek geëngageerd. Hoe kun je van mening zijn dat één partij honderd procent gelijk heeft en dat alle andere het fout hebben? Partijpolitiek was niet aan haar besteed.

Ze neuriede soms een lied dat ze had geleerd toen ze drie was. Het ging erover dat er boven alle ijdelheid, al het gezwoeg en alle trivialiteiten van de mens uit voortdurend een licht schijnt.

Dat licht bevindt zich ook in mij, dacht Lotta. Maar het was niet God, het was iets anders.

Wolken komen, wolken gaan
Het hart bevriest bij tijden
Maar aan de hemel zal altijd staan
De wensster die je zal leiden

In haar puberteit zocht ze het in het Oosten. Ze las de Upanishads en ging verder met de Veda's en de preken van Boeddha. Ze vond dat er overeenkomsten waren tussen de oude hindoeïstische boeken en de Bergrede uit de Bijbel. Maar ze vond dat het christendom zich niet goed uitdrukte en meer uitsloot dan dat het gaf. De christenen lijken het liefst grenzen voor anderen te trekken. Alle mensen, of ze nou geloven of niet, worden door dezelfde levensenergie gedreven. Bij iedereen slaat het hart om dezelfde reden, wat men ook gelooft. Alle atomen in het heelal maken deel uit van hetzelfde. Alles hoort bij elkaar.

Ze werd sterk beïnvloed door de Aziatische filosofieën dat alle mensen en dieren na hun dood oplossen en weer in andere levende dingen opstaan. Ja, zo is het, dacht ze. Als je meer wilt weten over je verleden, denk dan diep na over het leven dat je nu leidt, en als je meer wilt weten over je toekomst, denk dan ook diep na over het leven dat je nu leidt, zo luidt het boeddhistische spreekwoord.

Het leven wordt steeds gerecycled en opnieuw gecreëerd. We zijn allemaal aarde en water geweest en worden ook weer aarde en water, bedacht Lotta als tiener.

Van de onaanraakbare kinderen van het dorp was hij de koning. Hij verzamelde stenen die hij vond langs de weg die het dorp uit leidde. Platte, gladde, zachte, lichte stenen. Hij pakte houtskool van het fornuis in de keuken en schilderde er zonsopgangen, zonsondergangen en beboste bergen op.

PK ontwikkelde zich al snel. Hij ging samen met de buurkinderen naar een grote platte rots bij de stroom, vroeg hun om hun ogen dicht te doen en verklaarde plechtig dat hij met zijn magische krachten een tijger zou oproepen en die voor hen op de platte stenen zou laten verschijnen. Ze waren sceptisch, maar sloten hun ogen. Hij begon te werken. Op de steen tekende hij een tijger met wijd open bek. Daarna vroeg hij hun de ogen open te doen en dan stonden ze er sprakeloos en verbaasd naar te staren. Hij vond dat ze er bang uitzagen, alsof ze oog in oog stonden met een werkelijke tijger, maar misschien kwam dat doordat hij dat zo graag wilde. Daarna barstten ze in lachen uit.

Hij dacht: ik maak mensen in elk geval blij met mijn tekeningen.

Hij breidde zijn oeuvre uit met andere motieven en vervolmaakte zijn techniek. Hij schilderde vóór school, na school en hele zondagen. Hij zocht stenen in een andere kleur dan beige en grijs. Hij ontdekte hoe je met bladeren en bloemen andere kleuren dan zwart kon maken. Hij leerde om borden te maken van leem uit de stroom. Hij schilderde patronen op de borden en bestreek ze met eigeel om het motief te bewaren. Hij schilderde ook op papier, vooral bosmotieven: bladeren, bloemen, bomen.

Elke steen in een straal van honderd meter rondom hun huis veranderde in een kunstwerk, zijn kunstwerk. En op de planken in het huis: rijen met versierde lemen borden.

Als iemand van de mannen in de Pan-families een sambar schoot, werd PK's opa uitgenodigd om hem als eerste te proeven. Bij festivals kwamen dorpsbewoners naar hem toe met tijgerhuid en vogelveren die geluk brachten. De verheven positie van zijn opa straalde af op PK en gaf hem een hoge status bij de onaanraakbare kinderen in het dorp. Hij was trots op zijn opa en imiteerde hem. Met de boog en pijlkoker die hij van zijn opa voor zijn verjaardag had gekregen, ging hij zijn vrienden voor op expedities in de jungle. Zoals gewoonlijk naakt, maar versierd met pauwenveren, schelpenriem en schelpenarmband. Ze slopen over paadjes en speelden dat ze op tijgers en herten jaagden. De spanning steeg elke keer dat ze het geluid van een eekhoorn hoorden die langs een boomstam naar boven rende of dat van een adelaar die boven de boomtoppen cirkelde.

Ze speelden dat hij het opperhoofd was en iemand anders van de bende zijn spirituele adviseur. De adviseur plukte fruit, boog diep en eerbiedig en overhandigde het aan het opperhoofd. Daarna renden ze samen lachend naar de rivier om te vissen, of het bos in om bijenkorven hoog in de bomen te belagen.

De bijenkorven waren PK's taak. Hij klom met een pluk droog gras in een boom, stak hem in brand en hield hem dan onder de korf om de bijen uit te roken. Hij had een takje in zijn mond dat hij in de korf stak om de bijen die ondanks de rook binnen bleven te verjagen. Hij was er heel goed in, maar soms gingen de bijen in de tegenaanval. Hoe erg hij ook gestoken werd, hij klom pas weer naar beneden nadat hij honing had geproefd. Met zijn ene hand om de boomstam likte hij aan het stokje terwijl de honing over zijn wangen tot op zijn borstkas droop. Met kleverige handen en de zoete smaak in zijn mond liet hij de honing naar de anderen druipen. Zijn onderdanen stonden beneden op de grond om met hun mond open de zoete druppels die uit de hemel kwamen op te vangen.

Het spelen in het bos was een van zijn fijnste jeugdherinneringen. Hij werd erheen gezogen uit nieuwsgierigheid en een zucht naar avontuur. Het bos was vol verrassingen en geheimen die ze, zo voelde hij, maar deels kon onthullen. De rest bleef onbekend en geheimzinnig. Dat gevoel heeft hij nog steeds. Hij hoeft maar een klein deel van het leven te begrijpen en hij heeft er vrede mee dat de rest onbekend terrein is.

PK's vader trapte fanatiek op de trappers van zijn fiets, floot een wijsje en was in een goed humeur. De weg kronkelde tussen de maisvelden, de mangobomen en groepjes bruine lemen huizen en zijn witte overhemd fladderde in de wind terwijl hij kuilen, stenen en takken ontweek. Ook PK was blij, dolblij. Hij zat op de bagagedrager met het overhemd van zijn vader als een zeil voor zich gespannen. Ze waren op weg naar de stad, weg van de veiligheid tussen gelijkgestemden, maar hij voelde zich moedig, belust op avontuur en genoot van de onzekerheid.

Hij ging eindelijk naar school.

De leraar van de Primary School in Athmallik had Shridhar beloofd dat zijn zoon mocht komen, hoewel het semester al ruim een maand geleden was begonnen. Misschien hadden zijn vader en moeder het besluit uitgesteld uit angst voor hoe PK op school behandeld zou worden, waar ze door hun eigen bittere ervaring bevreesd voor waren.

De school was een bruin lemen gebouw met een aantal klaslokalen op een rij en een lange gemeenschappelijke veranda voor een zanderig schoolplein, waarvan de grenzen werden aangegeven door bamboestokken en slingerplanten die een dichte groene muur hadden gevormd.

PK keek vol verwachting het lokaal in. Hij zag de leraar. Hij had een enorm dikke buik.

De leraar, die zag waar PK naar keek, zei trots: 'Net als Ganesh,' en hij klopte grinnikend op zijn buik.

Daarna ging hij verder met de les. Hij wees letter na letter aan op het zwarte bord en de klas las hardop in koor mee.

Wat veel kinderen, wat kan ik veel vrienden krijgen, dacht PK.

De leraar onderbrak het opdreunen en wees hem zijn plaats. Maar hij wees niet naar de groep kinderen in het lokaal, maar naar de veranda buiten.

'Daar mag je zitten, Pradyumna Kumar Mahanandia!'

PK nam in kleermakerszit plaats op de zanderige grond onder het dak van de veranda. Hij was in de war. Moet ik hier in mijn eentje buiten zitten? dacht hij teleurgesteld. Maar zijn vader deed alsof er niets aan de hand was. Wat wist hij wat PK niet wist? Zijn vader gaf hem een kneepje in zijn hand, nam afscheid, liep naar zijn fiets die tegen het bamboehek stond en reed weg.

PK bleef in zijn eentje achter bij al die onbekende mensen. Wilden ze hem daar wel hebben? Daar was hij niet langer van overtuigd. Hij had helemaal geen zin meer om met school te beginnen. Waarom klonk de leraar zo boos en waarom mocht hij niet op de grond in het lokaal zitten, bij de anderen?

De leraar kwam al snel bij hem op de veranda om hem te helpen met een schrijfoefening. Hij verspreidde een laagje zand op zijn houtplankje en liet met zijn wijsvinger zien hoe hij de letters in het zand kon schrijven. PK merkte dat de leraar hem niet wilde aanraken. Hij zat dichtbij, maar leek op te letten dat hij niet tegen hem aan kwam. Waarom deed hij dat?

Vanaf zijn plek op de veranda had hij in elk geval uitzicht over het lokaal als de leraar op het bord liet zien hoe ze de letter 'ma' in het Odia moesten schrijven en hij de leerlingen vroeg het geluid te herhalen.

'Ma, ma, ma, ma, ma,' lazen PK en de hele klas in koor. Toen het tijd was voor de pauze rinkelde de leraar met een messing belletje.

De leerlingen stormden naar buiten om op het plein te gaan spelen. Hij stond op om achter ze aan te rennen.

'Waar ga je heen?' riep de leraar.

PK was met stomheid geslagen. Snapte hij het dan niet?

'Je mag niet met ze spelen!' ging de leraar verder.

PK draaide zich snel om. Die eerste schooldag zat hij in zijn eentje in een hoek van het schoolplein, vechtend tegen zijn tranen.

De tweede dag vond hij een poeltje achter het schoolgebouw waar hij kon zitten en in zijn eentje kon spelen. Na een week begon hij ernaar te verlangen in zijn eentje bij de poel te zitten. Maar hij snapte er nog steeds niets van. Hij keek naar zijn spiegelbeeld in het wateroppervlak. In het gerimpelde spiegelbeeld van zichzelf zocht hij naar gelaatstrekken en kleuren die anders waren dan die van de andere kinderen. Misschien was zijn neus te plat, zijn huid te donker, zijn haar te gekruld? Soms vond hij dat hij in de donkere waterspiegel wel leek op een boswezen. Soms vond hij dat hij er net zo uitzag als alle anderen.

Pas na een week vroeg hij zijn moeder wat hij de eerste avond al had moeten vragen, maar waarvoor hij te zeer in de war was geweest om het onder woorden te brengen: 'Waarom moet ik buiten het lokaal zitten?'

Zijn moeder zat op haar hurken maiskolven te roosteren en bakte chapati boven het vuur in de keuken. Ze keek hem aan.

'Waarom mag ik niet meespelen in de pauze?' ging hij verder.

Eindelijk antwoordde ze: 'Wij zijn junglemensen.'

Hij keek haar aan en raakte nog meer in de war. Wat bedoelde ze?

'Ooit leefde ons volk diep in het bos. We hadden daar misschien moeten blijven en ons leven moeten leiden tussen de bomen, en niet naar het dorp moeten verhuizen om samen met het steppevolk te leven.'

Ze tilde hem op en zette hem op haar schoot.

'We mogen de tempel niet in. Dan worden de priesters boos. Dat heb je al gemerkt. We mogen ons water niet uit dezelfde bron halen als de anderen. Daarom ga ik niet naar de gemeenschappelijke bron, maar ga ik elke dag naar de rivier of het reservoir. En daar kunnen we niets tegen doen. Dat moeten we accepteren.'

'Waarom?' vroeg hij.

'Omdat we onaanraakbaren zijn, omdat we in een lagere kaste zijn geboren... of... zelfs in geen enkele kaste.'

Ze ving zijn blik. 'Maar je gaat het toch fijn hebben, dat zul je zien, als je maar in de waarheid gelooft...' Ze droogde haar tranen. '... en als je eerlijk bent tegen jezelf en tegen andere mensen.'

's Avonds lag hij op zijn stromatras te piekeren voordat hij in slaap viel. Het geluid van fladderende vleermuizen klonk in de nacht en de honden jankten. Zijn moeder verzamelde stokjes en rammelde met kommen van roestvrij staal. Het waren veilige geluiden van alledag, waarbij hij normaal altijd in slaap viel, maar nu bleef hij maar piekeren. Wat is een kaste? Wat betekent onaanraakbaar? Hij vermoedde wel dat de leraar zich daarom zo vreemd gedroeg, maar waar kwam het vandaan? Waarom werd iedereen er zo door in beslag genomen?

PK's klas kreeg een stukje grond in een moestuin aan de rand van het schoolplein. Daar plantten de leerlingen samen komkommers, okra, aubergine en tomaten. Als de groenten rijp waren, mochten ze ze oogsten en mee naar huis nemen. PK mocht meehelpen met zaaien en water geven. Niemand zei er iets van dat hij de zaadjes en het water had aangeraakt.

Toen het oogsttijd werd, kreeg hij een eigen mand, terwijl de anderen een mand deelden. Hij begreep dat dat was om te voorkomen dat de anderen zijn groenten zouden krijgen, die waren besmet met zijn onreinheid. Maar het kon hem niet meer schelen, hij dacht alleen maar aan alle lekkere tomaten die hij mee naar huis zou nemen om aan zijn moeder te geven. Hij was zo enthousiast over zijn bijdrage aan het huishouden dat hij naar de planten stormde, over de waterslang struikelde en tegen de gemeenschappelijke mand aan kwam, waardoor de bovenste tomaten op de grond vielen. PK boog voorover, pakte de tomaten en legde ze terug.

De leraar ontstak in woede.

'Snap je dan niet wat je hebt gedaan! Nu zijn alle groenten verontreinigd!' schreeuwde hij.

PK stond als verstijfd en zag hoe de leraar de mand naar zich toe trok. Hij vermoedde dat er iets onprettigs zou gebeuren. Toen tilde de leraar de gemeenschappelijke mand op en stortte woedend alle tomaten over hem uit. Er plofte een tomatenregen op zijn hoofd en op de grond, terwijl de rest van de klas doodstil in een kring eromheen stond toe te kijken. De leraar vond dat hij net zo goed alle groenten mee naar huis kon nemen, alles was nu toch al bezoedeld.

Huilend bukte hij zich, pakte de tomaten en legde ze weer in de mand.

Zijn moeder begon te stralen toen hij met de goedgevulde mand naar huis kwam, maar toen hij vertelde wat er was gebeurd werd ze verdrietig. Ze was bang dat hij niet meer naar school zou mogen en dat de leraar en de andere leerlingen en hun families hen zouden treiteren.

'Je weet het nooit,' zei ze, 'de kastehindoes kunnen er zelfs massaal op uit trekken en alle onaanraakbaren in het dorp straffen.'

Maar de volgende dag deed de leraar alsof er niets was gebeurd. En PK en de rest van de familie merkten niets van andere reacties. Het was net alsof het tomatenincident niet had plaatsgevonden.

PK dacht veel na over die gebeurtenis. Dat wat hij aanraakte werd vies, had de leraar uitgelegd. Wat zou er gebeuren als hij de hele klas zou aanraken? Zouden ze boos worden? Of zouden ze doen alsof er niets gebeurd was?

Dat moet ik uitproberen, dacht hij.

Toen de leerlingen op een ochtend zoals gewoonlijk in de rij op het schoolplein gingen staan, zag hij zijn kans schoon. Hij stak zijn hand uit, rende heel snel langs de rij en raakte ieders buik aan. Toen hij de kinderen had gehad, rende hij langs de leraar en als laatste de directeur en raakte ook hun buik aan.

De leraar bleef sprakeloos staan staren, eerst naar PK, daarna naar de directeur en als laatste naar alle andere kinderen.

'Kom!' zei de leraar, en hij wendde zich tot zijn leerlingen. 'We gaan ons wassen bij de bron. PK, jij blijft hier. Met jou reken ik later wel af.'

De leraar sloeg de leerlingen met een rotting als ze een regel van school hadden overtreden, maar PK werd nooit geslagen, omdat de leraar zijn rotting niet wilde bezoedelen en het vuil niet wilde verspreiden. Voor PK bedacht de leraar een andere straf. Hij moest bewegingloos met zijn ogen dicht op de veranda blijven staan. Dan ging de leraar achteruit en gooide stenen naar hem toe.

Scherpe steentjes die schrijnden op zijn huid en lelijke blauwe plekken veroorzaakten.

PK vervloekte de leraar, maar bedacht ook gelaten, zoals zijn moeder hem had geleerd, dat het leven buitenshuis nu eenmaal zo was. Zo werd hij behandeld. Daar was niets aan te doen.

Maar zo af en toe werd hij woest, wraakzuchtig, en dan verlangde hij naar goddelijke gerechtigheid. Bitterzoete gedachten die bij hem opkwamen als hij 's middags naar huis fietste, als hij 's avonds ging slapen en als hij 's ochtends vroeg over de gebeurtenissen van de dag ervoor lag te malen terwijl het buiten langzaam licht werd.

Op een ochtend viel de leraar in slaap op zijn stoel achter zijn spreekgestoelte terwijl de leerlingen in koor de ochtendgebeden opzeiden. PK had aan zijn adem geroken dat hij op weg naar school zelfgestookte alcohol had gedronken en terwijl hij steeds harder begon te snurken, zakte zijn onderkaak langzaam naar beneden totdat zijn mond wijd open stond. Toen gebeurde er iets fantastisch, iets wat hij nooit meer zou vergeten. Een van de duiven in de daknok begon plotseling te poepen. De vogelpoep viel recht naar beneden naar de katheder, nee, recht op de stoel van de leraar en tot vreugde van de leerlingen recht in de open mond van de leraar. De leraar ging kwaad rechtop zitten, en schreeuwend en krijsend begon hij zijn leerlingen uit te schelden, omdat hij dacht dat een van de jongens uit de klas een kwajongensstreek had uitgehaald.

PK vond dat het leek alsof de duif zijn gedachten had gelezen. Hij genoot van de ontzetting en walging van de leraar.

Maar de dagen waarop de onderwijsinspecteur op bezoek kwam, ging alles anders. De inspecteur moest controleren of de school de Indiase wetten naleefde waarin stond dat discriminatie wegens kaste verboden was. Hij droeg een blauwe blazer, een wit overhemd en witte plooibroek en had een vanzelfsprekende autoriteit. Hij glimlachte beleefd, maar was ook zeer gedecideerd.

Als de inspecteur er was, behandelden de leraar en klasgenoten PK heel anders.

Dan zei de leraar 's ochtends dat PK natuurlijk naast zijn klasgenoten in het lokaal mocht zitten, alsof zijn onaanraakbaarheid slechts een kwade droom was geweest. Hij mocht meedoen met iedereen, schouder aan schouder op de grond zitten, in de pauze met de andere leerlingen spelen. Niemand zei dat hij afstand moest houden. Hij was dolblij, voelde zich heel vrij en kon in het begin niet vermoeden dat het alleen maar voor de show was, dat de hel gewoon weer zou terugkeren zodra de inspecteur zijn hielen had gelicht. Als hij wat minder argeloos was geweest, was hij nu niet zo vrolijk gestemd.

's Avonds vertelde hij aan zijn moeder dat hij indruk op de andere kinderen had gemaakt door de vragen van de inspecteur goed te beantwoorden. Toen zag ze er trots uit. Ze was zo geroerd dat ze ervan moest huilen. Hij vond het fijn dat hij die gevoelens in haar opriep. Dan voelde hij zich belangrijk en waardevol. Een paar jaar later, in zijn puberteit, begreep hij dat ze misschien wel huilde om de huichelarij, de herinnering aan het feit dat die gezamenlijkheid slechts een toneelstuk was dat werd opgevoerd op de dag van het inspecteursbezoek.

Hij droomde dat de inspecteur terugkwam, schuin achter de leraar ging zitten en met arendsogen de klas in de gaten hield. De inspecteur zag alles en iedereen en was rechtvaardig. Hijzelf zat midden in het lokaal tussen zijn klasgenoten. Hij stak zijn vinger op, beantwoordde alle vragen goed en werd elke keer geprezen, dag in dag uit. Als hij wakker werd en de droom vervloog, bleef hij nog even liggen, vervuld van het warme gevoel dat hij erbij hoorde.

Nadat hij was opgestaan, naar de veranda was gelopen en de zonnegroet had gedaan, kwam de druk op zijn borst weer terug, net als de herinnering aan de procedure die werd opgevoerd elke keer als de inspecteur het lokaal weer uit ging om terug te fietsen naar het onderwijskantoor in Athmallik. Dan ging de leraar, een brahmaan, samen met de leerlingen naar de poel om zich met zeep en water te schrobben. Ze waren heel lang bezig met wassen, alsof ze in een berg stront waren gevallen.

Nu begreep hij waarom.

Toen hij thuiskwam van school huilde hij van wanhoop. Zijn moeder troostte hem.

'Ze waren heel erg vies,' zei ze. 'Wat goed dat je hebt gezorgd dat ze zich gingen wassen. Ze moesten zich hoognodig wassen. Bah, wat stonken ze.'

Dat bleef ze zeggen tot hij ophield met huilen. Ook al wist hij dat ze het verkeerd had, toch omwikkelden haar troostende woorden hem tijdens zijn verdriet met zachtheid en warmte. Er was iemand die hem niet ontliep.

Niet alleen de onderwijsinspecteur zorgde ervoor dat zijn leraar en klasgenoten veranderden. In de derde klas kregen ze bezoek van een Britse koloniale ambtenaar die na de zelfstandigheid in Orissa was gebleven. Hij schreed met rechte rug en met zijn vrouw aan zijn zij de klas in, hij in donker pak, zij in een bloemetjesjurk. Hun gezichten waren wit en glad als yoghurt. De brahmaanse meisjes uit de klas liepen naar ze toe met bloemenslingers en hingen die om de nek van de buitenlanders.

Op deze eervolle dag mocht PK weer bij de anderen in het lokaal zitten, alsof discriminatie van onaanraakbaren niet bestond. Ze gingen naast elkaar staan en zongen voor hun bezoekers, wederom als één familie.

Toen de buitenlandse bezoekers bijna weer weggingen, liep de vrouw naar PK en gaf hem een klopje op zijn wang. Ze keek hem strak aan en glimlachte.

'Ik mag jou aanraken, want ik ben ook onaanraakbaar,' zei ze en ze hing de bloemenslinger om PK's nek.

Het gevoel erbij te horen was bedwelmend. En al had hij begrepen dat de gezamenlijkheid slechts tijdelijk was, hij liet dat besef niet tot zich doordringen, wuifde het weg als een mug, wilde van het moment genieten.

Toen de Britten de dienst uitmaakten, bestonden er geen kastegrenzen. Misschien was het leven voor ons beter toen zij regeerden, dacht hij.

Hij keek naar de witte vrouw en dacht aan de voorspelling van de astroloog: niet uit de streek, niet uit de provincie en ook niet uit ons land. Was het een vrouw met een bloemetjesjurk en een gezicht zo wit als yoghurt met wie hij zou trouwen?

Lotta's verlangen werd sterker. Ze las in de krant over George Harrison, die naar India reisde, spirituele goeroes ontmoette, sitar leerde spelen en samen met mensen van een hindoetempel in Londen een Indiaas nummer opnam. Ze las ook een interview met Maharishi, de goeroe van The Beatles, die zei dat hij voor zijn geestesoog de kosmische capaciteit van de Britse popband zag.

Op een dag zag ze een aanplakbiljet: THE BEATLES GAAN NAAR INDIA OM TE MEDITEREN. Ze had het gevoel dat India overal was. Ze kon er maar nauwelijks weerstand aan bieden.

Lotta dacht regelmatig aan haar opa, die op haar tweede was overleden. Hij droomde heel vaak over reizen die hij nooit had gemaakt. Hij had altijd de kans willen hebben om op reis te gaan. Hij was meesterwever en bevriend met een handelsreiziger in textiel uit Bombay, hij las de boeken van Rudyard Kipling, Jack London en Sven Hedin en droomde van avonturen in het Oosten.

Lotta pakte vaak het vergeelde exemplaar van de krant *Idun*, waarin hij een advertentie had omcirkeld van een cruise naar India. Haar opa had die reis nooit gemaakt, maar had in plaats daarvan de wereld naar zich toe gehaald. Op een dag had hij een wierookvat op de schroothoop gevonden. Dat leek uit Perzië afkomstig te zijn. Hoe het op een vuilnisbelt in Borås terechtgekomen was, wist niemand, maar dat maakte niets uit. Lotta's opa behandelde het vat heel omzichtig. Dat was zijn avontuur.

Toen hij stierf, kreeg Lotta het wierookvat, dat ze jaren later in een nis in haar huis op de open plek in het bos hing. Ik stel me niet tevreden met een rekwisiet, dacht Lotta, ik ga alles doen waar opa van droomde.

Het gezin woonde in een tweekamerappartementje, ze hadden

weinig geld en moesten zuinig leven. Haar vader en moeder hadden een stoffenwinkel die ze hadden geërfd, maar die hun nooit echt beviel. De winkel liep steeds slechter en uiteindelijk gingen ze failliet. Lotta's vader ging in het bos werken op het terrein van familie, terwijl haar moeder tandartsassistente werd in de tandartspraktijk van haar broer.

Ze hadden dan wel geldgebrek, ze waren ook van adel. Maar wat anderen als trotse titel zagen, was voor de tiener Lotta een belasting. Het was niet cool om Von Schedvin te heten. Het enige wat Lotta wilde, was net zo zijn als de rest.

Ze schaamde zich niet alleen voor haar adellijke naam, ze schaamde zich ook omdat ze niet blij was met haar geprivilegieerde levenslot.

Het gezin had een oude wrakkige auto, die vaak kapotging. Maar Lotta en haar zussen wilden graag een paard. Dus werd er in het gezin gediscussieerd waar het geld in gestoken moest worden: in een paard of een nieuwe auto? Allebei konden ze niet betalen.

Lotta's moeder besloot. 'Het is belangrijker dat ze een hobby hebben dan dat we een nieuwe auto kopen,' zei ze.

Ze wendde zich tot Lotta en haar zussen: 'Jullie moeten leren verantwoordelijk te zijn voor iets anders dan jullie zelf.'

Lotta zag in de bioscoop een film over een jongen die in de jungle van India op een olifant reed. Zo'n vriend wil ik, dacht ze, en ze zocht snel penvrienden in Nairobi, Japan, Oostenrijk en San Francisco.

Op een dag kwam er uit Nairobi een pakje met een armband van olifantenhaar. Die droeg ze de volgende dag trots naar school.

De eerste premier van India heette Jawaharlal Nehru. Hij geloofde in alles wat modern was: industrie, steden en spoorwegen. In zijn toespraken over de richting waarin India zich aan het ontwikkelen was, zei hij dat het nieuwe het vergane oude bos moest vervangen. Dat inspireerde veel Indiërs. PK's vader was, net als de nieuwe schooldirecteur, een bewonderaar van Nehru.

Op zijn eerste werkdag riep de nieuwe directeur de leerlingen bijeen op het schoolplein en vertelde hij over machines en andere moderne dingen die hij in de stad had gezien. Eerst vertelde hij over de telefoon, daarna beschreef hij de trein.

'Een trein,' zei hij op dramatische toon, 'is een heel lang voorwerp. Het lijkt op een slang, een enorme slang, die zich uitstrekt van waar ik nu sta tot aan de voet van die berg daar.'

Hij wees naar de met gras begroeide helling een paar honderd meter verderop.

'Hij beweegt zich ook als een slang, hij zigzagt door het landschap. Ik heb er drie dagen en twee nachten mee gereisd. Er lagen en zaten meer dan honderd mensen in,' zei de directeur.

PK luisterde goed en stelde zich de trein voor als een enorme kunstmatige slang, zich voortslingerend over het zand, met mensen die er schrijlings op zaten, zoals je een paard of een olifant berijdt.

'Zijn er nog vragen?' vroeg de directeur na afloop.

PK stak zijn vinger op. 'Kan de slang springen als een cobra?'

Hij dacht aan het verhaal over de cobra die hem tegen de regen had beschermd toen hij nog maar een paar dagen oud was. En hij dacht aan de cobra die hem had gebeten toen hij vijf was en waarop hij zo boos was geworden dat hij hem had gevangen, vastgegrepen en terug had gebeten totdat het bloed uit de slang droop en de kop levenloos naar beneden hing. Hij zag een kronkelende slang voor zich en stelde zich een enorm veel grotere slang voor, die glansde en glinsterde terwijl hij grote sprongen maakte over de spoorwegen.

De directeur lachte droog en snoof theatraal. 'Hij is te zwaar om te kunnen springen, hij is helemaal van ijzer,' zei hij.

Dat ijzer moest vreselijk zwaar zijn, dat begreep hij nu, en dat kon natuurlijk niet van de grond komen, maar hij had nog een vraag: 'Kan hij naar ons dorp komen kronkelen?'

Het geduld van de directeur was op. Hij antwoordde korzelig: 'Nee, dat kan hij niet. Hij kan alleen op ijzer rijden, op spoorwegen, en die hebben we hier niet.'

Ongelofelijk, dacht PK. Wegen van massief ijzer! Wat zal er veel ijzer nodig zijn om die aan te leggen! Meer dan in alle pijlpunten van opa, en die heeft al meer pijlen dan wie ook in het dorp. Als ik alle pijlpunten van opa zou smelten, is dat misschien wel genoeg voor... – hij dacht goed na – misschien een meter spoorweg. Niet meer. En de directeur zegt dat hij drie dagen en twee nachten over spoorwegen heeft gereisd. Hij probeerde het zich voor te stellen, maar hij werd duizelig en schudde met zijn hoofd om het gevoel kwijt te raken.

Na de eerste vijf jaar op de Primary School ging hij naar de Upper Primary School om in de zesde klas te beginnen. Hij zou in het internaat gaan wonen en net zoals zijn vader en broers alleen op zondag naar huis gaan, naar zijn moeder.

Aan dunne snoeren aan het plafond van de schoolzalen en gangen hingen dingen die hij nog nooit had gezien. Ronde lichtbollen van glas.

Hij was verbluft door de lichtgevende bollen. Wat een fel schijnsel! Die verbruiken vast heel veel olie, dacht hij. Hij liep om de lampen heen, om vanuit alle hoeken te kijken waar de oliehouder zat.

'Hoe vullen de stadsbewoners hun lampen bij met olie?' vroeg hij zijn vader op de eerste zondag dat hij thuiskwam.

Zijn vader antwoordde dat hij dat niet allemaal in één keer hoefde te begrijpen, maar dat hij het stukje bij beetje kon leren.

'Maar je moet er wel aan wennen. Onze premier heeft ons beloofd dat we zulke elektrische lampen ook snel in ons dorp zullen krijgen,' zei hij.

Vanaf de eerste dag op zijn nieuwe school wisten de leraren en de leerlingen dat hij onaanraakbaar was. Zo behandelden ze hem ook. Hij had een opgevouwen kastecertificaat in zijn broekzak dat door de lokale autoriteiten was afgegeven. Daardoor viel hij onder de quota voor degenen die behoorden tot de *Scheduled Castes, Scheduled Tribes* en *Other Backward Castes*, de onaanraakbaren, het inheemse volk en anderen uit lage kastes.

Kastecertificaat. Logboek nr. 44. Hiermee wordt verklaard dat Sri Pradymnu Kumar Mahanandia, zoon van Sri Shridhar Mahanandia uit het dorp Kondpoda, Athmallik, in het Dhenkanal-district, tot een geregistreerde kaste behoort. Zijn onderkaste is Pan.

Dat stond er. Het was eigenlijk zwart-op-wit een verklaring dat hij onaanraakbaar was, een paria, een tweedeklasburger. Dankzij dit certificaat kreeg hij weliswaar goedkopere treinkaartjes en zou hij op een dag makkelijker naar de universiteit kunnen. Maar het voelde vooral als een peststempel. Hij was een zwakke stakker, die een aparte behandeling nodig had om te overleven.

Zijn nieuwe leraar was ook de baas van het woongedeelte van de school en instrueerde hem hoe een onaanraakbare zich moest gedragen. PK mocht de keuken en de eetzaal niet in als er iemand anders was. Hij moest op de grond in de gang gaan zitten wachten op zijn maaltijd. Dan kwam de kok naar hem toe met een metalen schaal met eten. Hij keek goed uit dat hij PK's bord niet aanraakte met zijn opscheplepel. Vanaf een halve meter hoogte schonk hij rijst, groentecurry en linzensaus op het bord.

Sommige dagen kreeg hij alleen maar rijst omdat het eten op

was. Hij kreeg altijd als laatste. Als hij klaagde, zuchtte de kok gelaten.

'Dit komt door karma uit een vorig leven, dat moet je begrijpen en respecteren,' zei hij.

Die verklaring had hij eerder gehoord. Hij wist dat degenen die zo dachten brahmanen waren, of geïndoctrineerd door de brahmanen. Ze hebben geleerd de onaanraakbaren als paria's te behandelen, het is niet hun fout, probeerde hij zich voor te houden. Maar toch voelde hij de woede in zich opborrelen.

De school had een Dhobi-wallah, een man die de kleding van de internaatleerlingen waste. Van alle leerlingen behalve van PK. Toen hij dat ontdekte, merkte hij dat zijn woede overkookte, maar hij durfde niet ronduit te zeggen wat hij voelde. In plaats daarvan sloop hij naar beneden, naar de rivieroever. Daar pakte hij, net zoals toen hij nog een klein jochie was, zijn katapult en schoot de waterkruiken van de Dhobi-wallah kapot. De wasser ving een glimp op van PK, die er achter de bomen op de rivieroever vandoor ging. Hij nam dezelfde week nog contact op met PK's vader en klaagde: *Jouw zoon moet onze tradities en regels begrijpen en respecteren. Wat zou er gebeuren als iedereen plotseling zou doen wat hij zelf wil?* schreef hij in een brief aan PK's vader.

Shridhar antwoordde dat hij heel goed wist wat de regels waren en zijn zoon ook. *Maar*, schreef hij, *de regels zijn onrechtvaardig en een schande voor een land zoals India, dat modern wil worden en met de succesvolle westerse landen wil concurreren.*

Had de wasser nooit naar de toespraken van premier Nehru geluisterd? Wist hij niet dat de politici in New Delhi droomden van een India dat vrij was van kastehiërachie? Had hij Nehru's wijze uitspraak niet gelezen dat iedereen een vrije wil heeft, die niet door oude patronen gestuurd moet worden? Het leven is net een kaartspel, had Nehru in een van zijn toespraken gezegd, de kaarten die je krijgt in je leven zijn voorbestemd, maar jouw vrije wil bepaalt hoe vaardig je bent in het spel.

Toen de Dhobi-wallah de brief van PK's vader had gelezen, ging hij naar PK toe toen hij in zijn eentje in de gang buiten de eetzaal zijn avondeten zat te nuttigen. Hij fluisterde: 'Kom vanavond maar met je kleren naar me toe. Zorg dat niemand je ziet. Ik zal ze wassen en morgenavond als de anderen slapen krijg je ze weer terug.'

Een halve overwinning, dacht PK.

De Indiase samenleving is vol tegenstellingen, vond PK altijd. Een goed voorbeeld van die paradoxen is hoe het kastenstelsel tot uitdrukking kwam voor zijn opa. Zijn opa was een gerespecteerd man als het aankwam op wereldlijke taken. En toch vonden de brahmanen het ondenkbaar om eten of een glas water aan te nemen dat hij had aangeraakt. En ze weigerden natuurlijk hem toe te laten tot de tempel.

Pan-mannen hebben honderden jaren lang gewerkt als wever. Maar zijn opa had met die traditie gebroken en was in Athmallik op kantoor gaan werken. Hoewel hij voor de brahmanen niet meer was dan een rattenkeutel, behandelden de Britten hem eerbiedig. De Britten deden alles om de brahmanen te irriteren. Hij werd verkozen tot opperhoofd van zijn dorp, wat inhield dat hij als arbiter mocht optreden als mensen ruzie hadden. Hij werd ook verkozen tot vertegenwoordiger van de Britse koloniale bazen, omdat de Britten de brahmanen niet vertrouwden.

'De brahmanen hebben zo veel taboes wat eten betreft, en bovendien zulke vreemde omgangsregels, je weet gewoon nooit wanneer je ze beledigt of eert, dat weten alleen zijzelf,' vond de Britse vertegenwoordiger in Athmallik.

Ze wisten dat de scepsis wederzijds was. De orthodoxe brahmanen verachtten de Britten en noemden ze *beefeaters*, bij wijze van belediging.

PK bedacht dat de Britten zijn opa en niet een brahmaan hadden verkozen als *chatia* van het dorp, een titel die verplichtingen schiep. De chatia moest aan de koloniale autoriteiten rapporteren wie er geboren en overleden was en wie er een misdrijf gepleegd had, omdat er in het dorp geen politiebureau of kantoor met bevolkingsregister was. Hij had ook een bestraffende rol. Als iemand de wet had overtreden, was het zijn opa die op bevel van de Britten stokslagen uitdeelde.

Opa zei altijd tegen PK dat hij de Britten aardig vond. 'De Britten houden zich aan hun belofte, het is goed volk. Anders dan de brahmanen schudden ze ons de hand en raken ze ons aan. Blijf uit de buurt van de brahmanen,' vervolgde zijn opa waarschuwend. 'Als je geen afstand houdt, brengt het je ongeluk.'

Hij vond de school in Dhenkanal maar een zinloze bezigheid. Het circus dat naar de stad kwam werd een toevluchtsoord. De tenten werden opgezet, de olifanten geparkeerd en het rondreizende pretpark werd opgebouwd. De eerste avond stond er al een rij voor het reuzenrad en de draaimolens, die in beweging werden gezet door mannen op omgebouwde fietsen. De roestige attracties knarsten, knipperden, gierden en piepten. Het pretpark maakte een vervallen indruk, maar PK was onder de indruk van de ronddraaiende en ratelende apparaten. Maar het was de circustent waar hij heen gezogen werd, zonder dat hij wist waarom. Hij liep rond tussen de woonwagens, gaf de paarden en olifanten klopjes op de hals en stelde zich voor aan de jongleurs en leeuwentemmers.

PK deed één ding heel strikt: direct zeggen dat hij onaanraakbaar was. Dat was uit voorzorg. Zo konden ze zelf beslissen of ze op afstand wilden blijven of hem wilden wegsturen om zo niet het risico te lopen bezoedeld te worden.

'Dat interesseert ons helemaal niets!' zei een van de leeuwentemmers.

'We zijn moslims, weet je hoe dat is? We worden zelf als onaanraakbaren behandeld,' zei een jongleur.

Hij begreep niet echt wat ze bedoelden, hij wist niet dat de Indiase moslims het net zo zwaar hadden als de onaanraakbaren. Eigenlijk behoorden de moslims helemaal niet tot het kastenstelsel. Maar ooit waren ze hindoes uit een lage kaste die probeerden te ontsnappen aan hun onaanraakbaarheid door zich te bekeren. Helaas zonder resultaat. Hun buitenstaanderspositie ging gewoon met ze mee.

Het kastenstelsel is als een ongeneeslijke epidemie, dacht hij.

Elke dag na school ging hij naar het circus. Eindelijk een plek waar hij goed behandeld werd. Hij hield van de vriendelijke manier van doen van de circusmensen, hun nieuwsgierigheid en onbevooroordeeldheid. Ze beantwoordden zijn vragen en luisterden naar zijn verhalen. Dat was hij niet gewend. Na een paar dagen boden ze hem werk aan. Hij dacht: waarom niet? Het kon hem niet schelen dat zijn schoolwerk eronder zou lijden. Zo was hij. Hij dacht niet na. En hij wees een aanbod dat goed klonk niet af.

Hij was gevleid. Voor het eerst in zijn leven werd hij ondanks zijn onaanraakbaarheid geaccepteerd.

Twee weken lang bracht hij hooi naar de dieren en ladders naar de tenten. Hij schreef en schilderde hun reclameaffiches.

'Word onze clown en ga met ons mee op tournee!' zei de circusdirecteur. Ach, waarom niet? De zomervakantie begint toch, dacht PK. Hij kreeg een lange gestreepte mantel en een rode plastic neus en leerde een aantal klassieke clownsnummers. Het was heel makkelijk. En het publiek lachte. De waardering was makkelijk verdiend.

De circusmensen prezen hem. Maar toen de directeur vroeg of hij mee wilde op een lange tournee door een aantal deelstaten in het oosten van India aarzelde hij. Hij had het gevoel gekregen dat er toch iets wrong. Zijn clownswerk bevestigde het feit dat hij buiten de maatschappij stond. Wat is een clown anders dan een mislukt figuur die zijn vrienden probeert terug te krijgen door grappig te doen? Hij was tussen gelijkgezinden, hij had werk, hij verdiende zelfs geld, maar hij vond ook dat het gelach van de kastehindoes in het publiek schamper klonk.

Het examen op de high school in Chendipada was één grote mislukking. Hij kreeg een black-out, kon amper op een antwoord komen. De examens wiskunde en natuurkunde waren een ramp. Hij had niets begrepen van waar de leraren het over hadden.

Ik ben onaanraakbaar, word gepest en kan niets, dacht hij vol zelfmedelijden.

Als hij zijn examen niet haalde, had hij geen toekomst. Dan moest hij genoegen nemen met toiletten schoonmaken bij rijke mensen, wever worden of baksteenbakker, beroepen die bedoeld waren voor onaanraakbare Indiërs die, net als hijzelf, niets van hun leven konden maken. Hij ging naar de rivier om een te worden met de stroomversnelling en misschien een nieuwe wereld te bereiken, in een andere en betere verschijning. Hij sprong erin. Nu zou er een einde komen aan zijn lijden. Nu wachtte hem iets nieuws.

Maar wat zal mijn moeder zeggen? kon hij nog net denken voordat hij onder water verdween. En in plaats van zich door de stroomversnelling te laten meesleuren naar de donkere diepte, zoals hij van plan was geweest, begon hij voor zijn leven te vechten.

Hij kwam weer aan de oppervlakte, zwom naar de kant en klauterde op de oever. Koppig herhaalde hij zijn poging. Hij sprong in het water, vocht nog een keer tegen de stroom en kwam weer aan de oppervlakte. Hij sprong er een derde keer in, zonk zwaar naar beneden en klemde zich vast aan een rotsblok op de rivierbodem. Nu was het eindelijk tijd om deze wereld te verlaten.

Nu kon hij niet meer terug.

Maar de steen raakte los, hij verloor zijn greep en dreef weer omhoog. Nat van de modder liep hij verdrietig naar huis, ging in de slaapzaal van de school op de grond liggen en staarde naar het plafond.

Hij bleef maar denken aan de gebeurtenissen van de laatste tijd. Hij verafschuwde het gepraat van de leraren, de wasser, de kok en de andere leerlingen over de voorbestemde rollen van mensen in de samenleving. Maar tegelijkertijd dacht hij dat alles wat hij deed een bedoeling had. *Niets is zinloos. Zelfs een mislukking heeft een doel. Het gevoel van buitenstaander-zijn heeft een doel, mijn zelfmoordpoging heeft een doel en de steen die losraakte waardoor mijn zelfmoordpoging mislukte heeft een doel.* In zijn zoektocht naar troost gingen zijn gedachten terug naar het palmblad met zijn horoscoop. De profetie. Hij dacht aan de vrouw met wie hij zou trouwen. Hij stelde zich haar van top tot teen voor. Voor hem in het donker verscheen het beeld van een vrouw met een lichte huid. Ze was mooi en haar glimlach vriendelijk. Hij voelde de warmte van een lichaam en toen hij zijn ogen sloot, leek het net alsof hij werd omgeven door een lichtschijnsel. Hij wist dat het licht van zijn moeder afkomstig was. Hij had geen idee hoe hij dat wist, maar het leed geen enkele twijfel. Het voelde alsof ze op de grond naast zijn stromatras zat en over hem waakte.

'Kom kom,' zei ze, 'zij zijn dom en jij hebt gelijk. Op een dag ontmoet je de vrouw over wie de profetie gaat.'

In zijn donkerste uur hield het lichtschijnsel van zijn moeder hem overeind, het verhinderde dat hij de stap naar gene zijde zette.

Wat fijn dat je hier naast me zit, was zijn laatste gedachte voordat hij die avond vol vertwijfeling in slaap viel.

Alle jongens moesten voorafgaand aan het laatste jaar van de high school naar een militair kamp. India had twee oorlogen met Pakistan en een met China uitgevochten. De oorlog was in vochtige jungles gevoerd, op hete zoutvlakten en op ijskoude gletsjers. Zelfs schooljongens moesten paraat zijn om in de volgende oorlog van nut te zijn. Iedereen rekende erop dat die binnenkort zou uitbreken, de vraag was alleen wanneer.

In de zomer tussen klas negen en tien kwamen er grote jongerenlegers van het National Cadet Corps bijeen in Bolpur. Meer dan duizend jongeren uit heel Orissa verzamelden zich om te exerceren en te leren schieten. Ze sliepen in tenten op de oevers van de rivier onder de takken van mangobomen, bijna bezwijkend onder de vruchten, die af en toe op het zand vielen. De oefeningen waren eentonig en saai, maar PK was gefascineerd door de uniformen, de petten met messing medailles en de stevige leren laarzen. Hij vond dat de militaire uitrusting hem autoriteit verschafte.

Samen met twee andere cadetten werd hij benoemd tot bewaker bij de tent, terwijl de anderen een kilometer langs de rivier marcheerden en de avondmaaltijd moesten bereiden. Donkerblauwe wolken vol regen hadden zich de hele middag samengepakt boven de bomen. De kracht van de wolken uitte zich in rukwinden. Al snel geselden de regen en hagelstenen zo groot als maiskorrels de aarde. De wervelstorm sloeg sneller en wreder toe dan iedereen had gedacht. In nog geen tien minuten werden alle tenten met de grond gelijkgemaakt. In het compacte donker, dat af en toe werd verlicht door een witblauw flitslicht, struikelde hij en hij viel in de greppel die hij die dag samen met andere kampjongens had gegraven. Bij een windvlaag viel ook een van zijn kameraden in de greppel. De jongen werd geraakt door een dikke tak van een mangoboom, die door de wind werd afgerukt alsof het een tandenstoker was. Er kwam een kleinere tak aangevlogen, die PK raakte en hem ontzettend veel pijn deed. Hij keek op en zag een straaltje bloed, dat zich verbreedde tot plasjes die in de greppel liepen en zijn kleding natmaakte. Hij droop van het bloed.

Maar het was niet van hem. Het was van zijn kameraad.

Toen verloor PK het bewustzijn. Pas uren later werd hij wakker op een harde brits in het ziekenhuis in Dhenkanal met een gloeilamp boven zich, die irritant wit licht verspreidde. Hij had zijn been gebroken. Maar het lichaam van zijn vriend was verpletterd door de grote tak. Hij was dood.

PK mocht opnieuw examen doen. Net toen alles uitzichtloos leek, kwam de ommekeer. Het dieptepunt was bereikt. Zijn geheugen keerde terug. De blokkade verdween.

Hij slaagde met de hakken over de sloot. Hij begreep dus toch van alles. Hij was niet waardeloos.

Zijn vader zag opnieuw een kans dat PK ingenieur zou worden. Dat was zijn droom voor een makkelijke toekomst voor zijn zoon en een nieuw India, vrij van bijgeloof. Ingenieurs zouden het nieuwe land opbouwen. De kennis van ingenieurs zou alle mythen van de priesters wegvagen. Nu waren er mogelijkheden, dacht PK's vader, dat ook hij mee kon doen en India in iets moderns kon veranderen, minder bevooroordeeld en rationeler.

Zijn vader spoorde hem aan om zich in te schrijven bij de faculteit natuurwetenschappen. PK deed wat hij zei, schreef zich in, werd toegelaten en begon in de herfst op zijn nieuwe opleiding. Maar hij was het al snel beu en besteedde de eerste lessen van het semester aan het tekenen van karikaturen van de leraren.

Op een dag kreeg de wiskundeleraar zijn tekeningen te zien.

'Onaanraakbaren hebben geen hersens,' schreeuwde hij en hij gooide hem de klas uit.

PK wanhoopte niet. Hij wist wat hij wilde, en dat was iets heel anders. Natuurkunde, scheikunde en wiskunde waren zijn slechtste vakken. Van hem mochten anderen het land opnieuw opbouwen. Hij had een hekel aan natuurwetenschappen.

De leraar die hem had uitgescholden en hem eruit had gesmeten kwam de volgende dag buiten naar hem toe om hem goede raad te geven.

'Pradyumna Kumar, dit gaat zo niet,' zei hij.

'Maar wat moet ik dan?'

'Ga naar de kunstacademie!'

Hij luisterde naar het advies van de leraar, liet zijn vaders plannen voor hem, ingenieur worden, voor wat ze waren en verliet de school met 55 roepie op zak. Eerst wist hij niet waar hij heen moest, maar toen dacht hij aan het geestelijk centrum Bhima

Bhois in Khaliapali, op een paar uur reizen met de bus. PK wist dat de monniken, die al mediterend en zingend hun dagen doorbrachten, dolende zielen verwelkomden. Hij werd met open armen ontvangen, kreeg voedsel en een stromatras om op te slapen en werd uitgenodigd voor bijeenkomsten in het auditorium. Vervuld van het gevoel dat iedereen in de zaal hetzelfde doel had, zat hij te midden van de zingende monniken die afgezien van een stuk bast dat hun kruis bedekte, poedelnaakt waren. PK was gefascineerd door de oprichter van de beweging, Bhima Bhoi. De monniken hadden verteld dat hij een wees uit deze streek was die genoeg had van de kastehiërarchie, van de kloof tussen de verschillende klassen en de schijnheilige brahmanen, en een sekte had opgericht die al heel snel talloze aanhangers had. De monniken zongen de liederen van hun goeroe en dreunden zijn teksten op, die gingen over de droom van een rechtvaardige samenleving waarin mensen samenleefden en niet verdeeld waren in verschillende concurrerende groepen. PK werd getroost door het feit dat hij niet de enige was met dergelijke gedachten. Hier was hij tussen gelijkgestemden. De monniken hadden dezelfde kijk op de brahmanen als hijzelf. Maar hij kon de rest van zijn leven toch niet wijden aan meditatie? Hij kon geen monnik worden voordat hij van het leven had geproefd. Hij zou trouwen, dat stond in de profetie, en hij wilde meer van de wereld zien dan Athmallik.

Hij vervolgde zijn vlucht en reed zonder te betalen met de trein naar West-Bengalen. Aan boord van de volle trein, die piepend over het spoor naar zijn nieuwe leven reed, dacht hij aan de directeur die de trein had beschreven als een grote slang van metaal en plaatijzer. Hij herinnerde zich zijn innerlijke beelden: de spoorweg als een weg van massief ijzer en mensen die schrijlings op de treinslang zaten die kronkelend wegreed. Hij lachte om zijn eigen domheid. Wat had hij toch veel niet begrepen.

Zijn volgende doel was Kala Bhavana, de kunstacademie in het beroemde dorp Santiniketan, die naar hij wist opgericht was door de landsdichter Rabindranath Tagore. Dat had hij op school geleerd. Hij checkte in bij het overnachtingsgedeelte van de school, dat slechts een roepie per nacht kostte. Dat kon hij betalen. Maar zijn droom om een opleiding te volgen leek onbereikbaar. Het lesgeld van die geweldige school was te hoog. Hij had niet genoeg geld en wilde zijn vader niet om meer vragen. In plaats daarvan kreeg hij een tip over een kunstacademie in Khallikote, thuis in Orissa, een school voor studenten uit minder bemiddelde families.

Met hernieuwde hoop reed hij weer zwart met de trein, nu naar het zuiden, waar hij aankwam bij de kunstacademie. Die was gevestigd in een oud koloniaal huis met een marmeren vloer en een gietijzeren hek, tussen hoge bergen en het grote Chilikameer.

Omdat de school gratis was, trok hij veel gegadigden. De concurrentie was moordend. Hij was een van de honderd mensen die zich hadden aangemeld voor de drieëndertig plaatsen die er nu waren. De voorronde bestond uit een test hoe bekwaam de kandidaten waren met penseel, houtskool en pen. Ze moesten in een grote cirkel op de binnenplaats gaan zitten en een stilleven schilderen dat in het midden van de cirkel stond opgesteld. Een kruik, een tros druiven en drie mango's.

PK gluurde naar de tekeningen van de anderen en was zeker van de overwinning. Toen de leraren de dag erna de werken hadden beoordeeld, lieten ze de uitgekozen werken zien. De leraren lazen de namen van de gelukkigen op.

Hij was er een van.

De uitverkorenen werden bovendien gerangschikt naar bekwaamheid.

Hij was nummer een.

Op de kunstacademie in Khallikote vertelde hij tegen niemand dat hij onaanraakbaar was. Er was ook niemand die het vroeg. De studenten en docenten kwamen uit het hele land. Iedereen ging met iedereen om, alsof er helemaal geen kasten of klassenverschillen bestonden. Dat was een nieuw en machtig gevoel. Dit was een ander India, het deed hem denken aan het rondreizende islamitische circusgezelschap.

Een ander leven was mogelijk.

Het jaar op Khallikote werd bekroond met meerdere successen. De docenten vonden dat hij een talent was en spoorden hem in het voorjaar aan om een beurs aan te vragen voor de kunstacademie in New Delhi. Hij diende de aanvraag in en toen de zomermoesson met donderend geraas was gearriveerd, kwam het antwoord in een bruine overheidsenvelop, die zijn vader – het hoofd van het postkantoor – zorgvuldig mee naar huis nam, waar zijn moeder hem opensneed en teruggaf aan haar man, die hem mocht lezen.

'Je hebt een beurs gekregen,' zei PK's moeder toen hij naar huis belde.

Hij stond te trillen op zijn benen.

'Je gaat naar de hoofdstad verhuizen,' zei ze en ze begon te huilen. Zijn vader had zijn ingenieursplannen opgegeven en feliciteerde hem.

Zijn moeder huilde alleen maar en vastte de drie dagen voor zijn vertrek naar New Delhi. Het was een grote tragedie dat hij zo ver weg ging verhuizen, zei ze. Maar haar gevoelens waren dubbel. Ze was ook trots. Tegen de buurvrouwen zei ze triomfantelijk: 'Mijn zoon gaat met de bus en trein reizen en met een zilveren vogel vliegen naar een stad die achter de jungle ligt, achter de bergen, achter alles wat jullie ooit hebben gezien.'

De metamorfose

Nazomer, rottende afgevallen vruchten en moessonregens. Het was tijd voor de reis naar New Delhi. PK ging op zijn knieën zitten en legde zijn vingers zachtjes op de voeten van zijn moeder. Ze huilde. Hij vocht tegen de tranen, stond op, omhelsde haar en sprong toen op de wagen en vroeg de koetsier om te vertrekken. De os schudde de vliegen om zijn hoofd weg en begon bedaard langs de zandweg vol kuilen te lopen, met de krakende wagen achter zich. Hij dacht aan zijn horoscoop en aan wat de astroloog had gezegd: dat hij zou trouwen met een meisje dat... *niet uit het dorp komt, niet uit de streek, niet uit de provincie, niet uit de deelstaat en ook niet uit ons land.*

De ochtend erna arriveerde de trein in Bhubaneswar, de hoofdstad van deelstaat Orissa, waar veel luxe was en PK allerlei indrukken opdeed. Brede, rechte boulevards met in het wit geklede verkeerspolitie op de kruisingen. Rijen Ambassadors met op de achterbank mannen in gesteven witte katoenen kleding. Statige antieke tempels van zandsteen met goed onderhouden tuinen eromheen. Bazaars waar het leek alsof de spullen stroomden uit de welgevulde winkels met open etalages aan de straat. Uit de restaurants kwamen heerlijke etensgeuren. Koeien die kalmpjes wiegend tussen de bellende fietsen en autoriksja's op de wegen liepen. En 's avonds straalden de tempels, de hoge glazen huizen en winkelingangen van het licht. Wat een glinsterend spektakel, wat een levendige wereld. Hoezeer zal New Delhi dan niet schitteren?

Hij was tweeëntwintig, of eenentwintig, of misschien twintig... Hij wist het zelf niet, en zijn moeder wist het ook niet zeker. Verjaardagen werden in zijn familie niet gevierd en in die tijd bestond er in India geen persoonsnummer. Het jaar was 1971, dat stond op de kalender aan de muur op school en op de eerste bladzij van de kranten die bij het station op het trottoir te koop lagen.

Zijn leven in het dorp was zo vaak van karakter veranderd: de onbekommerde vreugde van zijn jeugd werd opgevolgd door het inzicht in de eenzaamheid van de onaanraakbaren. Nu stond hij voor een nieuw gevoel van vrijheid. Alles – de huizen, de straten, het volksleven, de parken, de tempels, de stemmen van de verkopers – leek wel een droom over een betere wereld.

De reis met de Utkal Express tussen Bhubaneswar en New Delhi duurde volgens de dienstregeling tweeënhalve dag, maar toen ze het station in de hoofdstad binnenreden waren ze ruim acht uur te laat. De man op de brits onder hem haalde zijn schouders op toen PK vroeg wat er was gebeurd.

'Wat is er niet gebeurd?' antwoordde hij. 'Wees blij dat we zijn aangekomen, maak je niet druk over iets wat al gebeurd is. Daar kun je toch niets meer aan veranderen?'

Ja, hij zou proberen blij te zijn over de toekomst in plaats van te denken aan het verleden, blij te zijn dat hij niet meer in het dorp was waar hij voortdurend werd onderdrukt, maar in de hoofdstad, waar dromen werkelijkheid konden worden en ambitie kon ontkiemen.

De eerste nacht in zijn nieuwe mooie wereld sliep hij diep en droomloos op de vijfde verdieping van het statige studentenhuis. De eerste ochtend stond hij in de gang door het raam naar buiten te kijken, hij wreef zich in zijn ogen en was bang. Hij was vol moed en dwaze grappen in slaap gevallen, maar wakker geworden met angst die in zijn borstkas fladderde; het gevoel dat hij het allerliefst weer terug wilde naar de veiligheid, naar zijn bed, naar het dorp in Orissa, naar zijn familie.

Zo ver hij kon zien: brede straten met donker glad asfalt, witte en beige auto's met ronde vormen, bussen vol deuken in het plaatwerk van botsingen in het drukke verkeer, vrachtwagens in alle kleuren van de regenboog, zwarte en gele fietsriksja's, zwermen motorfietsen met op de achtergrond enorme gebouwen van beton, staal en glas, die glansden in de brandende septemberzon.

Zal ik me hier ooit thuis gaan voelen? dacht hij.

Hij twijfelde of hij het er überhaupt op zou wagen om naar buiten te gaan. Hij was bang dat hij zich niet goed verstaanbaar kon maken. Hij sprak Odia, zijn moedertaal, en Engels, dat hij op school had geleerd. Maar niet iedereen spreekt Engels. In de hoofdstad van India praten de meeste mensen Hindi, dat hij weliswaar op de Upper Primary School had gehad, maar waar hij zich niet prettig bij voelde. *Mai Orissa se ho.* Ik kom uit Orissa. *Mai tik ho.* Het gaat goed met me. Als hij Hindi moest praten, zouden het stijve, formele en kinderlijke gesprekken worden, vreesde hij. Hij liet zijn vinger over de route op de kaart tussen het studentenhuis en de kunstacademie gaan. De academie lag een stuk verderop. Hij wist niet hoe hij de juiste bus moest kiezen. En stel dat hij verkeerd reed? Stel dat hij de weg terug niet vond? Stel dat hij beroofd werd, geflest? Stel dat de stadsbewoners zagen hoe onbeholpen hij was, hoe onzeker en dat ze zagen wat voor stokoude kleding hij droeg – en hem zouden uitlachen?

De eerste week liep hij heen en weer naar school, zodat hij niet hoefde uit te zoeken welke bus hij moest nemen. Daarna besloot hij dat ondanks alles toch te doen. Maar toen hij bij de bushalte kwam, kreeg hij het doodsbenauwd. De oude bussen van de Delhi Transport Corporation reden in een gestage stroom voorbij. Ze rammelden, helden over en hadden een pluim zwarte rook uit de uitlaat, en de passagiers hingen in groten getale in de deuropening. De bussen stopten niet zoals in Orissa, maar minderden alleen vaart bij de bushalte zodat hij en de andere wachtenden erop konden springen.

Het lukte hem op de bus te springen en uit de buurt van de gevaarlijke deuropening te komen. Na lange tijd ingeklemd te hebben gezeten in de naar zweet ruikende mensenmassa zag hij in plaats van de hoge huizen en rotondes kleinere lemen huizen. Hij zag akkers en bosjes.

De bus, besefte hij, was niet op weg naar school. Zijn grootste angst was werkelijkheid geworden. Hij was in de verkeerde richting gereisd.

Hij sprong er bij de volgende halte af, liep naar de andere kant van de weg en stak zijn duim op voor een lift terug naar de stad.

De volgende dag liep hij weer naar school. Hoe vaker hij over de brede boulevards langs alle grote hoge huizen en enorme rotondes liep, hoe minder angstaanjagend New Delhi werd. Het gevaarlijke en anonieme begon bekend aan te voelen. Hij was opgelucht. Hier was de vrijheid. Hier was hij niet de onaanraakbare Pan-jongen, zoon van Shridhar Mahanandia, de onaanraakbare postbode in Athmallik, en de donkere inheemse vrouw Kalabati Mahanandia. Hier had niemand ook maar gehoord van Athmallik en wist geen mens waar het lag. Hier had niemand er enig idee van wat het betekende om opgegroeid te zijn als Pan en Khutia Kondh en wist niemand waar die zich in de kastehiërarchie bevonden. Tot nu toe had niemand hier nog gevraagd tot welke kaste hij behoorde.

Op het Delhi College of Art waren de docenten modern en radicaal. Het waren tegenstanders van een aparte behandeling vanwege je kaste. Hier mocht hij net zoals op de academie in Khallikote samen met de rest van de klas in het lokaal zitten, hoge en lage kasten door elkaar. PK hoorde sommige docenten zeggen dat het kastenstelsel iets slechts was en dat het bestreden moest worden. Dat zeiden ze hardop en trots en bijna triomfantelijk tegen de hele klas, alsof ze de jongeren van al het oude wilden bevrijden. PK mocht zelfs samen met alle anderen eten. Voor hem voelde het als een revolutie. In dezelfde eetzaal, aan dezelfde tafel, uit dezelfde schalen. Niemand deinsde terug als hij dichterbij kwam en niemand ontweek zijn nabijheid of aanraking. 's Avonds liep hij met lichte tred naar huis. New Delhi, de grote stad, voelde als zijn toekomst.

De studiebeurs van de deelstaat Orissa zou één keer per maand worden uitbetaald en voldoende zijn voor het schoolgeld, de artistieke benodigdheden, boeken, huur voor zijn kamer in het studentenhuis en het eten. Maar na een paar maanden kwam het geld niet meer. De vijftig roepie die zijn vader hem elke maand stuurde waren amper genoeg voor een paar dagen. Waarschijnlijk had een ambtenaar op het kantoor voor overheidsbeurzen het geld in eigen zak gestoken. Toen hij bij het loket kwam waar de beurs uitbetaald zou worden, kreeg hij te horen: 'Het spijt me! Geen geld. Kom over een maand maar terug, dan kijken we weer.'

Het eerste jaar op school, dat zo goed was begonnen, werd een jaar van geldgebrek, honger en ongerustheid over waar hij zou kunnen slapen als het ene na het andere tijdelijke onderdak ophield. De eerste drie maanden woonde hij in huis bij verschillende schoolvrienden. Maar hij wilde niet een te groot beroep doen op hun gastvrijheid. Na een tijdje ging hij daarom naar het New Delhi Railway Station om daar op de vloer te slapen, samen met dagloners, gehandicapten, bedelaars en families van het land, die op de trein wachtten die vroeg in de ochtend vertrok. Het was vol in het station, overal lagen in dekens gewikkelde mensen, stonden grote glanzende metalen koffers, jutezakken met graan en stro, melkkruiken, landbouwgereedschap en soms een paar geiten.

In het station was het warmer en fijner dan op het trottoir. In de hoofdstad waren de nachten niet warm zoals thuis in het dorp, maar vaak vochtig en bijtend koud. Bovendien kon hij zich bij de openbare toiletten wassen, zodat hij niet naar zweet rook als hij 's ochtends op school kwam.

Sommige avonden lukte het hem niet de hele weg naar het station af te leggen. Dan kroop hij in een telefooncel om daar te slapen.

Toen Lotta achttien was, verhuisde ze naar Londen om daar een verpleegsteropleiding te volgen en in een ziekenhuis te gaan werken. Ze ging in haar eentje. Ze had niet de behoefte om een vriendin mee te nemen. Integendeel. Het was een bevrijding om in haar eentje te kunnen reizen. Ze kreeg een baan in een beroemd ziekenhuis in Hampstead, waar de patiënten en het personeel op de afdeling voor langdurige verpleging als familie voor haar waren. Lotta kreeg de eindverantwoordelijkheid voor een oude en doodzieke man die met 'sir' aangesproken wilde worden.

'Beloof me, Lotta, word nooit, nooit hard vanbinnen,' zei hij op Lotta's laatste werkdag tegen haar, en hij hield haar handen vast.

Die aansporing heeft ze haar leven lang onthouden.

In Londen at ze Indiaas in kleine buurteethuizen, waar bij binnenkomst de geur van komijn en chili in je neus kriebelde. Ze ging in de Royal Festival Hall naar de Odissidansers kijken, met rinkelbellen om hun enkels, en naar het concert van George Harrison en Ravi Shankar voor wereldvrede in de Royal Albert Hall. Ze had een korte relatie met een Indiase immigrant uit Delhi.

En dan had je nog de kalender met foto's die ze in het ziekenhuis had gevonden. Een van die foto's stelde een grote cirkel van stenen voor. De cirkel zag er oud uit en was omzoomd met kleine beeldhouwwerken van mensen en olifanten. Ze scheurde de foto uit en hing hem aan de muur boven haar bed in haar kamer in het pension. Als ze 's avonds in bed lag, keek ze naar de foto.

Het is net alsof de cirkel aantrekkingskracht op me uitoefent, schreef ze in haar dagboek, alsof de foto iets diep vanbinnen aanspreekt, iets groots wat zich daar bevindt, maar wat ik vergeten ben.

Na de laatste les van de dag liep PK naar Connaught Place, de wijk in het centrum van de hoofdstad, een grote rotonde omgeven door witte huizen in victoriaanse stijl met zuilen en arcades, met de beste restaurants van de stad en de beroemdste winkels. Midden op de rotonde lag een park met een gazon, struiken, een fontein en een vijver. Het rook er op zijn eigen aparte manier naar de grote stad: naar modderig water uit de vijver, bloemen en wierook van fruit- en bloemenverkopers, dieseluitstoot van bussen en vrachtwagens, de afvoer van de met ijzeren hekken afgezette beerputten en zoete sigarettenrook van café-eigenaars die op het gazon bidi's lagen te roken om even bij te komen.

Naast het park lag het lage witte huis dat plaats bood aan het Indian Coffee House, het stamcafé voor de studenten, journalisten en intellectuelen van de stad. De laatste tijd kwam er ook een nieuwe groep gasten: hippies die over land vanuit Europa kwamen. Voor het café stonden hun voertuigen geparkeerd, Volkswagenbusjes en grote omgebouwde bussen, in felle kleuren geschilderd en voorzien van fantasierijke tekeningen en teksten als EXPEDITION INDIA 1973-1974, NEXT STOP HIMALAYA en OVERLAND MÜNCHEN-KATHMANDU TOUR.

PK ging bijna elke dag na zijn laatste les naar het Indian Coffee House. Hij was dol op de sfeer die er hing en op al die verschillende mensen. Aan de muren hingen bordjes waarop stond dat het café lid was van de Indiase Koffiewerkers Coöperatie. Hij keek naar de sepia reclamefoto's uit de jaren vijftig met de boodschap: *A fine type…* (een plaatje van een trotse koffieboer met een witte baard en witte katoenen muts), … *a fine coffee* (een foto van koffiebonen), en de afsluiting: *and both are Indian!* De obers van het café waren gekleed in witte pyjama's met een brede groen-gele riem om hun middel, sandalen en hoofddeksels versierd met een waaier van stevig, sneeuwwit katoen. Ze renden blootsvoets over de grove kokosmat en serveerden hete, zwarte koffie en thee met vette buffelmelk in witte porseleinen kop-en-schotels. Hier kon hij uren zitten met een kop thee, potlood en schetsboek.

Hij tekende zowel de obers als gasten, het liefst buitenlanders. Ongeschoren, langharige mannen met lange katoenen sjaals en overhemden met Indiase motieven. Vrouwen met hennarode haren in een spijkerbroek en strak T-shirt of met kleurrijke en luchtige katoenen blouses. Soms bood hij degenen die hij had getekend zijn tekening aan, maar hij was te verlegen om er geld voor te vragen en al blij als hij een kop thee kreeg. Sommige gasten gaven hem als bedankje toch een paar munten. Met dat geld kocht hij papier, verf en penselen voor de lessen op school.

Toen hij in het treinstation sliep, ging hij slechts een paar dagen per week naar school. De dagen waarop hij geen geld had om eten te kopen, was hij te zwak om naar de docenten te kunnen luisteren en dingen te oefenen. Dan sjokte hij maar wat door de stad. Bijna elke middag ging hij naar het Indian Coffee House om gasten te tekenen en thee aangeboden te krijgen. Er was altijd wel iemand die vroeg of hij honger had, met hem de straat op ging en trakteerde op gefrituurde samosa's en pakora's, op kikkererwten en gekruide gebakken aardappels, geserveerd in kleine schalen van gedroogde bladeren, en op ander voedsel dat werd verkocht in mobiele plaatijzeren kraampjes.

PK kon geen schilderdoek en olieverf meer betalen, maar hij moest genoegen nemen met dun, flodderig kopieerpapier, bruin inpakpapier en zwarte inkt die hij voor een paar paisa kocht in de smalle steegjes in Connaught Place. Hij begon verhongerende mensen te tekenen, het waren expressionistische schilderijen van armoede die degenen die hij ze liet zien angst aanjoegen. Voor PK was het hongerthema belangrijk. Hij vond dat de inktlijnen de gevoelens uitdrukten die werden opgeroepen door de honger en dat ze de verhongerende mensen op de wereld een stem gaven.

Door het lijden te schilderen voelde hij de honger minder en kreeg hij even wat innerlijke rust.

Maar toen hij het schoolgeld een halfjaar niet had betaald, werd hij van de studentenlijst gehaald. Hij ging niet meer naar school, dat was zinloos, ook al vonden de meeste leraren dat hij best bij de lessen mocht komen zitten. Hij schilderde niet meer. Hij had belangrijker dingen te doen. Zoals eten kopen voor de dag.

Toen hij een keer vier dagen niet had gegeten kreeg hij kramp in zijn maag. Het leek wel alsof zijn maag plotseling samengeknepen werd. De hevige pijn hield ongeveer een minuut aan, waarna hij afzakte en overging in het gebruikelijke hongergevoel, dat hij nu al een aantal dagen had. Hij pendelde heen en weer tussen een lusteloos en neerslachtig gevoel en aan de andere kant een overmaat aan energie. In actieve periodes fantaseerde hij over eten. Hij zag voor zich hoe hij aanviel op versgebakken chapatibrood en hoe hij bloemkool met paneer en dikke vullende saus opschepte uit grote schalen.

Lange tijd liep hij doelloos rond op jacht naar een manier om aan eten te komen. Tijdens een van de ergste hongerwandelingen rook hij op een dag een sterke etensgeur aan Ferozeshah Road in de chique regeringswijk. Hij kon zich niet beheersen. De deur in een muur rond een statige bungalow stond wijd open. Hij keek naar binnen. In de tuin stonden partytenten met daaronder lange tafels met rode tafelkleden. Hij zag obers met witte tulbanden en blauwe uniformjasjes af en aan rennen met dienbladen, volgeladen met goudgerande glazen, en muzikanten met donkerblauwe colberts met krullerige en glinsterende applicaties, die speelden op messing instrumenten vol krassen.

PK was van zichzelf eigenlijk te voorzichtig om iets verbodens te doen, iets waarvoor hij een uitbrander kon krijgen, maar door de honger was zijn terughoudendheid verdwenen. Nu aarzelde hij niet. Hij liep de tuin in waar het bruiloftsfeest aan de gang was, met honderden gasten die met elkaar kletsten en zich op het buffet stortten. In de roestvrijstalen dekschalen zag hij lamsvlees met spinazie, witte kaas in rode chilisaus, gegrilde drumsticks met tandoorikruiden in muntsaus, goudgele samosa's, kikkererwtenmassala in yoghurtsaus, aardappels met bloemkool met komijn en koriander, chapati's, naan, pakora's.

Hij had nog steeds regelmatig kramp in zijn maag. Hij dacht: het is buigen of barsten, pakte een bord en laadde er zo veel mogelijk op, ging bij de uitgang staan en begon te eten.

Hij at gulzig, als een uitgehongerde hond. Hij probeerde zich in te houden, maar dat lukte niet. Hij was bang dat hij ontmaskerd zou worden en keek alle kanten op om te zien of iemand achterdochtig naar hem gluurde. Maar hij trof niemands blik. Iedereen was bezig met zijn eigen dingen.

Toen het bord leeg was en zijn buik vol, sloop hij naar de uitgang. Drie stappen verwijderd van de vrijheid buiten op straat tikte er iemand op zijn schouder. Gedecideerd en autoritair.

Hij verstijfde, raakte bijna in paniek.

Nu, dacht hij, nu beland ik in een politiecel, en dan sturen ze me terug naar Orissa. Daar wachten me schaamte en vernedering. Maar als in een droom hoorde hij een stem, tegelijkertijd dichtbij en op grote afstand: 'Koffie of thee, sir?'

Hij draaide zich om en zag een van de obers met een goudgeborduurd gilet en witte tulband naar hem staren. Eerst begreep hij niet wat hij had gezegd. Maar hij had het niet over de politie gehad. Nee, hij had gevraagd of hij thee of koffie wilde. De blijdschap verspreidde zich in zijn borst, hij bedankte, zette een paar beheerste stappen totdat hij merkte dat niemand naar hem keek en rende toen weg tussen de geparkeerde Ambassadors en fietsriksja's door over de met bomen omzoomde straat.

Hij rende naar de Mandi House-rotonde en daarna hijgend langs de brede laan naar Connaught Place. Pas toen hij voor het Indian Coffee House stond, bleef hij staan om uit te puffen. Hij haalde diep adem, proefde de smaken nog op zijn tong en glimlachte in zichzelf. De zeurende pijn in zijn buik was weg.

Maar de honger kwam terug, net als de koorts en het verzwakte gevoel. Sommige dagen at hij slechts jamubessen die in de bomen aan Parliament Street groeiden. In de herfst pal na de moessonregens hingen de bomen vol met die blauwpaarse bessen. Als niemand ze plukte, vielen ze op de weg en bespikkelden ze die met blauwe vlekken. De bessen waren zoet en hij knapte ervan op. Water dronk hij uit kranen langs de straat. Uiteindelijk kreeg hij buikgriep en kon hij het weinige eten dat hij kon vinden niet eens meer binnenhouden.

Ondanks de buikgriep bleef hij honger houden. Hij vermagerde en kreeg een steeds beperktere tunnelvisie. Alles, echt alles ter wereld, draaide om het vinden van eten.

Het werd herfst en winter en de nachttemperatuur daalde tot iets boven nul. Hij sliep onder de Minto Bridge, de rode spoorbaan in Connaught Place en warmde zich bij vuurtjes van bladeren. Hij had geen vrienden meer, werd steeds apathischer, een keer lukte het hem niet eens om naar het café te gaan om mensen te tekenen, maar schreef hij in plaats daarvan bedelbrieven aan zijn vader. Maar na afloop, toen de beproeving voorbij was, vroeg hij zich af of alle brieven wel waren aangekomen. Dan was de redding toch wel eerder gekomen?

Het werd lente, de warmte kwam terug, en toen werd het zomer en was er een hittegolf. De temperatuur in Delhi naderde de 45 graden, er verschenen bubbels in het asfalt, de trottoirs lagen er tussen zonsopgang en de schemering verlaten bij, hij was ziek, had voortdurend pijn in zijn buik en begon wederom te denken aan zelfmoord.

Delhi, India, de wereld! Hij raakte er steeds meer van overtuigd. Er was nergens plaats voor hem. Hij was moe, een paria, ongewild en overbodig.

Ik ben een vergissing, dacht hij.

Het was tijd om een eind te maken aan zijn lijden. Wankel op zijn benen en als in trance ging hij naar de Yamuna-rivier. Toen hij door het wateroppervlak viel, hoopte hij dat hij nooit meer boven zou komen.

Maar halverwege de bodem in het bruine verontreinigde water kwam PK tot zichzelf en probeerde hij zich uit alle macht naar het oppervlak te worstelen om lucht te krijgen. Het was hetzelfde liedje als de vorige keer. Zijn lichaam weigerde mee te gaan met zijn machteloze gedachten. Het was net alsof zijn armen en benen werden aangedreven door een andere kracht, die het niet had opgegeven.

Hij kroop de rivieroever op en begon drijfnat door de smoorhete straten te lopen. Toen kwam hij bij een spoorrails. Daar besloot hij om op een effectievere manier een einde aan het leven te maken. Hij zou zijn hoofd op de rails leggen en op de trein wachten.

Maar de rails was gloeiendheet door de zon. Door het hete ijzer sprong hij weer overeind. Hij had een brandplek op zijn hals, die deed pijn en hij begreep dat het hem niet zou lukken op de rails te blijven liggen totdat de trein kwam.

Dus ging hij ernaast zitten.

Ik stort me voor de naderende trein, dacht hij. Twee stappen maar, dan is alles voorbij. Kun je nog makkelijker van wereld veranderen?

De uren verstreken. Er kwam geen trein. Wat was er gebeurd? In de schemering kwam er een man langs. PK vroeg hem waarom er geen trein kwam.

'Ik ben machinist,' zei hij.

'Waarom zit je dan niet in de trein?' vroeg PK.

'Heb je de kranten niet gelezen?'

'Nee.'

'We staken.'

'Staken?'

'Blijf hier niet zitten. Ga naar huis, naar je vrouw!'

'Maar ik heb geen huis en geen vrouw en mijn maag doet pijn van de honger. Waarom denk je dat ik hier zit?'

De machinist haalde zijn schouders op en verdween. Een tijdje later kwam er een politieman.

'Ga weg voordat ik je opsluit!' schreeuwde hij en hij zwaaide dreigend met zijn stok.

De volgende dag kreeg hij een exemplaar van de *Times of India* te pakken, en hij bladerde erdoorheen. *Spoorwegstaking*, las hij, *geleid door George Fernandes, de woordvoerder van de vakbond van spoorwegpersoneel.* Fernandes had ervoor gezorgd dat andere beroepsgroepen uit sympathie ook hun werk hadden neergelegd. Er staakten in totaal zeventien miljoen Indiërs. De strijdpunten waren de inflatie, corruptie, het tekort aan eten – en uiteindelijk de regering die door premier Indira Gandhi werd geleid. *Misschien was het wel de grootste staking in de wereldgeschiedenis*, schreef een journalist.

Ik ben niet de enige die op het punt staat in te storten, dacht hij. Heel India bevindt zich in een crisis. Ongelofelijk dat de grootste staking in de wereldgeschiedenis ervoor heeft gezorgd dat mijn leven gisteren niet is geëindigd.

Doordat de spoorwegmedewerkers ontevreden zijn met hun werk ben ik niet gestorven. Wat een grootse samenhang! Het was gewoon niet de bedoeling dat hij zou sterven. Er was een hogere macht die plannen met zijn leven had. Dat moet je respecteren, bedacht hij. Het was geen toeval dat het hem een paar keer niet was gelukt een einde aan zijn leven te maken.

Hij moest zich op de profetie concentreren. En hoe luidde die? Die ging over een vrouw uit een vreemd land. Hij dacht aan de Engelse vrouw met de lichte gladde huid en de bloemetjesjurk die zijn klas had bezocht. Hij begon te dromen over de vrouw die zijn levenslot vormde. Hij zag haar in zijn fantasie.

Zijn fantasie werd groter, hij werd enorm, nam steeds meer van zijn gedachten in beslag.

Een nieuwe vriend redde PK van de honger en zijn fantasieën. PK ging intussen af en toe weer naar de lessen op het New Delhi College of Art, waar hij Narendra ontmoette. Ze gingen samen naar het Indian Coffee House. Narendra bood hem thee aan.

'En misschien iets te eten?' stelde PK voor.

Narendra studeerde medicijnen en was net zoals PK onaanraakbaar, naar Delhi verhuisd en eenzaam. Hij was tot de studie toegelaten op basis van het quotum voor mensen uit een lage kaste en was een goede student, beter dan veel van de brahmaanse studenten, die niet met hem om wilden gaan. PK vertelde de eerste dag al over alle beproevingen, de honger en wanhoop die hij de laatste tijd had ervaren. Narendra troostte hem en gaf hem geld zodat hij regelmatiger kon eten, en iets anders dan bessen en voedselresten. Na twee weken verdween de koorts die hij al die tijd had gehad.

'Je had waarschijnlijk dysenterie, kwaadaardige salmonellabacteriën, de *Delhi belly*,' zei Narendra.

'Maar hoe ben ik dan beter geworden?'

'Dat gaat vanzelf over. Als je maar eet en goed voor jezelf zorgt.'

Nog één stap verder de afgrond in, nog een paar weken honger, en hij was weggekwijnd. Nog een week op bessen en smerig water en dan had de ziekte hem de kop gekost.

Na de ontmoeting met Narendra werd zelfs de studiebeurs die zo lang verduisterd was weer regelmatig aan hem uitbetaald. Zijn geluk begon te keren. PK's vader begon op zijn brieven te antwoorden met verontschuldigingen dat hij niet had geweten hoe ernstig de situatie was geweest. In de eerste brief van zijn vader in maanden zat een extra briefje van honderd roepie waarmee hij als hij niet te kwistig was, een week lang eten kon kopen.

Hij betaalde het schoolgeld weer en ging naar de lessen. Zijn kracht en levenslust kwamen terug. De wereld kreeg weer de juiste kleuren. Hij begon vol overgave nieuwe vrienden te maken. Er was een student op school met wie hij vaak 's nachts onder de Minto Bridge had afgesproken. Die was bij tijd en wijle ook berooid en moest dan op het trottoir slapen. Net als PK wist hij wat het was om honger te lijden. Maar toch waren het niet de broeders in het ongeluk met wie hij de meeste overeenkomst voelde.

De meeste studenten kwamen uit gegoede families. Niet gewoon uit de middenklasse, maar uit de politieke en economische elite van de hoofdstad. Er was iemand wiens vader directeur was van de Indiase post, iemand anders was de dochter van de Bulgaarse ambassadeur in India, een derde kwam uit een rijke Perzische zakenfamilie in Bombay en had een benijdenswaardige kosmopolitische stijl en houding.

'Ik ben opgegroeid in het hart van Bombay,' zei ze vaak, terwijl ze haar lange steile haar naar achteren schudde en kauwgum op de grond spuugde.

PK keek bewonderend naar haar en voelde zich verlegen en minderwaardig in haar gezelschap. Hoe zou hij zich staande kunnen houden bij al die zelfverzekerdheid en doelbewustheid?

Zolang de studenten Engels met elkaar praatten voelde hij zich thuis. Toen hij meer geld had dan hij nodig had voor voedsel kocht hij de *Reader's Digest*, die hij las om zijn woordenschat uit te breiden. Met het Hindi ging het slechter. Als zijn vrienden Hindi praatten, werd hij nog onzekerder. Hij begreep de taal intussen redelijk, maar kon de letters in het Devanagari niet goed lezen. Die verschilden van het alfabet zoals dat in het Orida werd geschreven. Hij was bang dat zijn vrienden zouden wijzen naar iets dat in het Devanagari was opgeschreven en dat hij dat dan moest voorlezen.

In het schoolcafé knoopte hij steeds vaker een praatje aan met een jongen die eruitzag alsof hij moslim was. Dat was hij ook.

'Hoi, ik heet Tarique, Tarique Beg,' zei hij in keurig Engels en pochte toen dat hij de eerste was geworden in de toelatingsprocedure voor de school.

'Maar dat was mazzel,' voegde hij eraan toe.

'Waarom was dat mazzel?' vroeg PK.

'Vraag dat maar aan mijn vader,' antwoordde Tarique, die uiteindelijk dus toch niet zo'n opschepper bleek.

'Je vader?'

'Mijn vader, Mirza Hameedullah Beg. Heb je nooit van hem gehoord?'

'Het komt me bekend voor, maar nee... Vertel! Is hij beroemd?'

'Hij is rechter bij de hoogste rechtbank.'

'Je hebt dus een machtige man als vader.'

'Ja, helaas wel.'

'Helaas?'

Ze vonden elkaar in hun gemeenschappelijke interesse voor filosofie. Maar PK noch Tarique werd aangetrokken door de hindoeïstische geschriften die de brahmanen aanhaalden. Ze spoorden elkaar aan boeddhistische en jaïnistische teksten te lezen en de soefistische mystici. Daarna konden ze uren in het schoolcafé zitten praten over de inzichten in de menselijke natuur en hoe je je bewustzijn kon verruimen, om dan plotseling verbaasd op te kijken en te zien dat de conciërge was binnengekomen om de school voor die dag af te sluiten.

PK was nog steeds dakloos en hij mocht met Tarique mee naar huis.

'Je kunt bij mij op de vloer slapen. Daar heeft mijn vader vast geen bezwaar tegen.'

De familie Beg woonde in een op de barok geïnspireerd paleis met twintig slaapkamers en negen badkamers in de lommerrijke bungalowwijk in het zuiden van Delhi. Kort nadat PK bevriend was geraakt met de rijkste student van de school trouwde diens zus. De familie organiseerde een luxueuze bruiloft met een overdadig buffet in de tuin van het huis. Veel leden van de Indiase politieke elite waren er, zelfs premier Indira Gandhi. Maar PK was niet welkom op het feest. Terwijl de gasten bij de hoofdingang van het huis arriveerden, ging PK op de vloer in Tariques kamer liggen, die van buitenaf op slot werd gedraaid, en wachtte totdat Tarique zou terugkeren met een bord vol eten dat hij had meegesmokkeld. Vanavond was hij niet meer waard dan een straathond.

PK hoorde geroezemoes, gerinkel en muziek. Hij hoorde gelach en rook de etenslucht. Pas laat op de avond kwam Tarique eindelijk met een bord naar hem toe.

Hij woonde maandenlang in Tariques kamer. Ondanks het enorme verschil in financiële draagkracht tussen hen vonden ze dat ze veel gemeenschappelijk hadden. Maar ze konden het pas over hun dromen, toekomstplannen en filosofie hebben als PK eerst iets anders had afgehandeld. Elke keer dat ze elkaar zagen begon PK altijd met de vraag of Tarique iets te eten had. Toen PK en Tarique vele jaren later via e-mail weer contact met elkaar kregen, was dat Tariques sterkste herinnering aan zijn arme jeugdvriend: dat hij voortdurend zo veel honger had dat de honger op de eerste plek kwam, dat ze pas met Boeddha konden beginnen als de honger was aangepakt.

Tariques vader werd steeds sceptischer over de arme vriend van zijn zoon. De rechter van de hoogste rechtbank was beleefd tegen PK, groette hem eerbiedig, zoals het een welopgevoede voormalige student van Trinity College en Cambridge betaamde. Hij zei nooit rechtstreeks tegen PK dat hij niet welkom was. Maar Tarique moest steeds vaker lange gesprekken met zijn vader voeren en zich verantwoorden voor zijn vriend.

Tarique vertelde PK dat zijn vader hem probeerde te overtuigen niet meer met hem om te gaan en vriendschap te sluiten met jongens uit gerenommeerdere en welgestelde families.

De situatie werd elke dag gespannener. Uiteindelijk moest Tarique wel zeggen dat PK verhuisd was. Maar PK bleef in het geheim bij Tarique wonen, die eten uit de eetkamer van het gezin smokkelde. Als Tariques vader op weg was van de ene kant van het paleis om bij Tarique langs te komen, die in het andere eind verbleef, verstopte PK zich in de kledingkast. Dan stond hij daar in het donker, bang en beschaamd, en hoorde de donderende stem van de rechter in de kamer.

Hij verstopte zich die hele lente in 1973 voor Tariques vader en de rest van de familie. Hoelang dat precies zo ging, weet niemand meer. Misschien verhuisde hij op een dag in mei, toen het kwik de thermometer liet barsten en het asfalt van de rotonde in Connaught Place plakte als warme Engelse toffee. Misschien duurde het wel totdat met de zuidwestmoesson de loodgrijze wolken binnendreven, die de straten van de hoofdstad schoonspoelden en de hittegolf van de voorzomer verzachtten. Niemand weet het meer. Daarentegen herinnert PK zich wel dat Tarique, die zwoer dat hij hem nooit in de steek zou laten, de beste vriend was die je je maar kon wensen. Met zo'n vriend was de wereld een fijne plek om te leven.

Op een van de hete lentenachten op Tariques vloer had hij een afschuwelijke nachtmerrie. Zodra hij wakker werd, was hij hem vergeten. Alleen de angst was er nog. Nat van het zweet opende hij zijn ogen en hij zag zijn moeder in het donker van Tariques kamer naar hem toe lopen. De zwakke grijze glans van het ochtendlicht hing om haar heen en haar sari was nat en plakte aan haar lichaam, alsof ze net was teruggekeerd van haar ochtendbezoek aan de rivier in het dorp. Zoals gewoonlijk was haar zwarte haar vochtig en had ze een lemen kruik met water op haar hoofd.

Hoe kon zijn moeder hier zijn? In New Delhi? dacht PK.

'Alles zal goedkomen met jou,' zei ze met een somber gezicht en ze zette de kruik op Tariques vloer.

'Mijn levensreis is nu ten einde,' vervolgde ze. 'Sona poa, jij moet voor je zusje zorgen, vergeet niet dat je maar één zus hebt!'

Hij opende zijn ogen nog een keer en was klaarwakker. In de kamer was er niemand anders dan hijzelf en Tarique, die zwaar ademend in zijn bed lag te slapen. Het was half vier 's nachts. Hij dacht aan het gevoel dat zijn moeder in de kamer was geweest om hem te troosten, net als toen hij al die jaren geleden in haar armen insliep. Maar hij besefte dat dat veilige gevoel zich op een broos en hellend vlak bevond. Ze had ook gezegd dat het niet zo goed met haar ging. Hoe meer hij aan haar laatste woorden dacht, hoe harder zijn hart ging bonken. Hij kon niet op de grond blijven liggen alsof er niets gebeurd was, en het lukte hem al helemaal niet meer om in slaap te vallen.

Zonder Tarique te wekken pakte hij zijn stoffen tas, hij sloop het huis uit en liep naar het treinstation. Zonder aarzelen sprong hij in een coupé waar passagiers zonder gereserveerde zitplaats opeengeperst op houten bankjes zaten. En minder dan een uur nadat hij op Tariques vloer wakker was geworden uit de droom was hij op weg naar het oosten.

Na drie dagen, vier keer overstappen en een lange busreis over wegen vol kuilen door het bos, stond hij voor het huis van zijn vader en moeder in Athmallik.

Shridhar kwam naar buiten en keek verbaasd naar zijn zoon, die daar stond met gekreukte kleding, zijn haar in de war en plakkerig van het zweet en stof.

'Hoe wist je dat mama ziek is?' vroeg hij.

'Dat wist ik niet,' antwoordde PK. 'Of eigenlijk... dat wist ik wel. Ik heb het gedroomd.'

'Kalabati wist dat je onderweg was,' zei Shridhar. 'We geloofden haar niet. Ik probeerde het haar uit het hoofd te praten. Maar ze was koppig. "Ik weet dat mijn zoon onderweg is," zei ze een aantal keer. Kom, je moeder wacht op je. Onze vogel staat op het punt haar kooi voor altijd te verlaten.'

Familieleden zaten om Kalabati's bed. Ze was pas rond de vijftig, haar haren waren nog niet grijs, maar een hersenbloeding had haar van haar levenskracht beroofd. Dat was in elk geval wat ze hadden gezegd in het medisch centrum in Athmallik.

Kalabati keek PK strak aan en zei ronduit, zonder overbodige begroeting: 'Je mag nooit sterkedrank drinken en je moet ervoor zorgen dat je vrouw nooit ongelukkig wordt.'

Daarna voegde ze eraan toe, net zoals in de droom: 'En je moet voor je zusje zorgen. Vergeet niet dat je maar één zus hebt.'

Het ging snel slechter met haar. Het gesprek met haar zoon was een laatste krachtsinspanning. Toen PK dezelfde middag voorzichtig water in haar half open mond schonk, kon ze niet meer slikken. Er was slechts zacht gegorgel te horen uit haar keel, gevolgd door zwak gehoest. Ze draaide zich moeizaam op haar zij. Haar blik werd wazig en haar ademhaling ging langzamer en oppervlakkiger. En toen stierf Kalabati.

Nog dezelfde middag stuurde Shridhar een bericht naar de timmerlieden in het dorp dat ze een lading hout nodig hadden voor de crematie. Daarna droegen PK en zijn vader met de hulp van zijn broertje Pravat haar lichaam naar de rivier, ze legden de lijkbaar neer en gingen op hun hurken zitten op het punt waar de grond steil naar beneden liep, het stromende water in.

Ze wachtten geduldig. De zon ging onder. Het ging harder waaien. De wolken verzamelden zich aan de hemel. Toen begon het te regenen, de aarde schokte van de donder en bliksem die de donkere hemel doorkliefden, net als tijdens al die eerdere moessonperiodes. Daar zat PK, met het lichaam van zijn moeder op zijn schoot, bang dat de krachten van het weer haar tengere lichaam van hem zouden afnemen. Hij hield haar voeten stevig vast, alsof hij daarmee kon voorkomen dat ze zou verdwijnen.

De avond werd pikdonker, maar tijdens de korte bliksemflitsen zag hij regelmatig glimpen van zijn moeders uitgedoofde gezicht en stijve, grauwe voeten. Een aantal onaanraakbare dorpsgenoten, die zich om hen heen hadden verzameld om de komende crematie bij te wonen, vluchtten weg omdat ze geloofden dat boze geesten de rivierbedding in bezit hadden genomen.

Maar PK was niet bang. Hij was verdrietig, maar voelde zich ook geborgen en rustig.

Eindelijk kwam de man van de ossenkar. Hij kwam zonder kar en ossen aanlopen. Hij vertelde dat de wagen met de lading hout een eindje van de rivier kapot was gegaan en dat hij die daarom helaas niet kon afleveren. Er kon vanavond geen crematie plaatsvinden.

'Je kunt hier niet de hele nacht in het onweer blijven zitten met Kalabati's lichaam op schoot, dat gaat binnenkort ontbinden,' zei Shridhar.

PK en Pravat snapten ook dat ze iets moesten doen. Ze klauterden de zanderige helling naar de rivieroever af en groeven samen met hun vader met hun handen een gat van een halve meter diep en legden Kalabati er voorzichtig in. Nu ze niet gecremeerd werd, werd ze in het zand begraven, maar ze hoopten dat de rivier haar lichaam snel in de kolkende watermassa mee zou nemen. Het belangrijkste was dat ze met het water verenigd zou worden.

Zijn vader en broertje zagen er verbeten uit. PK huilde. Plotseling nam hij een drastisch besluit. Hij sprong in het graf, legde zijn moeder boven op zich en vroeg of ze hem wilden begraven. Een paar seconden lang waren ze met stomheid geslagen. De regen kwam met bakken uit de hemel, niemand zei iets, maar plotseling tilde Shridhar zijn zoon zonder een woord te zeggen uit het graf, zette hem op het zand en begon het lichaam van zijn vrouw met handenvol zand te bedekken.

De volgende ochtend ging PK terug naar Delhi. Hij wilde niet bij de ceremonie zijn die een paar dagen later gehouden zou worden, omdat hij dan naar oud gebruik zijn haar moest afscheren. PK wilde zijn lange golvende haren, die hij had laten groeien, geïnspireerd door de hippies die hij in de hoofdstad had ontmoet, niet kwijt. Bovendien, dacht hij, had hij daar op de rivieroever al afscheid van zijn moeder genomen.

Het gevoel van geborgenheid dat hij had ervaren toen hij het lichaam van zijn dode moeder op zijn schoot had gehouden verdween snel. In de trein die al schokkend over de rails door de

Gangesdelta terug naar het volwassen leven in de stad reed, voelde hij slechts leegte.

Het is een onzichtbare band die wordt losgetrokken, schreef hij later in zijn dagboek. *We vliegen soms, maar landen altijd in ma-ma's armen. Nu ze er niet meer is, heb ik geen grond meer om op te staan. Het leven is onstabiel geworden. De grond schudt onder mijn voeten. Ik val.*

Het semester was ten einde en in de vakantie gingen PK en Tarique samen een lange reis maken. Ze hadden het erover gehad om PK's vader en broers een bezoek te brengen en misschien ook het gedenkteken van Boeddha te gaan bekijken.

Als eerste gingen ze naar PK's geboortestreek. Ze trokken rond in Orissa en gingen op bezoek bij een terneergeslagen Shridhar, die zich nog niet had hersteld na het overlijden van zijn vrouw. Ze namen de bus, die over de kronkelende landwegen door de Gangesdelta de hellingen van de Himalaya op reed, en daarna naar het Kathmandu-dal in Nepal. Dat was de eerste keer dat ze in het buitenland waren, de eerste keer dat ze met sneeuw bedekte bergtoppen zagen en de eerste keer dat ze waterpoelen zagen, die na een nachtje vorst met een dunne ijslaag bedekt waren.

Het was een glinsterende, glasheldere nieuwe wereld. De kleuren waren zo fel en contrasterend. De hemel was zo vrij en blauw, niet vuilbruin en heiig van de smog zoals in New Delhi.

Op een middag toen hij de bomen in Ratna Park in Kathmandu zat te tekenen, kwam er een man naar hem toe. De man drukte zijn handen groetend tegen elkaar, zei beleefd 'Namasté' en vroeg of hij ook mensen tekende.

PK aarzelde, maar antwoordde: 'Ja, hoor, dat doe ik ook wel.'

De man had een rechte, geprononceerde neus en droeg een Nepalese muts die leek op een soldatenmuts. Hij vond dat het de man een heel karakteristiek profiel verschafte, waardoor hij een gemakkelijk tekenobject werd.

De man was tevreden en wilde de tekening voor een paar roepie kopen. Dat wekte de nieuwsgierigheid van een passerende man, die naar hem toe kwam en vroeg of PK net zo'n goede tekening van hem kon maken. Toen de zon achter de toppen van de Himalaya verdween had zich een hele menigte mensen om hem heen verzameld en stond er een rij verwachtingsvolle klanten, die hun portret getekend wilden hebben en daarvoor wilden betalen.

Na vier uur tekenen deed zijn rechterarm pijn, maar zijn zakken puilden uit van de munten en gekreukte briefjes.

Met het geld dat hij had verdiend kon hij vier dagen ontbijt en avondeten betalen in de cafés aan Freak Street. Het was een bevrijding om voor zichzelf te kunnen betalen en niet afhankelijk te zijn van Tariques gulheid. De onrust door het feit dat hij geen geld had zakte weg. Het komt misschien wel goed, dacht hij.

Tarique en PK waren twee vreemde vogels tussen de westerse hippies in de cafés Patan en Snowman. Een onaanraakbare jongen uit de jungle en een islamitisch rijkeluiszoontje, beiden uit India, die hoorden niet thuis tussen de avontuurlijke Europese jongeren uit de middenklasse. De jonge Europeanen ontvluchtten het Westen, PK en Tarique verlangden er juist naar. PK bewonderde het Westen niet vanwege de rijkdom en technische voorsprong, maar om het feit dat er blijkbaar geen brahmanen waren en ook geen kastenstelsel. Er zijn in Europa natuurlijk ook arme mensen, dacht PK, maar die worden niet zo onderdrukt als de onaanraakbaren in India.

Ze deden hun best bevriend te raken met de Europeanen, die in de cafés de avonden verdreven met minachtend praten over het kapitalisme, hasj roken en appeltaart eten. Waarschijnlijk zagen de westerlingen PK en Tarique – inlanders die spijkerbroeken droegen, belezen waren en goed Engels konden – als twee exotische elementen in hun hippiegemeenschap.

Het belangrijkste van alles was dat PK's leven een nieuwe wending had genomen. Hij had voor het eerst ervaren hoe hij geld kon verdienen. De laatste avond in Kathmandu voelde als het begin van een leven waarin hij nooit meer honger zou hoeven lijden.

Terug in New Delhi was Tarique bang voor zijn vader en hij durfde PK niet mee naar huis te nemen. Dat nam PK hem niet kwalijk. Hij had hetzelfde gedaan als hij in Tariques schoenen had gestaan. PK was wederom dakloos. Sommige nachten sliep hij bij schoolvrienden, anderen nachten lag hij weer op de stenen stationsvloer. Het voelde zwaar en duister, alsof zijn leven voorbestemd was om uit tegenslagen te bestaan.

Maar hij wist nu hoe hij geld kon verdienen. Hij zocht twee plekken voor zijn nieuwe baan als commerciële kunstenaar. Een bij de fontein in het park in Connaught Place in het centrum en een bij de woonwijk Palam, naast het vliegveld aan de rand van de stad.

Als de politie te lastig deed op het ene plekje, ging hij naar het andere en vice versa. Soms moest hij zich uit moeilijke situaties praten.

'Sir, *honourable Police Commander, please,* ik moet toch op een of andere manier de kost verdienen, sir? Vindt u ook niet, sir?'

De meeste politiemensen waren vriendelijk en om te kopen. De commissaris nam er vaak genoegen mee dat hij als steekpenning een portret van hem tekende.

'Als je me tekent, hoef je de boete niet te betalen,' zei hij.

Steeds meer van zijn potlood- en houtskooltekeningen sierden de anders zo kale muren van het politiebureau.

Gasten uit het Indian Coffee House kwamen vaak naar PK's tekeningen bij de fontein kijken. Elke middag stond er een hele meute mensen om zijn nieuw gekochte schildersezel heen. Soms kwam de politie de mensen verzoeken door te lopen of hem op te halen om naar het bureau te brengen. Hij klaagde niet. Hij wist wat het voordeel was als hij niet meteen werd vrijgelaten. Dan kreeg hij een warme cel, een bord met eten en kon hij zelfs douchen. 's Ochtends lieten ze hem weer vrij.

Hij begon een samenwerking met een politieman. Als de beste tijd om te verkopen voorbij was, kwam de politieman PK oppakken. Hun afspraak: hij kreeg een brits in een cel en de politieman kreeg vijftig procent van zijn inkomsten. Maar de collega's van de politieman werden achterdochtig. PK's politieman zag zich genoodzaakt de afspraak af te zeggen en verzocht hem zich een tijdje gedeisd te houden.

Maar PK moest elke dag geld verdienen en verhuisde dus zijn tekenactiviteiten naar het vliegveld in de buurt.

Op de Dag van de Republiek, 26 januari 1975, stonden er talloze mensen langs de kant van de weg die naar het centrum leidde. De weg was afgesloten, de politie had een keten gevormd om te voorkomen dat de mensenmassa de weg op zou gaan. De mensen stonden schouder aan schouder en tuurden naar de aankomsthallen. Sommige mensen hadden een plakkaat in hun handen, andere bloemen. Hij zag mannen met camera's en blocnotes. Plotseling ging er een golfbeweging door de mensenmassa. Iemand kreeg een duw en viel en er werd gevloekt, maar dat werd al snel overstemd door het verwachtingsvolle geroezemoes. PK vroeg zich af op wie ze wachtten.

Toen arriveerden er twee politiejeeps, en daarna nog twee. De stoet kroop langzaam verder, alsof ze iets wilden laten zien aan het publiek. Het geroezemoes nam toe. PK was naar voren gedrongen, naar een plek waar hij goed uitzicht had, en plotseling zag hij een jeep met een vrouw erin. Haar huid was licht.

Uit een land ver hiervandaan, dacht PK, die vond dat de vrouw licht uitstraalde.

'Valentina, je bent onze heldin!' schreeuwde iemand.

PK stond langs de kant van de weg tussen een groep rijzige sikhs en een schoolklas in geperst. De kinderen riepen hoera. Dat deed PK ook. Omdat hij geen bloemen had, maakte hij een tekening van de vrouw die uit de hemel gevallen was, op het vliegveld was geland en nu als een koningin naar het centrum werd vervoerd. Daarna drong hij zich verder door de massa heen om dichter bij de jeep te komen, die nu stilstond, en de tekening aan haar in de open auto te overhandigen. Maar een bewaker pakte zijn stok en versperde hem de weg, nam de tekening bruusk aan en keek ernaar. PK zag dat hij glimlachte en hem aan de vrouw doorgaf. Hij zag hoe ze naar het portret keek en daarna naar de bewaker, die op zijn beurt naar PK wees. Hij keek de vrouw in de ogen. Ze boog voorover en mompelde iets tegen de bewaker. De bewaker wendde zich tot PK.

'Madame wil je ontmoeten,' zei hij.

'Nu?'

'Nee, idioot! Dat kan helemaal niet.'

Hij kreeg een papiertje met een adres erop. *The embassy of the Union of Soviet Socialist Republics, Shantipath, Chanakyapuri,* stond erop.

'Morgen om twaalf uur. Neem de tekening mee en wees op tijd,' zei de bewaker kortaf.

De Indiase regeringsambtenaren en Russische diplomaten verdrongen zich samen met de journalisten en fotografen voor de ingang van de Russische ambassade in de keurige diplomatenwijk Chanakyapuri. Iets verder het gebouw in, te midden van alle bedrijvigheid in de vergaderzaal met ingelijste foto's van Russische leiders aan de muren, stond de vrouw die hij de dag ervoor had getekend. Een bewaker duwde hem verder naar de vrouw toe, die zijn hand pakte en in gebroken Engels voor de tekening bedankte.

'Wat een mooi portret,' zei ze en ze stelde zich voor: 'Valentina Teresjkova.'

'U hebt een mooi gezicht,' antwoordde PK.

Wie was ze? Ze glimlachten samen in de camera's. Teresjkova! Hij had die naam nog nooit gehoord. Hij kon haar slechts begroeten en beleefdheden uitwisselen. Met zo veel diplomaten en journalisten in de zaal kon hij niets persoonlijks tegen haar zeggen. Hij wist niet eens of ze al getrouwd was of niet.

Daarna werd hij geïnterviewd door de nieuwsgierige journalisten. 'Wie ben jij? Waar kom je vandaan?' wilden ze weten.

PK vroeg de journalisten wie Valentina Teresjkova was.

'Mijn hemel, hoe onwetend kun je zijn? Ze is de eerste vrouwelijke ruimtevaarder ter wereld!' riep een van de journalisten.

PK werd er opgewonden van. Hij stelde geen vragen meer. Ruimtevaarder! Dat was wel genoeg voor hem. Hij beantwoordde de vragen van de journalisten en vertelde over het dorp in de jungle, over zijn moeder die een inheemse vrouw was en over zijn vader die onaanraakbaar was. De journalist maakte heel veel aantekeningen. Indiërs houden van verhalen met een happy end en de journalisten roken een goed verhaal. PK, de arme junglejongen uit een lage kaste, die de kans had gekregen de beroemde ruimtevaarster te ontmoeten.

Dezelfde avond zat hij in het café in Connaught Place en dacht aan Valentina Teresjkova. Hij had intussen bijgelezen in de krant van vandaag. De vrouw die hij had getekend was een textielfabrieksarbeider geweest die was omgeschoold tot kosmonaute. Op de ochtend van 16 juni 1963 had ze haar ruimtepak aangetrokken en was in de bus gestapt die haar naar de lanceringsplaats had gebracht, stond er in de krant. De raket siste, de aggregaten zoemden en na twee uur aftellen waren de motoren gestart en was de raket opgestegen. Valentina, codenaam Meeuw, begon haar reis naar de baan om de aarde. Ze draaide in twee dagen, 22 uur en 50 minuten achtenveertig rondjes om de aarde en daalde toen in haar kleine stalen kegel, voorzien van parachutes neer op de schrale steppe in Kazachstan. Terug op aarde werd ze onderzoekster in de ruimtevaarttechniek, lid van de Opperste Sovjet en lid van het Centrale Comité van de Communistische Partij.

En nu was ze in India.

Er was iets goddelijks aan een vrouw die in een ruimtevaartuig had gezeten. Wat kon het betekenen? Hij dacht aan de gereserveerde godin Durga, die altijd werd omschreven als een helpende en verlossende figuur, de moeder van de wereld, die ingrijpt in de loop der gebeurtenissen om demonen te bestrijden die de goddelijke orde bedreigen. Durga, die vaak werd afgebeeld staand op een afgehakte buffelkop, met in haar handen de grote mannelijke goddelijke wapens, of terwijl ze op een leeuw of tijger rijdt.

Valentina Teresjkova verliet de aarde maar kwam weer terug, denkt hij. Een vrouw van een plek voorbij alles. Een vrouw die rijdt op een brullende leeuw, een vuurspuwende raket. Een kosmonaute.

Misschien is zij de vrouw uit de voorspelling van de astroloog?

Hij fantaseerde over een leven samen met haar. Maar dat kon hij zich maar moeilijk voorstellen. Hij beeldde zich in dat hij met haar meeging, in een stoet die de zonsondergang in het westen tegemoet reed. Hij beeldde zich in dat ze na een lange reis aankwamen in haar woonplaats in de Sovjet-Unie, dat ze naast hem stond in een bloemetjesjurk en dat hij een donker westers pak droeg. Hij probeerde zich ook alles eromheen voor te stellen. Maar de droom werd steeds waziger, het gevoel van nabijheid verzwakte en de kleuren verbleekten. Hij wist niet hoe een sovjetstad of een huis van een kosmonaute eruit zou zien. Hij wist niet hoe het leven was in de Sovjet-Unie, hoe het eten van dat land smaakte en hoe hun auto's, bomen en bazaars eruitzagen.

De droom doofde uit. De hoop dat de profetie op het punt stond uit te komen werd zwakker. De wensster voelde zwak en bleek.

Met een leeg hoofd wandelde hij in het donker over de drukke straten, op zoek naar een kartonnen doos of een telefooncel om in te slapen.

De dag erna keek hij vol verwachting in de kranten die op het trottoir voor het station lagen. *Navratnam Times. Times of India. Hindustan Times. The Hindu. Indian Express.* Wat hadden ze over hem geschreven?

'Ben jij dat op die foto in de krant?' vroeg de theeverkoper.

'Ja, dat ben ik,' antwoordde hij. Hij betaalde de man dertig paisa en kreeg een vormeloze terracotta beker met dampende thee.

De theeverkoper, die op zijn hurken zat met zijn gedeukte aluminium steelpan boven een knetterend houtvuurtje, keek hem diep onder de indruk aan.

Hij kocht de *Times of India* en bladerde erdoorheen.

Op pagina twaalf zag hij de foto van zichzelf en Valentina op de ambassade. De kop luidde: JONGEN UIT DE JUNGLE ONTMOET VROUW UIT DE RUIMTE.

Hij hoorde een ruisend geluid in zijn hoofd. Zijn levensverhaal stond in de krant, dat van hem.

Die dag was PK het gespreksonderwerp in de rij voor de bus en in theehuizen. Een aantal kranten had het verhaal over hem en de Russische kosmonaute groot gebracht. Mensen begroetten hem toen hij van zijn nachtverblijf op het station kwam en een omweg nam over de hobbelige hoofdstraat in de Paharganjbazaar. Mensen bleven staan en vroegen hoe het met hem ging en of hij gelukkig was, terwijl hij langs de afbladderende voorgevels en de loshangende reclameborden liep, naar buiten over de brede Panchkuian Road, naar Connaught Place.

Na haar vakantiebaantje in het ziekenhuis in Stockholm ging Lotta terug naar Engeland om aan de zuidkust Engels te studeren. Natuurlijk, besloot ze, zou haar scriptie over India gaan. Ze nam de trein van Portslade-by-Sea naar Londen en ging naar de bibliotheek van het Commonwealth Institute om materiaal over het land in het Oosten te verzamelen. Tijdens een paar intensieve weken draaide ze een tentoonstelling in elkaar over het dorpsleven in Orissa in Oost-India en over de rituele muurschilderingen van het inheemse volk.

Toen ze daar zat met voor zich de foto's van textiel met geweven ikatmotieven uit India, kreeg ze een openbaring. De foto's kwamen haar bekend voor. Ze had dergelijke motieven ook op traditionele Zweedse feestkleding gezien. Toen ze de Indiase motieven zag, wist ze het weer: die waren bijna een kopie van de Toarpsklederdracht uit de bossen bij Borås. Hoe konden de Indiase en Zweedse motieven zo op elkaar lijken?

Alles gebeurt om een reden, dacht Lotta.

India had problemen. De inflatie was torenhoog en de werkloosheid nam toe. PK las in de kranten dat de premier van India, Indira Gandhi, de situatie steeds minder onder controle had. En rechtse hindoes dreigden religieuze groeperingen op te hitsen en het land in brand te steken. Maar PK liep zoals gewoonlijk van het station naar de fontein om zijn boterham te verdienen.

Een keurig geklede man kwam voor hem staan toen hij zat te tekenen.

'Een portret, sir? *Ten minutes, ten rupees!*' zei PK.

'Ik niet,' antwoordde de man. 'Kom maar mee, dan kunnen we ongestoord praten.'

'Hoezo?'

'Onze beminnelijke president, de eerbiedwaardige Fakhruddin Ali Ahmed, wil je op een etentje trakteren. Bovendien wil hij dat je zijn portret tekent,' zei de man, die zich voorstelde als de secretaris van de president.

Een paar dagen later reed PK in een witte Ambassador, met rode zwaailichten op het dak en gillende sirenes, naar het paleis van de president.

Het presidentieel paleis was een enorm gebouw van zandsteen. Zou van een reus kunnen zijn, dacht PK. Het grootse paleis straalde macht en kracht uit.

Hij werd ontvangen door de presidentiële garde, die bestond uit krachtige sikhs met tulbanden op. Die kunnen mij met één hand doormidden breken, dacht hij. Hij werd binnengelaten in het paleis, dat de Britten oorspronkelijk voor de laatste vicekoning hadden gebouwd. Goud, spiegels en kroonluchters, alle oude imperiale glans maakte diepe indruk op PK. Hij had nog nooit zoiets gezien, behalve dan op plaatjes. De bijna ondenkbare gedachte kwam in hem op dat hij zich in het centrum van de gebeurtenissen midden in de hoofdstad bevond en zo meteen de president zou ontmoeten.

Hij begroette de president beleefd door zijn handen tegen elkaar te drukken en diep te buigen. De president ging naast een rond tafeltje met een vaas bloemen zitten en PK begon direct met het portret.

De secretaris nam de tijd op. 'Zeg maar wanneer je klaar bent,' zei hij.

Dertien minuten later, toen PK 'klaar' riep, drukte de secretaris op de stopknop van de stopwatch. De president keek naar de tekening. Hij zat hem heel lang te bestuderen zonder iets van zijn gevoelens te laten zien, waarna hij zich tot PK wendde. 'Wat mooi,' zei hij.

De president lachte en maakte grapjes. Hij had een lach die klonk als een moeilijk startende motor, dacht PK. Door zijn lach werd hij een komische figuur en een heel gewone Indiase man.

Toen hij op het punt stond te vertrekken, hoorde hij de president tegen zijn secretaris zeggen: 'Vergeet niet om mijn dochter geld te sturen.'

Dat vond PK fijn, dat de president van India blijkbaar aan dezelfde dingen dacht als alle ouders: hoe het met hun kinderen ging als ze uit huis waren gegaan. Dat maakte hem menselijk en beminnelijk. Toen PK het paleis uit kwam, stonden daar journalisten en flitsende fotografen. De pers wilde weten wat de president had gezegd.

'Hij zei dat hij geld naar zijn dochter zou sturen,' zei hij, vol vertrouwen dat de journalisten dat ook zouden zien als een teken dat India een zorgzame president had.

De journalisten waren er niet zo van gecharmeerd.

'Hij moet zich druk maken om zijn land, niet om zijn eigen familie,' zei er een.

'De toekomst van India is belangrijker dan die van zijn dochter,' zei een ander.

'We hebben de leiders die we verdienen,' constateerde een derde.

De volgende dag publiceerden de kranten een commentaar over het bezoek aan het paleis. Het artikel werd geïllustreerd met een foto van PK en zijn portret van de president. In een van de artikelen stond centraal dat hij er dertien minuten over had gedaan, alsof het om een sportprestatie ging.

In het voorjaar van 1975 viel de politie steeds vaker mensenmenigtes aan. De regering was bang dat de politieke onrust zou uitmonden in gewelddadigheden, rellen en oproer.

PK had een bord neergezet bij de fontein waarop stond: TEN MINUTES, TEN RUPEES. De rijen werden langer. Hij begon zo populair te worden dat de politie hem als een veiligheidsrisico zag. De baas van politiebureau Connaught Place kwam naar de fontein en zei: 'Dit kan zo niet doorgaan!' Dus werd hij weer opgepakt.

Toen hij de volgende ochtend vroeg vrijgelaten werd, liep hij voldaan en uitgerust naar de kunstacademie en daarna naar de fontein om verder te gaan waar hij de avond ervoor was onderbroken.

De potloodtekeningen namen de klanten mee, maar de landschappen en expressionistische olieverfschilderijen uit zijn hongerperiode hing hij aan de hekken en betonfundamenten. Het werden er steeds meer. Elk avond tussen zes en negen gingen de fontein en de schijnwerpers aan en ontstond er een mooi schouwspel. Als de zon onderging creëerden de fijnverdeelde waterdruppels vaak een regenboog. Hij dacht dat hij de meest inspirerende plek van de stad gevonden had om te schilderen en zijn kunst tentoon te stellen.

De politie werd steeds beleefder tegen hem. Ze pakten hem soms op, vooral om te laten zien hoe krachtdadig ze waren. Maar veel vaker lieten ze hem met rust. Dankzij de krantenartikelen stond hij nu bekend als de Fonteinkunstenaar. De docenten op school waardeerden zijn ondernemingszin en kwamen met opbeurende opmerkingen. Studenten die hem eerder niet hadden opgemerkt wilden vrienden met hem zijn. In een paar weken veranderde hij van niets in een beroemdheid. Iedereen trapt graag op iets wat niets voorstelt, maar een winnaar heeft ineens veel vrienden.

Na zijn ontmoeting met de kosmonaute en de president verscheen hij bijna elke week in de media. Tv, radio en weekbladen interviewden hem. Hij was een gespreksonderwerp geworden in sloppenhutjes en op societyfeesten en de rijen voor zijn schildersezel bij de fontein waren langer dan ooit. Zijn reputatie raakte wijd en zijd bekend. Op een gegeven moment had die ook het machtscentrum bereikt, en twee parlementsleden die zijn foto in de krant hadden gezien, nodigden hem uit om Member of Parliament Club te worden, aan South Avenue dicht bij de woning van de premier. Daar zaten ze te praten toen Haksar hem per toeval in het oog kreeg.

Narayan Haksar was de privésecretaris van Indira Gandhi. Hij had zich gerealiseerd dat de regering een slechte naam had en verlegen zat om publieke successen. Hij dacht dat PK misschien wel een pr-hit zou kunnen worden. Hij kwam uit de onderlaag van de samenleving, maar verpersoonlijkte met zijn werkzaamheden bij de fontein tegelijkertijd een ondernemingslust die veel geprivilegieerde Indiërs volgens Haksar misten. PK was slachtoffer van het slechte in de samenleving, alles wat Indira Gandhi en de Congrespartij wilden veranderen. De onaanraakbaren, een vijfde deel van de bevolking, vormden een grote groep kiezers. Als Indira hun sympathie kon winnen, zou ze de drastische maatregelen die ze in gedachten had kunnen uitvoeren – en toch de volgende verkiezingen winnen.

PK begreep al snel dat Haksar een belangrijke figuur was aan de zijde van Indira. Hij was een van haar media-adviseurs, haar eenpersoonsdenktank en politiek strateeg, alles in een, en een warm pleitbezorger van een socialistischer overheidspolitiek. Hij behoorde tot de inner circle van radicale brahmanen uit Kasjmir, waar Indira's familie ook vandaan kwam. Hij was een centrale figuur in het centrum van de macht. Sommige politieke commentatoren, las PK, beweerden dat Haksar degene was die achter de nationalisering van de banken zat en achter het verbod op producten die symbool stonden voor het kapitalisme, zoals Coca-Cola.

Bij hun eerste ontmoeting in de parlementaire club stelde Haksar zich voor en vroeg zonder inleidende frasen: 'Zou je misschien het portret van de premier willen tekenen?'

'Ja, sir,' antwoordde PK. Hij vloog overeind en bleef staan.

'Oké. Hoe ben je te bereiken? Wat is je telefoonnummer?' vroeg Haksar.

'Sir, ik heb geen telefoon.'

'Oké, adres?'

'De ene nacht slaap ik op het station, de andere op het politiebureau, sir.'

'*Ssst!*' fluisterde Haksar. Hij boog zich naar hem toe. 'Ik regel wel ergens onderdak.'

Wat was Indira Gandhi een imposante vrouw. Moederlijk en autoritair tegelijk en altijd in voor een grapje. In een kamer van haar premierswoning aan South Avenue gaf ze commentaar op krantenartikelen en dingen die ze zag. PK begreep haar grapjes niet, maar de mensen om haar heen, de hele entourage van de premier, lachten om de grappen die ze rondstrooide. Het leek hem het beste om maar mee te lachen.

Hij had verwacht dat ze vrij lang was en dat hij zijn hoofd in zijn nek zou moeten leggen om haar te kunnen aankijken. Maar ze was net zo klein als hij, amper een meter zeventig. Klein, maar met een prachtig vrouwelijk figuur en mooie ogen. Net een filmster, dacht hij.

Indira vroeg beleefd waar PK vandaan kwam en wat zijn toekomstplannen waren.

Zijn stem trilde toen hij antwoordde: 'Orissa, ik kom uit Orissa, maar nu ga ik naar het Delhi College of Art, hier in de hoofdstad.' Hij probeerde trots te klinken.

'Aha,' antwoordde Indira verstrooid en ze keek naar de bloemenvazen in de vensternissen.

'Hallo,' zei ze en ze wendde zich tot de bediende die bij de deur stond. 'De bloemen moeten water hebben, vergeet niet de bloemen water te geven.' Daarna verzonk ze weer in gepeins.

Indira en PK keken samen in zijn portfolio met olieverfschilderijen, houtskooltekeningen en gravures. De premier was naar de kunstacademie van de landsdichter Tagore in Shantiniketan geweest. Dat wist hij, en hij dacht dat ze daarom zo geïnteresseerd was in kunst. Hij bladerde door zijn werk. Zij keek toe, zag er wel geïnteresseerd uit, knikte en humde.

'Die vind ik mooi,' zei ze en ze hield een tekening omhoog, 'maar die andere... Hmm, tja, je moet meer oefenen, je moet nog beter worden,' zei ze autoritair.

Tegelijkertijd beurde ze hem op en zei dat ze vurig hoopte dat hij zou slagen in het leven en beroemd zou worden.

'Je bent het waard,' vond Indira.

Daarna gingen ze naar een andere kamer, waar door geüniformeerde obers een lunch werd opgediend.

Daar zaten ze, Indira Gandhi, de wereldberoemde premier, en PK, jongen uit de jungle en dakloze. Wat Indira natuurlijk niet wist was dat PK op het station woonde, dat had haar secretaris haar niet verteld.

Nu had mama me eens moeten zien, dacht hij.

Tijdens het eten gluurde hij naar Indira. Ze schilde zelf haar gekookte aardappels. Vreemd. Had de premier daar geen bedienden voor?

Na de eerste ontmoeting met Indira Gandhi ging hij rechtstreeks naar Orissa Bhavan, een club en gastenverblijf voor mensen uit Orissa in den vreemde. Hij wilde een schoolvriend gaan bezoeken die daar als kok werkte. PK had geen bepaalde verwachtingen van de avond, hij zag het meest uit naar de maaltijd die hem misschien wel zou worden aangeboden, maar toen hij binnenkwam werd hij onthaald door een groep mensen die hij nog nooit eerder had gezien. Ze keken hem allemaal op een andere manier aan dan daarvoor, vond hij. Het leek wel alsof ze nieuwsgierig waren en verwachtten dat hij iets interessants zou zeggen.

'Ik heb extra lekker voor je gekookt, PK,' zei de kok en hij boog diep, alsof er een hoge ome van de regering binnen was gekomen.

'Wie zijn dat?' vroeg PK en hij wees naar de mannen naast hem.

'Journalisten,' antwoordde de kok met een glimlach. 'Ze willen weten wat ze zei.'

Een journalist van de *Navabharat Times* stapte naar voren uit de menigte en vroeg om een interview. PK antwoordde bereidwillig op de vragen. Hij vond de aandacht prettig. Hij genoot van de vragen die hij kreeg over wat de premier van het land had gezegd en gedaan. Hij voelde zich belangrijk. Maar hij had het gevoel alsof de journalisten de ontmoeting vreemder wilden voordoen dan die was geweest. Hij had alleen maar met een invloedrijke vrouw gepraat over kunst. Niet met zomaar een vrouw. Maar zo bijzonder was het allemaal toch niet?

Tijdens de hele eerste ontmoeting met Indira Gandhi was hij onzeker en bang geweest. Alle mensen om hem heen aanbaden de premier alsof ze een godin was. Hij wist niet hoe hij zich moest gedragen.

Er kwamen nog meer ontmoetingen met Indira. In totaal drie. Die regelde Haksar. De tweede keer dat ze elkaar ontmoetten was hij niet meer zo angstig en kwam ze op hem over als een oprecht aardig mens. Hij hoefde niet bang te zijn.

Bij de derde gelegenheid liet hij zich samen met Indira Gandhi en een groep onaanraakbaren uit Orissa in de tuin van de premierswoning fotograferen. Indira's fotograaf nam de foto's, die de dag erna op de eerste pagina van een aantal kranten verschenen. Op een foto is in het midden de chique Indira te zien, in haar leeuwengele sari en met haar gewatergolfde haar, dat in kleur van lichtgrijs tot zwart varieerde, terwijl de onaanraakbare onderdanen gehurkt in het gras zitten, alsof het haar leerlingen waren.

Na de krantenartikelen over PK en Indira Gandhi deed er thuis in Orissa een gerucht de ronde: dat de moeder van het land, zoals ze werd genoemd, PK geadopteerd had. Zijn moeder was niet langer Kalabati, de inheemse vrouw die een paar jaar geleden was overleden en begraven. Zijn moeder heette voortaan Indira Gandhi.

Lotta was niet het type dat bleef doorzeuren over tegenslagen. Alsof het tijdelijke regenwolken aan de hemel waren, liet ze die los en ging verder met haar leven, op zoek naar plaatsen waar de zon scheen. Het hier en nu zijn altijd belangrijk, vond ze. En je moet het zware niet ontkennen, maar je kunt je ook niet met alle ellende vereenzelvigen. Veel mensen herhalen hun verleden en blijven hangen in dat wat geweest is. Het is net alsof mensen alleen maar door lijden worden gedreven, niet door geluk.

Toen ze met yoga begon dacht ze dat ze een levensfilosofie had gevonden die bij haar paste. In de aandachts- en ademhalingsoefeningen vond ze alles wat ze zelf al had geconcludeerd: dat je je moet durven openstellen voor iets anders dan wat je al bent en dat je niet je hele leven de slaaf kunt zijn van je gemoed.

Alle mensen willen zich ontwikkelen en gelukkig worden, maar het is moeilijk om naar die principes te leven, en we moeten er voortdurend aan herinnerd worden om niet te verstijven, vond Lotta.

Hoe kun je gelukkig worden als mensen elkaar zo slecht behandelen, als er zo veel dingen onrechtvaardig zijn? Eigenlijk zou je natuurlijk politiek actief moeten worden, maar dat ging niet. Bijna ongeacht over welke partij of welke vereniging ze las, ze vond dat alle standpunten wel iets van waarheid bevatten. Ze had het gevoel dat ze echt geen ideologie kon aanhangen die al door iemand anders was uitgedacht. Ze vond dat ze nergens zo aan toegewijd was dat ze kon zeggen dat ze christen, hindoe of boeddhist was, conservatief, liberaal of socialist.

Ik pak gewoon hier en daar een beetje van, besloot ze.

Ondanks haar christelijke moeder en haar eigen nieuwsgierigheid naar yoga en oosterse levensfilosofieën stond ze kritisch tegenover religies. Ze was humanist. Dat was voldoende. Alle mensen hebben dezelfde levensenergie, ongeacht afkomst en huidskleur. Als je zo denkt, kun je geen racist zijn, dacht Lotta.

Het geld dat PK met portrettekenen verdiende besteedde hij aan verf en doeken, waardoor hij op grotere doeken en met meerdere technieken andere motieven kon schilderen. De meeste doeken verkocht hij aan buitenlandse toeristen bij de fontein of in het Indian Coffee House.

Haksar had beloofd een flat te regelen, maar dat had geen haast. Want met het geld dat hij verdiende huurde hij intussen een kamertje in Lodi Colony, een van de welvarende voorsteden pal ten zuiden van een groot lommerrijk park, waar een statig mausoleum stond met de overblijfselen van heersers uit het middeleeuwse sultanaat van Delhi. Maar zijn nieuwe huis was allesbehalve statig. Een bed en een nachtkastje, drie haakjes aan de ongeschilderde cementen muur om kleren aan op te hangen en een paar vierkante meter vloeroppervlak waar hij dakloze vrienden onderdak kon bieden.

Hij was aan het derde en tevens laatste jaar van de kunstacademie begonnen en was vaak het onderwerp van gesprek in de eetzaal van de school. Hij werd steeds meer als een goeroe gezien. Studenten, docenten en ervaren kunstenaars die meer dan twee keer zo oud waren als hij, kwamen naar hem toe om antwoord op hun vragen te krijgen. Over hoe hij het deed, wat hij dacht, welke materialen hij gebruikte, of zijn vader en moeder bekende kunstenaars waren, over zijn houding tegenover kunst in het algemeen en over hoe ze eigenlijk was, Indira Gandhi.

Iemand die elke dag naar hem toe kwam voor goede raad was een meisje dat net begonnen was op school. Hij vond dat ze een vreemde uitdrukking op haar gezicht had, alsof ze ergens aan dacht wat ze niet durfde te zeggen. Maar uiteindelijk verzamelde ze al haar moed, kwam naar hem toe en stelde zich voor.

'Ik heet Puni,' zei ze voorzichtig, alsof ze zich schaamde dat ze zo direct was. Maar daarna kwam ze snel ter zake.

'Wil je met me lunchen?' vroeg ze.

PK antwoordde zoals gewoonlijk spontaan ja. Hij weigerde bijna nooit. Maar Puni leek aan zijn oprechtheid te twijfelen.

'Ik stoor toch niet?' vroeg ze ongerust.

'Jawel,' antwoordde hij. 'Je stoort me wel! Je stoort me heel erg in mijn werk. Maar het is fijn om gestoord te worden doordat je mij uitnodigt om te gaan lunchen.'

Na de lunch in de eetzaal nodigde ze hem uit bij haar thuis.

'Mijn moeder wil je ontmoeten,' zei ze. 'Kun je zondag komen?'

'Je moeder? Hoezo? Waarom wil ze mij ontmoeten?'

'Ze wil dat je haar tekent.'

Het verkeer, Ambassadors, fantasierijke en veelkleurig beschilderde vrachtwagens en stokoude stadsbussen op de hoofdweg door Old Delhi, stroomde traag als koude siroop langs het punt waar het de stroom fietsriksja's tegenkwam die uit de straatjes rond de Jamamoskee kwam. Hij zat op de bijrijdersplaats van een fietsriksja, keek uit over de verkeerschaos en de krioelende mensenmassa en voelde zich vreemd. Hij had zich nog nooit laten vervoeren door een fietstaxi, hij had nog nooit zitten kijken terwijl iemand op eigen kracht het voertuig in beweging bracht. Hij dacht aan de landeigenaren, kooplui en brahmanen die het gewend waren zich door anderen te laten bedienen, alsof hun leven meer waard was. Op dit moment leek het alsof zijn leven meer waard was dan dat van de man voor hem op de riksja.

Ze wurmden zich door de steeds dichtere mensenmassa op Chandi Chowk, voor de juweliers en stoffenwinkels langs, de uithangborden met reclame voor gekoeld kraanwater en de fotografen met hun houten boxcamera's die mensen op het trottoir fotografeerden. Ze reden steegjes in, waar de riksjabestuurder uitweek voor andere fietsers, ronddwalende geiten, fietskarren, deinende koeien, blaffende honden, vrouwen met grijze hoofddoeken en mannen met gehaakte keppeltjes. Ze reden langs openingen in de muur met jutezakken vol meel en chilipepers. Hij genoot van alles wat hij zag.

De bazaars in Delhi leken voor een jongen uit een dorpje in de jungle nog steeds uit een exotische sprookjeswereld te komen. De stad rook naar geschiedenis en macht, maar ook naar drukte en armoede. Het zwarte trage slijk dat door de open riolering tussen de steegjes en de muren van huizen stroomde stonk vreselijk, maar de stank vermengde zich met de verleidelijke geur van patchoeliwierook die uit de binnentuinen kringelde, waar prachtige mango- en vijgenbomen stonden.

Uiteindelijk kwamen ze aan. Hij stapte uit, betaalde goed, met een fooi, om zijn geweten te sussen, en klopte op de donkere houten deur van een heel oud huis.

'Welkom!' hoorde hij een stem.

Puni deed open. Ze zag er gespannener uit dan op school, ze glimlachte niet, maar bood direct aan een glas koude frisdrank te halen.

'Water graag,' antwoordde PK.

Ze schoot in de lach, het leek wel of ze nu nog nerveuzer was.

'Thee of koffie dan.'

'Later misschien.'

Het was stil in de woning. Hij keek om zich heen. Aan de muren hingen foto's van filmsterren, beroemde Indiase idolen, en op de salontafel lagen lifestyle- en modetijdschriften.

Ze kwam terug met een dienblad met een glas water. Door de geur die zich in de kamer verspreidde begreep hij dat ze een omweg had genomen via de badkamer en meer parfum opgespoten had. Er hing een zachte geurnevel van jasmijn en rozen om haar heen. Hij keek haar aan. Ze zag er anders uit dan in de eetzaal van school. Ze had zich opgetut, ze droeg een glanzende *salwaar kameez* en had rouge op haar wangen gedaan en haar lippen rood gemaakt. Door de andere kleding en nieuwe make-up kreeg hij de indruk dat ze zich ouder wilde voordoen dan ze was. Weg was de eenvoudige, verlegen maar toch directe studente van de kunstacademie.

Hij sloeg het water achterover.

‘Waar is je moeder, kan ik meteen beginnen?’ vroeg hij ijverig.

‘O, mijn moeder moest weg net voordat je kwam. Er is iets gebeurd… iets dringends op haar werk.’

Hij begreep meteen dat dat niet klopte.

‘Wacht maar even, ze komt zo terug,’ zei Puni met zachte stem. Maar zijn achterdocht nam toe en hij besloot geen seconde meer te wachten.

‘Zondag is mijn beste dag bij de fontein. Er wachten klanten. Ik moet erheen om geld te verdienen. Dag!’ zei hij en hij liep weg.

‘Goedemorgen!’

Hij herkende de stem die achter hem klonk in de gang van het Delhi College of Art. Hij draaide zich om. Het was Puni weer.

‘Is alles oké?’ vroeg hij.

‘Gaat wel,’ antwoordde ze. ‘Mijn moeder heeft twee kaartjes gekocht voor de late film in het Plaza vanavond. Maar ze heeft geen zin meer. Wil jij mee?’

‘Is het een goede film?’

‘Mijn moeder koopt alleen maar kaartjes voor goede films.’

‘Ik moet er even over nadenken. We spreken elkaar bij de lunch.’

Hij liep het atelier van de school binnen. Ruimde de troep van gisteren op. Deed de doppen op verftubes waaruit verf op de werktafel was gelekt. Hij gooide een uitgedroogd penseel weg. Maakte twee andere schoon met terpentine. Hij keek naar zijn schilderij dat half af was en naar alle schetsen die op de grond lagen. Hij pakte een kwast en begon te schilderen.

Hij probeerde aan Puni te denken, maar het lukte niet. Een grote mystieke stilte overviel hem. Toen hoorde hij een zwaar geluid en daarna nog een, iets minder zwaar. Het was alsof de kleuren in het schilderij met hem praatten, alsof het mensen waren. Geen gearticuleerde woorden, eerder een akkoord met tonen die verschillende gevoelens vertegenwoordigden. Hij schilderde sneller, vol werklust en energie.

De bel ging. Het was lunchpauze. Maar hij ging verder alsof er niets was gebeurd. Nu was er iemand anders in de zaal. Hij zag een zwakke schaduw, die zich in de schittering van het natte doek bewoog. Hij bleef schilderen alsof hij niets had gezien. Hij wist wie het was en hij werd er niet blij van, wat hem verbaasde. Hij kreeg sterk het gevoel dat ze hem stoorde en dat hij met rust gelaten wilde worden.

'Dat is echt een fantastisch schilderij,' zei ze vleiend, en ze stapte in het licht dat door de grote ateliervensters binnenviel.

Hij draaide zich om en keek haar aan.

'Wil je met me mee?' vroeg ze.

Hij giechelde onzeker.

'Wacht hier even!' zei hij en hij rende naar de gang, de trappen af en Tariques atelier in, dat een verdieping lager lag.

Tarique zat aan een tafel en was bezig met een illustratie.

'Puni uit het eerste jaar wil vanavond met me uit...' begon PK.

Tarique keek op.

'... dus, moet ik meegaan?' vervolgde hij buiten adem. 'Ze wil naar de bioscoop.'

Hij keek vragend naar zijn vriend, alsof die het antwoord wist.

Tarique keek hem zuchtend aan. 'Jemig, Pradyumna, ze gaat je niet ontvoeren of zo! Ga nou maar en heb een gezellige avond!'

Ze gingen samen met een brommerriksja naar de bioscoop. De film heette *Ajanabee* en ging over een jongen uit de middenklasse die verliefd werd op een rijk en mooi meisje uit een hogere klasse. Een film over onmogelijke liefde. Ze gingen helemaal achterin zitten, op een tweepersoonsbankje met een gebarsten vinyl zitting. De film begon met dramatische muziek. Het plot was schokkend. Het meisje uit de hogere klasse werd zwanger, maar wilde afstand doen van het kind – jemig, wat on-Indiaas, dacht hij – en zich richten op een carrière als model. Ze gingen uit elkaar. Het meisje ging weer thuis wonen, bij haar vader – wat een schande, dacht hij.

Hij genoot van de natuurscènes, de zang en dans. Het was de meest romantische film die nu draaide, begreep hij. Hij vergat de tijd en de zaal even, maar belandde weer met een schok in de werkelijkheid toen Puni naar zijn hand tastte. Ze vlochten hun vingers in elkaar.

'Mijn moeder vroeg me of je al het geld dat je als fonteinkunstenaar verdient bewaart,' fluisterde ze in zijn oor. 'Als je wilt, kan zij voor jouw geld zorgen.'

'Dat hoeft niet, ik heb een bankrekening,' fluisterde hij terug.

Ze zaten er een paar minuten zwijgend bij. Een liefdesscène vulde het doek. De held kuste de heldin, zo'n typische Indiase filmkus waarbij je alleen maar kunt raden wat er gebeurt. Toch vond hij de romantiek pijnlijk, hij voelde zich ongemakkelijk en huiverde, alsof hij het koud had. Ze hield zijn hand nog steviger vast.

'Wat is er?' vroeg ze.

'Niks,' antwoordde hij kort.

'Je rilt.'

'Het is koud. Ik heb het zo koud.'

Ze legde haar hoofd op zijn schouder.

'Het is niet koud.'

'Niet?'

'Nee, maar ik hou van je,' zei ze en ze zuchtte diep.

Hij voelde zich verward, neerslachtig en zwak.

'Ik heb nog niet… aan liefde gedacht,' zei hij aarzelend.

'Dan kun je daar nu toch mee beginnen,' zei ze.

'Maar,' probeerde hij, 'volgens de mensen uit mijn dorp kun je pas van iemand houden als je getrouwd bent.'

In de film schoot de besnorde mannelijke hoofdrolspeler net een andere man dood en stal zijn koffer, die vol zat met juwelen.

'Ach, zo moeilijk is het niet,' zei ze. 'Schrijf een brief aan je vader, dan vraag ik het aan mijn ouders. Mijn moeder vindt je aardig, zij haalt mijn vader wel over en dan kunnen we trouwen. Jij verdient je geld als kunstenaar en ik… ik word ook kunstenaar. We kunnen samen heel gelukkig worden.'

Hij wist niet wat hij moest antwoorden. Al die dromen en plannen. Misschien had ze wel gelijk? Misschien was zij zijn toekomst? Misschien moest hij zijn vader schrijven om toestemming te krijgen voor een huwelijk? Hij wist niet goed wat hij voelde, maar hij dacht dat het misschien voorbestemd was. Alles gebeurt om een reden, dacht hij vaak.

Aan het eind van de film werd de tragedie weer vervangen door romantiek – gelukkig maar, anders was hij in huilen uitgebarsten. In de laatste scènes werd het liefdespaar weer herenigd.

Hand in hand liepen ze de bioscoop uit, ze sprongen in een brommerriksja en reden knetterend over de van de regen glinsterende Vivekananda Road naar Old Delhi. Ze sprong er bij de grote moskee af en toen reed de riksja naar het zuiden, naar zijn huurkamer in de voorstad.

Thuis op zijn kamer schreef hij direct een brief aan zijn vader. Ondanks zijn tegenstrijdige gevoelens was hij er toch van overtuigd dat Puni een goed voorstel had gedaan. Zij was de ware! Ze was waarschijnlijk de vrouw die de astroloog had bedoeld. Niet uit zijn dorp of streek, dat klopte. Weliswaar niet uit een ander land, zoals de horoscoop had voorspeld, maar het zat er dichtbij, dacht hij.

In zijn brief vertelde hij over het meisje dat van hem hield en dat ze wilden trouwen.

Hij vroeg om toestemming.

Hij wreef zich in zijn ogen, keek op de klok. Half een 's nachts. Hij ging in bed liggen. Zijn gedachten stonden niet stil. Een keer liepen er wilde honden blaffend voorbij op straat. Het geluid van een piepende fiets kwam en ging. Het regende niet meer en door het raam viel melkwit maanlicht op zijn vieze cementen vloer.

Dit is voorbestemd, was zijn laatste gedachte van die dag.

In de gang bij Puni thuis rook het naar eten. Verleidelijke geuren van sterk gekruide gerechten. *Paratha*, kip curry, *palak paneer*, *alu ghobi*. Hij was vrolijk en voelde zich vreemd toen hij bedacht dat al dat eten was klaargemaakt omdat hij op bezoek kwam. Ze hadden zich tot het uiterste ingespannen, alleen voor hem. De eettafel stond propvol schotels en schalen met eten. Er was niet eens plek voor de servetten, die de gastvrouw maar op een zijtafeltje met een gebloemd tafellaken naast de borden had gelegd.

Hij had enorme honger.

'Namasté,' zei hij en hij drukte zijn handpalmen tegen elkaar, boog en raakte de voeten van Puni's vader aan. Dit was een begroeting waarvan hij dacht dat die zou voldoen aan de eisen van fatsoen en eerbied die de ouders zouden hebben.

'Welkom broeder, sta op,' antwoordde Puni's vader en hij drukte hem op westerse manier de hand. 'Wij zijn moderne mensen, die elkaar de hand schudden.'

In de kamer bevonden zich afgezien van Puni's vader en moeder ook haar twee broers en hun echtgenotes. Puni zelf zat in de kamer ernaast achter een deuropening met een gordijn ervoor. Waarschijnlijk luisterde ze naar hun gesprek in de grote kamer. Zo gaat dat nou eenmaal, dat wist hij, maar het voelde toch absurd. Nu zou hij verhoord en goedgekeurd worden door haar vader, alsof het om een baan bij een bedrijf ging.

Ik ga toch met Puni trouwen, niet met haar vader, dacht hij.

De eerste vraag: 'Wat is jouw kaste?'

Hij voelde hoe zijn wangen gingen branden. Dat begon al slecht. Hij wist dat de familie tot een hoge kaste behoorde. Als ze traditioneel waren ingesteld, zouden ze zijn achtergrond niet accepteren. Maar Puni's vader had net gezegd dat ze moderne mensen waren.

Hij antwoordde met een tegenvraag: 'Gelooft u in het kastenstelsel?' Hij wachtte niet op antwoord, maar praatte verder. Hij voelde dat de tegenaanval zijn enige kans was. 'Wat speelt kaste voor rol?' zei hij. 'Ook al ben ik geboren in een regio met inheems volk en met een vader die onaanraakbaar is, ik heb toch hetzelfde bloed in mijn aderen als uw dochter? Ze heeft dezelfde interesses als ik. Ik hoop dat we gelukkig kunnen worden.'

Puni's vader keek hem in de ogen. Er waren nog geen deuren dichtgeslagen. Alles was nog mogelijk.

‘Ben je in een omgeving met inheems volk geboren, in een onaanraakbare familie?’

Hij gaf geen antwoord.

‘En mijn dochter is al verliefd op je?’

Iedereen in de kamer zweeg. Niemand bewoog zich. Niet eens een kuchje. Hij hoorde de rustige ademhaling van Puni’s vader en zijn eigen hartslag. Hij keek om zich heen. Niemand glimlachte meer. Iedereen keek onzeker rond.

De stilte werd verbroken door Puni’s moeder, die een hand tegen haar voorhoofd sloeg en riep: ‘Mijn hemel!

De vader van Puni stond op, wees naar de deur en schreeuwde: ‘Vertrek uit mijn huis. Nu! En probeer niet om ooit nog eens contact met mijn dochter te zoeken!’

PK stond op en liep met gebogen hoofd naar de buitendeur, terwijl hij amper hoorbaar ‘tot ziens’ fluisterde.

Huilend liet hij zich op bed vallen in zijn hokje in Lodi Colony, en na de eerste heftige uitbarsting van gevoelens bleef hij lang liggen, en staarde naar het plafond. Hij voelde zich opgebrand, leeg en klein. De herinneringen aan de school in Athmallik, de herinneringen dat hij niet mee mocht doen, kwamen terug. Het was alsof het gevoel van minderwaardigheid onder de oppervlakte had liggen wachten tot het vrijgelaten werd. Het bonkte, brandde, schrijnde. Hij rilde alsof hij koorts had of in levensgevaar verkeerde.

De rest van de nacht lag hij te malen: waarom, waarom, waarom ben ik in een onaanraakbare familie in de jungle geboren?

Vanuit Bombay deden de kranten verslag van de Dalit Panthers. Er stond dat ze geïnspireerd waren door de Black Panthers uit de VS. Ze hadden een manifest geschreven waarin ze verwoordden dat de brahmanen die India bestuurden erger waren dan de Britse koloniale heren, net zoals zijn opa en vader altijd beweerden. Hindoeïstische leiders hadden zowel het hele staatsapparaat en de overgeërfde feodale macht als de geestelijke onderdrukking tot hun beschikking, schreven de Dalit Panthers.

We nemen nu geen genoegen meer met een beetje. We willen geen klein hoekje innemen in het rijk van de brahmanen, stond er in het manifest.

In de eigen krant van de onaanraakbaren, *Dalit Voice*, vergeleken de Dalit Panthers de discriminatie van onaanraakbaren in India met het racisme tegen de zwarten in de VS: *Afro-Amerikanen moeten zich realiseren dat hun strijd om emancipatie niet voltooid is zolang hun bloedbroeders en -zusters in Azië lijden. Het klopt dat de Afro-Amerikanen ook lijden, maar wij bevinden ons in de situatie waarin de Afro-Amerikanen tweehonderd jaar geleden zaten.*

Toen hij een paar dagen later theedronk in de eetzaal van school zag hij haar. Ze stond met een student te praten en wendde haar hoofd af toen hij dichterbij kwam. Hij begroette haar, maar ze antwoordde niet en liep weg met haar mannelijke gezelschap.

In de lunchpauze kwamen ze elkaar weer tegen. Nu wendde Puni zich wel tot hem.

'Je moet mij onmiddellijk uit je hoofd zetten!' zei ze.

Ze legde uit dat zij niet in het kastenstelsel geloofde en er ook niet om gaf, maar haar vader wel.

'Ik kan mijn vader niet trotseren.'

Hij stond met zijn mond vol tanden.

'Zag je die jongen met wie ik stond te praten?' vroeg Puni. 'Hij studeert bouwkunde. Mijn vader had hem al voor mij uitgekozen, maar wilde hem wel vergeten toen ik zei dat ik verliefd op jou was. Dat was voordat hij iets over je achtergrond wist.'

PK staarde haar verbluft aan. Puni, die hem zo vol vuur had proberen te strikken, was totaal veranderd.

'Nu is het afgesproken. We gaan trouwen. Binnenkort!' zei ze.

'Hou je van hem?' vroeg hij.

'Ja,' antwoordde ze zonder een spier te vertrekken.

Wat is dat voor liefde? dacht hij. Ze liegt omdat ze geen ruzie met haar vader kan maken.

'Puni, luister! Ik ben bereid om de strijd aan te gaan. Juridisch gezien kan niemand ons tegenhouden. Niemand, je vader niet en je familieleden niet. We kunnen een burgerlijk huwelijk afsluiten zonder dat er een familielid of priester bij betrokken hoeft te zijn en daarna kunnen we verhuizen naar een plaats waar niemand ons kan vinden, en waar niemand iets van ons afweet, niemand zich dingen afvraagt en het niemand iets kan schelen.'

Ze schudde haar hoofd, liet haar blik ronddwalen en keek beurtelings de gang in en de eetzaal door terwijl hij praatte. Ze onderbrak hem midden in een zin.

'Probeer niet meer een praatje met me aan te knopen. Zet me uit je hoofd!'

'Geef je niet om me?'

'Ik vind je aardig, maar ik kan niet met je trouwen.'

'Waarom niet, Puni?'

'Ik kan mijn vader niet ongelukkig maken.'

PK schreeuwde het uit in zijn gehuurde kamertje in Lodi Colony: 'Brahmanen en andere snobs uit hoge kasten! Bevooroordeelde, hoogmoedige, bekrompen sukkels! Wat hebben we jullie aangedaan?'

Hij had hatelijke gedachten, sliep slecht, werd om vier uur 's nachts wakker en lag dan in bed drie uur lang te piekeren, tot aan het ochtendgloren. Na de woede kwamen de verbittering en het zelfmedelijden.

Op zijn nachtkastje lag een groen boekje met vergeeld papier, vage letters en de regels een beetje scheef, een boekje dat hij las als hij niet kon slapen, en om Puni te vergeten.

Volgens de legende in het Zuid-Indiase Kerala, las hij, besloot Shiva op een dag om de brahmanen een lesje te leren. Ah, dat klinkt perfect, dacht hij en hij las verder. Shiva, stond er in het boek, wilde de hoogmoed van de brahmanen een halt toeroepen en besloot om de meest hoogstaande en slimste van de brahmanen van Kerala te vernederen: de geestelijk verheven leraar Adi Shankacharya.

De leraar zou binnenkort verlicht worden. De enige redenen waarom Adi nog niet bevrijd was van de kringloop van reïncarnatie waren zijn eigen arrogantie en trots, zijn weigering om in te zien dat hij van hetzelfde vlees en bloed was gemaakt als alle mensen ter aarde, ongeacht kaste en positie in de samenleving.

Shiva en zijn vrouw Parvati wilden een grap met hem uithalen en veranderden zich in een arm stel uit de onaanraakbare kaste Pullaya. Zelfs de godenzoon Nandikesan deed mee, hij was veranderd in het kind van de arme mensen. Ze zagen eruit als dagloners, met kleding die onder het vuil en de modder van het veld zat. Bovendien had Shiva er met een betovering voor gezorgd dat hij rook alsof hij net vlees had gegeten en sterkedrank gedronken, wat taboe is voor een rechtschapen brahmaan. Shiva wankelde alsof hij de hele nacht had gedronken. Om de scène helemaal af te maken droeg hij een kruik met palmwijn onder zijn ene arm en had hij de halve schaal van een kokosnoot met palmwijn in zijn andere hand.

Zo ontmoetten Shiva en Parvati en hun zoon de voorname Adi Shankacharya op een pad op een dijkje in een rijstveld. Naar oud gebruik moeten de onaanraakbaren van het dijkje af en in de modder en het water springen als ze een brahmaan tegenkomen. Maar Shiva en zijn familie liepen gewoon verder en vroegen Adi om aan de kant te gaan zodat ze erlangs konden.

De voortreffelijke Adi werd razend.

'Hoe waagt een familie zoals jullie – onreine, stinkende, dronken, onaanraakbare mensen – over hetzelfde pad te lopen als een reine, onbedorven brahmaan. Jullie ruiken alsof jullie je nog nooit van je leven gewassen hebben. Zoiets heb ik nog nooit gezien!' bulderde Adi, en hij dreigde hen alle drie te onthoofden, omdat het een misdrijf was dat zelfs de goden niet door de vingers konden zien.

Shiva antwoordde: 'Ik geef toe dat ik een glas of twee heb gedronken en dat het wel een tijdje geleden is dat ik me gewassen heb. Maar voordat ik de modder in het rijstveld in ga, wil ik dat je het verschil uitlegt tussen jou, een reine en vooraanstaande brahmaan, en ons gezin, dat volgens jou zo vies is.'

De verklede Shiva zei dat als Adi zijn vragen kon beantwoorden, hij en zijn gezin in de modder zouden gaan staan en hem zouden laten passeren.

'Als ik me in mijn hand snijd en jij je in jouw hand snijdt, dan zie je dat we allebei rood bloed hebben – kun je me zeggen wat het verschil is?' begon Shiva. 'Mijn tweede vraag: eten we niet dezelfde rijst van hetzelfde veld? Mijn derde vraag: offer jij de bananen die de onaanraakbaren telen niet aan de goden? Mijn vierde vraag: verfraaien jullie de goden niet met bloemenkransen die onze vrouwen maken? Mijn vijfde vraag: komt het water dat jullie bij de tempelrituelen gebruiken niet uit de bronnen die wij onaanraakbaren hebben gegraven?'

Adi had op geen van die vragen een antwoord, dus ging Shiva verder: 'Alleen maar omdat jullie van metalen borden eten en wij van bananenbladeren is het niet zo dat we tot verschillende soorten behoren. Jullie brahmanen rijden op olifanten en wij op buffels, maar dat houdt niet in dat jullie olifanten zijn en wij buffels.'

Door die vragen stond Adi niet alleen met zijn mond vol tanden, hij raakte er ook van in de war. Hoe kon het dat deze ongeletterde, laagstaande man, die nauwelijks naar school had kunnen gaan, zulke ontwikkelde en diepgaande filosofische vragen kon stellen? Dus ging Adi daar ter plekke mediteren, waardoor zijn zesde zintuig zich opende. Toen zag hij: het vieze Pullaya-gezin verdween en de goden werden zichtbaar. Daar stonden Shiva, Parvati en hun zoon Nandikesan in al hun luister.

Geschrokken over wat hij had gedaan, sprong Adi direct naar beneden, het modderige rijstveld in, en hij reciteerde een gedicht om Shiva te eren.

Shiva vergaf hem.

Adi vroeg hem waarom hij zich in een onaanraakbare had veranderd voor hem, de meest toegewijde van alle toegewijde Shiva-aanbidders.

'Je bent natuurlijk een wijze man, op weg naar verlossing en verlichting,' antwoordde Shiva. 'Maar die zul je nooit bereiken als je niet begrijpt dat alle mensen respect en medelijden verdienen. Ik heb deze vorm aangenomen om jou dat te leren. Je moet vooroordelen en onwetendheid bestrijden en mensen uit alle kasten helpen, niet alleen maar jouw brahmanenvrienden. Pas dan kun je verlicht worden.'

Dat was volgens de legende duizenden jaren geleden gebeurd, stond in het boek. Tegenwoordig, las PK verder, is Shiva als verschijning van de arme onaanraakbare mens een van de hoofdgoden tijdens het festival dat elk jaar in Noord-Kerala wordt gehouden.

Dat gaf hoop, snapte hij. In Kerala, las hij, waren er mensen die de leer van Karl Marx beschouwen als erfgoed van Shiva's bevrijdingstheologie. PK begreep dat je God niet alleen kon gebruiken om de armen te onderdrukken, maar ook om hoogmoed te stoppen en de wereld te veranderen.

Hij ging naar een psycholoog, die hem aanraadde niet thuis in bed in Lodi Colony te blijven liggen en zich gedeprimeerd te voelen. De psycholoog vond dat hij niet meer moest piekeren en meer met vrienden om moest gaan.

'Probeer van het leven te genieten,' spoorde hij hem aan.

PK ging te rade bij een vriend van school en kreeg een ander advies. De vriend vond dat hij alcohol moest gaan drinken. Hij was zelf gaan drinken na een ongelukkige relatie.

'Het verzachtte de pijn,' verzekerde hij PK.

PK had nog nooit een druppel alcohol gedronken. Dat had gewoon niet tot zijn belevingswereld behoord. Drank was voor de verloren zielen en zwakzinnigen. Maar nu ging hij naar de slijter in een van de achterafstraatjes in Connaught Place en kocht een flesje Indian Made Foreign Liquor. Hij ging in de schaduw achter een vrachtwagen staan, die klein leek onder zijn enorme lading matrassen, sloeg de halve fles in één teug achterover en begon te sissen, te hoesten en uiteindelijk moest hij spugen. Daarna ging hij op een trapportaal zitten wachten. Hij wachtte en wachtte, maar zonder resultaat.

Maar na een tijdje werd de wereld langzamerhand in watten gehuld. Wat was dat een prettig gevoel. Het verdriet verdween. Zijn vriend had gelijk gehad. Drank verzachtte de pijn.

Hij ging naar de fontein om te werken, maar kon zijn potlood en houtskool niet stevig vasthouden. Hij verontschuldigde zich bij zijn klanten, zei dat hij ziek was, pakte zijn spullen en liep langzaam langs de laan naar huis. Hij sliep de rest van de avond en de hele nacht en werd de volgende dag laat wakker, alleen maar om de rest van de fles whisky op te drinken.

Hij dronk steeds meer. Die weken dronk hij vanaf het moment dat hij wakker werd totdat hij weer ging slapen. De drank gaf hem het gevoel dat iemand zich over hem ontfermde. De harde wereld verdween in een ragfijne nevel. Hoekig werd rond en zorgen werden mogelijkheden.

Wankelend over Parliamant Street met zijn schetsblok onder de arm kwam hij op een van de dagen dat hij dronken was een politieman tegen die hij eerder had getekend. De politieman rook de alcohollucht en vroeg ronduit: 'Waarom ben je gaan drinken?'

PK begon te vertellen. Hij vertelde over Puni, over het bezoek aan de bioscoop, hoe ondersteboven hij was geweest door de liefde, dat hij was uitgenodigd bij haar ouders, over al het eten dat ze hadden opgediend, over Puni's vader, de afwijzing, de vernedering en de angst dat niemand ooit van een onaanraakbare zou houden. Hij stonk naar whisky en praatte hard en vol overgave. Bovendien kon hij nauwelijks zijn evenwicht houden en zwaaide hij heen en weer als een mast in de wind. En hij huilde.

Maar de politieman bleef geduldig staan en luisterde zonder hem te onderbreken, behalve om hem te vragen iets te herhalen als hij het niet had verstaan door al het gesnik en gelal.

Hoe verder hij met het verhaal kwam, hoe lichter PK zich voelde.

'Ach, doe toch niet zo dom,' zei de politieman uiteindelijk. 'Mag ik je hand eens zien.' Hij stak zijn hand uit. De politieman bestudeerde de lijnen in zijn handpalm.

'Kijk hier, geen probleem! Volgens de lijnen zul je plotseling en onverwacht trouwen en krijg je een geweldig huwelijk.'

'Maar,' zei PK met dubbele tong, 'ik ben onaanraakbaar, ik kan nooit trouwen met een Indiase vrouw, in elk geval niet met een die naar school geweest is, die kan lezen en schrijven en uit een fatsoenlijke familie komt.'

'Misschien komt ze helemaal niet uit India,' zei de politieman.

Dezelfde avond in bed, in het grensgebied tussen bewustzijn en slaap, kwam er een gestage stroom bittere schoolherinneringen naar boven, en het gevoel dat hij eeuwig verdoemd was, maar tegelijkertijd ook uitverkoren voor iets veel, veel beters. In zijn droom was zij, de vrouw die hij zocht, een in het wit geklede engel die kwam aanvliegen uit een ver land, over India, over Punjabs tarweveld, over de daken van de huizen in New Delhi, zijn kamer in, steeds dichterbij. Uiteindelijk stond ze zo dichtbij dat ze elkaar aanraakten.

Hij genoot van haar aanwezigheid, haar ademhaling, geur en zachte haren, die tegen zijn blote schouders wapperden. Hij voelde warmte en sympathie en merkte dat er inzichten bestonden die hijzelf niet had. De mystieke gestalte was groter dan hij, niet lichamelijk, maar geestelijk.

Toen hij na het ontwaken weer aan de droom dacht, zag hij de engel niet duidelijk voor zich. Ze leek eerder een nevel, zonder gezicht en koud. Maar het gevoel dat er iets aanwezig was waarnaar hij verlangde, bleef.

En de nacht erna was ze terug. In de droom hoorde hij muziek, anders dan alles wat hij eerder gehoord had. Het klonk als een melodie uit een verre en mystieke plaats. Hij dacht dat die plaats vast heel mooi zou zijn. Hij dacht aan de profetie.

In het voorjaar van 1975 was de situatie turbulent: er waren demonstraties tegen de hogere voedselprijzen en hindoenationalisten ruzieden met elkaar. De ontevredenheid kookte over.

Zelfs Indira Gandhi was ontevreden. Ze was boos op onwillige rechters, kritische journalisten en ruziënde oppositieleden, die volgens haar niet wisten hoe ze de verantwoordelijkheid moesten nemen voor een land in een moeilijke situatie. Maar ze was vooral boos over het feit dat ze werd aangeklaagd wegens verkiezingsfraude. Een rechtbank oordeelde dat ze bij de laatste verkiezingen kiezers had omgekocht en in strijd met de wet overheidsgeld had gebruikt voor haar verkiezingscampagne. Haar plek in het parlement werd haar ontnomen en ze mocht zich zes jaar lang niet verkiesbaar stellen.

Maar Indira dacht er niet over om stilzwijgend te blijven toekijken terwijl haar tegenstanders haar buitenspel zetten. Ze nam de zaken in eigen hand en op 25 juni vroeg ze de president om de noodtoestand uit te roepen op grond van 'binnenlandse onlusten'. Daarmee verklaarde ze het besluit van de rechtbank dat haar machteloos maakte ongeldig en nam ze juist alle macht weer in handen. Vroeg in de ochtend van de dag erna, terwijl de eerste moessonregens van het seizoen op New Delhi vielen, riep ze haar ministers bijeen om ze op de hoogte te stellen. Daarna ging ze naar All India Radio om het volk alles te vertellen.

'Er is geen reden voor paniek,' was te horen op miljoenen knetterende radio's, terwijl de moessonwolken zich aan de hemel samenpakten.

Daarna was ze alleenheerser. Indira was India, en India was Indira, zoals de woordvoerder van de Congrespartij tegen de pers zei.

Maar voordat het volk het mocht weten, voordat de toespraak op All India Radio werd uitgezonden, had het gerucht zich al verspreid, van de politici en overheidsambtenaren in de stad naar de vermoeide theejongens op Parliament Road, naar de sikhistische taxichauffeur met tulband bij het station onder de bomen op Patel Chowk, naar de mobiele rietsuikersapverkopers aan Tolstoy Marg, als een lopend vuurtje via de schoenenpoetsers onder de bogen van de witte broeikassen, naar de buschauffeurs die op Radial Road nr. 1 de volle bussen bestuurden, naar de obers in het Indian Coffee House, die het nieuws vertelden terwijl ze de gasten koffie serveerden.

In nog geen vijf minuten wist iedereen wat er gebeurd was. De pers werd gecensureerd, de oppositieleden werden gevangengezet, de vakbonden ingeperkt.

Journalisten en intellectuelen uitten kritiek op de premier. Maar Indira wist dat ze de steun had van degenen zonder eigen grond, de onaanraakbaren en de onderdrukten, dat PK en zijn broers en zussen, de miljoenen en nog eens miljoenen armen van India aan haar kant stonden. Ze moest hun sympathie, en hun stemmen, winnen om aan de macht te blijven.

PK was ervan overtuigd dat ze het land op orde zou krijgen. De leiders die de steun van de armen hebben, dacht hij, hebben ook het recht aan hun kant.

Delhi werd volgeplakt met maoïstisch klinkende slogans. Als hij zijn gebruikelijke wandeling maakte naar de fontein in Connaught Place zag hij de affiches die het uitschreeuwden:

MOED EN HELDERE VISIOENEN: UW NAAM IS INDIRA GANDHI
EEN KLEIN GEZIN IS EEN GELUKKIG GEZIN
PRAAT MINDER, WERK MEER
EFFECTIVITEIT IS ONZE LEUS

En er was ook een slogan die klonk als de reclame voor het Indian Coffee House:

Voor de rest verliep het leven normaal.

In een krant verwelkomde de beroemdste ondernemer van het land, mr. Tata, de noodtoestand met de woorden: 'Al dat gedoe met stakingen, boycots, demonstraties is te ver gegaan. Het parlementaire systeem sluit niet aan bij onze behoeften.'

De leden van de middenklasse, winkeliers, zakenlui en staatslieden, zeiden dat ze genoeg hadden van de chaos en dat ze blij waren met het nieuwe zelfvertrouwen van de politie, waarmee ze een einde maakten aan dreigende samenscholingen, kruimeldieven oppakten en erop toezagen dat de sloppenhuisjes die langs de lanen van Delhi waren gebouwd werden afgebroken. In het Indian Coffee House waren uitspraken te horen als: 'Oppositieleden, intellectuelen en journalisten klagen alleen maar over de noodtoestand. Maar wij gewone mensen vinden het fijn.'

En: 'Delhi heeft een sterke hand nodig. Overal zijn er sloppenwijken.'

En zelfs: 'Nu is er minder misdaad, de trein rijdt op tijd, de straten zijn netjes en mensen worden gesteriliseerd, dus wonen er geen gezinnen met tien kinderen meer in een sloppenhuisje. Maar de kranten klagen alleen maar over misdaden tegen de menselijkheid en dergelijke. Nu gebeurt er tenminste iets.'

Maar kritisch ingestelde inwoners van Delhi, zoals leraren, journalisten en academici, waren geschokt en kwaad.

'Dat zíj... Haar verwende zoon, die nietsnut Sanjay, zit hierachter. En de president, wat een schande, zo'n marionet van Indira.'

In enorme razzia's in de hele hoofdstad werden vooraanstaande politici, advocaten en redacteuren opgepakt die door Indira beschouwd werden als vijanden van de regering. Al snel berustte de bevolking erin. De protesten namen af. Maar een paar mensen hielden vol en bleven op straat demonstreren tegen 'Indira's waanzin', zoals op een aanplakbiljet stond.

Eén keer in de maand organiseerde het Volksfront voor burgerrechten protestmarsen in de straten van Delhi. PK hoorde hoe ze leuzen riepen als ze langs het café kwamen. Hij ging naar buiten om te kijken. De menigte demonstranten liep over de laan op weg naar het parlement.

'Indira is gek en India ook,' herinnert hij zich dat de leider riep.

De leider, die tot de minderheid van de sikhs behoorde, liep vooraan met duizenden gelijkgezinden in traditionele lange gewaden, met degens over hun schouder, in een met bloemenpatroon versierd foedraal, en zoals altijd een blauwe of oranje tulband op hun hoofd.

Hij zag met eigen ogen dat de stad borrelde van woede, maar als je de kranten las, leek het alsof het rustig was in het land. Geen woord over de protesten.

De oppositie werd steeds vindingrijker en kwam met methodes om de censuur te omzeilen. Op de familiepagina van de *Times of India* zag PK een overlijdensadvertentie waarin een anonieme afzender het tragische overlijden van *D.E.M. O'Cracy* betreurt, om wie zijn vrouw *T. Ruth*, zijn zoon *L.I. Bertie* en dochters *Faith*, *Hope* en *Justice* treurden.

Zo makkelijk hou je de censuur dus voor de gek, dacht PK en hij lachte stilletjes in zichzelf.

PK hield van de moeder van India, maar zelfs hij vond dat ze er met de noodtoestand een puinhoop van maakte. Hij moest Haksar vertellen dat sommige politiemensen bij de fontein misschien wel beleefder waren geworden, maar dat anderen op veel agressievere wijze dan vroeger een probleem vormden. Ze verdreven mensen die bij hem in de rij stonden en vernielden zijn doeken, sommeerden hem in te pakken en te verdwijnen. Het was alsof de ene helft van het politiekorps niet wist waar de andere helft mee bezig was. De ene dag een aai, de volgende dag een oorvijg. Het voelde totaal schizofreen aan.

Haksar luisterde zonder een spier te verrekken naar wat hij ervan vond en zei toen dat hij op zijn werk een paar mensen zou bellen. Hij verzekerde PK dat dat zou helpen en dat de politie zich rustig zou houden.

De dag daarna kwam de gouverneur van Delhi in zijn dienstauto naar de fontein, met allerlei adviseurs en bedienden op sleeptouw. Hij verklaarde dat de politiepesterijen direct zouden ophouden. Voortaan zou geen enkele politieman hem meer aanhouden omdat hij een openbare plek als privé-atelier gebruikte.

Een paar dagen na het bezoek van de gouverneur kwamen er mannen van het elektriciteitsbedrijf die verlichting bij zijn schildersezel installeerden, zodat hij 's avonds laat zou kunnen werken. Hij kreeg ook een persoonlijke hulp, een man die boodschappen kon doen, eten, drinken, pennen en papier kon kopen – en die bovendien de schilderijen kon inpakken en naar een opslag kon brengen als hij klaar was voor de avond.

De politie kwam niet meer langs om hem mee te nemen en de mensen te verdrijven, maar om zijn schilderijen te bewaken. Eén politieman per schilderij.

'Hebt u nog wensen, sir?' vroeg de commissaris, terwijl hij zijn hakken tegen elkaar sloeg en salueerde.

Haksar verklaarde dat men had besloten de buurt om de fontein heen in het Montmartre van New Delhi te veranderen. Net zoals op het Place du Tertre in Parijs zouden de kunstenaars vrij mogen werken. PK zou een toeristische attractie worden.

The Statesman publiceerde in de dagen voor kerst 1975 een artikel over PK en de andere kunstenaars op Delhi's Montmartre. Net als in Parijs was het portrettekenen veel succesvoller dan de verkoop van nauwkeuriger uitgewerkte schilderijen, constateerde de krant. De kop luidde: JOUW GEZICHT WORDT ZIJN VERMOGEN en het artikel begon:

Het duurt tien minuten en kost tien roepie om een potloodtekening van jezelf te krijgen, gemaakt door Pradyumna Kumar Mahanandia… Van de zeven kunstenaars die exposeren bij de Connaught Place-fontein is hij de succesvolste. Hij verdient elke avond tussen de 40 en 150 roepie door mensen te tekenen die naar de expositie komen.

'Weinig mensen willen een vermogen uitgeven aan een landschap of moderne kunst, maar iedereen wil tien roepie uitgeven aan een zelfportret, vooral als dat in tien minuten wordt gemaakt,' merkte Jagdish Chandra Sharma op, een van de andere kunstenaars die daar exposeert.

Na een onrendabele maand, waarin Jagdish serieuze kunst exposeerde die nooit werd verkocht, volgde hij Mahanandia's voorbeeld en begon portretten van voorbijgangers te tekenen. En al snel rinkelden ook zijn zakken van de munten.

PK verzonk in de wereld van de boeken. Hij lag op bed in zijn kamer en las over Robert Clive, een eigenaardige Engelsman, die na zijn dood bekend werd als Clive of India. Het levenslot van de Engelsman fascineerde hem. Hij herkende zichzelf in diens avonturen. De onwil om de verwachtingen van zijn vader waar te maken, het verlangen om te ontsnappen en de mislukte zelfmoordpogingen. Dat had hij zelf kunnen zijn.

Robert Clive was een teleurstelling voor zijn vader. Hij werd in 1725 geboren en was de meest verdorvene van de dertien kinderen op het familielandgoed in Engeland. Hij was overactief, eigengereid en opstandig. Als driejarige vond men hem onhandelbaar en werd hij weggestuurd om bij kinderloze familieleden in de stad te gaan wonen. Maar ook zij konden hem niet aan, dus stuurden ze hem na een paar jaar terug naar het dorp.

Op zijn tiende klom hij in de klokkentoren en zette een duivelsmasker op om mensen die beneden op straat voorbijliepen te laten schrikken. In zijn puberteit werd hij een kruimeldief. Uiteindelijk was zijn vader het zat en zorgde hij voor een baan voor Clive – ver weg. Hij werd gewoon weggestuurd om als boekhouder op het kantoor van de Oost-Indische Compagnie in Madras te gaan werken. Zijn vader was blij dat hij van hem af was en de rest van de familie slaakte een zucht van verlichting. Het was alom bekend dat de kans voor degenen die naar India werden gestuurd fiftyfifty was: de kans dat hij aan een tropische ziekte zou overlijden was even groot als het risico dat hij terug zou komen. De achttienjarige Robert Clive vond het een coole uitdaging, las PK.

Maar al snel verveelde hij zich dodelijk in zijn kantoorbaan in Madras, hij leed aan slapeloosheid, was lichtgeraakt, voelde de onrust kolken in zijn borstkas, kreeg een depressie, zette een pistool tegen zijn slaap en vuurde. *Klik!* Hij probeerde het nog een keer. *Klik! Klik!* Daarna, las PK, die het boek echt niet weg kon leggen, besloot hij dat alles gebeurde om een reden en dat er een plan was voor zijn leven.

Net zoals voor mijn leven, dat al vanaf mijn geboorte voorbestemd is, dacht PK.

Hij las dat Clive na thuiskomst in Groot-Brittannië de titel 'baron' kreeg, dat hij desondanks werd aangeklaagd voor onregelmatigheden, maar ook dat hij werd vrijgesproken van die beschuldigingen. In 1773 pleegde de eigenzinnige Brit toch zelfmoord.

PK sloeg het boek dicht. Robert Clive had ervoor gezorgd dat de Britten over India, en dus ook over Orissa, konden heersen. Zonder hem was India misschien wel Frans geworden, of onder moslimkoningen gebleven of had het een hindoeïstische alleenheerser gekregen. De verhalen van zijn opa en vader en zijn eigen herinneringen vertelden hem dat de overwinning van de Britten het beste was wat had kunnen gebeuren, in elk geval voor de onaanraakbaren.

'Ik ga naar het Oosten. Ik wil niets liever. Niets is belangrijker voor mij,' zei Lotta tegen haar ouders.

Geen van hen maakte bezwaar. Lotta had tegenwerpingen verwacht, maar ze zeiden slechts rustig, alsof ze net had verteld dat ze met de bus naar Göteborg zou gaan, dat ze zelf wel wist wat het beste voor haar was. Geen van hen zei überhaupt heel veel. Ze zijn gepokt en gemazeld, dacht ze. Hoewel ze pas twintig was, had ze al een jaar op eigen houtje in Engeland gewoond. Bovendien, dat wist ze, hadden ze zelf gedroomd over reizen maar gedacht dat dat vanwege hun levensomstandigheden niet mogelijk was. Als ze in mijn situatie hadden gezeten, hadden ze ook gereisd, dacht Lotta.

Haar plannen kwamen niet voort uit heldenmoed. Lotta reisde niet omdat het een prestatie was. Ze wilde geen record vestigen. Ze ging geen avonturenroman publiceren.

Het bootverkeer tussen Europa en India was gestaakt. Vliegen was geen optie, dat kostte een vermogen. Er ging een trein helemaal naar Mashad in Oost-Iran, maar daarna volgden railsloze berggebieden door Afghanistan totdat je in het oosten aan de grens van Pakistan kwam. De trein leek haar te lastig. Maar de hele weg van Londen naar New Delhi en Kathmandu reden er bussen. Een busbedrijf dat zich Magic Bus noemde, en dat met haar bontgekleurde bussen en lage prijzen een hippie-icoon was, verzorgde een lijndienst.

Lotta overwoog dit alternatief, maar eigenlijk had ze haar besluit al genomen. Met haar eigen vervoermiddel over land reizen leek het enige verstandige en realistische alternatief. Ze had per slot van rekening haar rijbewijs.

Leif, die een relatie met haar oudere zus had gehad, ging ook mee op avontuur, net als haar hartsvriendin met haar Indiase man en hun baby. Ze hoefden alleen maar naar Göteborg te rijden, met de veerboot naar Kiel te gaan, over de Autobahn naar de Alpen te rijden, verder over de Balkan en daarna Istanbul in, de poort naar de Oriënt.

Alle details zouden onderweg wel opgelost worden, dacht ze.

Ze hadden kaarten, maar geen reisgidsen, omdat er geen reisgidsen waren van hun route. Waarom zou ze überhaupt proberen een reis te plannen die toch het oorspronkelijke plan niet zou volgen. De reis en het leven zaten vol onvoorziene gebeurtenissen. Dat was een inzicht dat niemand, en Lotta wel het allerminst, betreurde.

Met financiële steun van Lotta's vader kochten ze een groene Volkswagenbus uit '71. De bus was al heen en weer naar Iran geweest en daarna was de motor in de soep gelopen. Die was vervangen en de bus had een onderhoudsbeurt gehad.

Het enige advies dat haar moeder haar gaf, was: 'Gedraag je zo dat je achteraf achter je daden kunt staan en je er niet voor hoeft te schamen. En doe nooit iemand anders kwaad.'

In oktober 1975 nam Lotta plaats achter het stuur en reed de wijde wereld in. Niemand zwaaide hen uit, niemand maakte ophef van hun vertrek, er klonken geen fanfares langs de straten van Borås, maar het avontuur was begonnen en India als reisdoel was net zo voorbestemd als het feit dat ze de hele winter weg zouden blijven.

Het was een koude decemberavond. De gekleurde lampen die het waterspel in de fontein verlichtten waren aan. Bij wijze van uitzondering stond er geen rij wachtende klanten en keek er geen menigte nieuwsgierige parkbezoekers toe terwijl hij aan het schilderen was. PK had geen zin meer en begon de doeken die klaar waren van de kartonnen borden af te halen.

Uit het donker achter de fontein kwam een jonge Europese vrouw tevoorschijn, die vroeg of hij morgen ook bij de fontein zou zijn. Ze droeg een geel T-shirt en een strakke spijkerbroek met wijde pijpen. Het viel hem op dat ze niet was opgemaakt. Ze leek anders dan de andere Europese vrouwen met wie hij in het Indian Coffee House had gepraat. Ze was ernstiger en bedachtzamer. Maar zo te zien had ze haast. Toen hij had geantwoord zei ze: 'Bedankt!', draaide zich snel om en verdween weer in het donker.

Was ze bang voor mij? dacht hij, terwijl zijn hart vol verwachting begon te slaan. Zou ze terugkomen?

De volgende middag was hij iets vroeger dan normaal op zijn plek bij de fontein. Hij hoopte dat hij de ernstige witte vrouw weer zou zien en had daarom zijn nieuwe spijkerbroek met kronkelende gele naden op de achterzakken aangetrokken en zijn groengeruite overhemd met korte mouwen die zijn buurvrouw Didi zo vriendelijk voor hem had gestreken. Hij had zijn snor geknipt zodat zijn bovenlip weer te zien was en zijn haar met kokosolie gekamd om de weerbarstige krullen plat te krijgen. Er stonden al heel veel toeristen te wachten totdat hij zou openen. Toen hij en zijn assistenten de doeken uitpakten en de ezel opzetten vormde zich al snel een rij. Hij keek om zich heen en zocht naar de onopgemaakte vrouw met het ernstige gezicht. Maar ze was nergens te zien.

Om negen uur pakte hij teleurgesteld zijn spullen en liep naar huis, naar Lodi Colony.

Ze had gevraagd of hij vanavond op zijn plek zou zijn. Waar was ze heen gegaan? Hij begon dromen om haar heen te spinnen, ook al had hij haar nog geen minuut gezien. Thuis ging hij op bed zitten, hij las gebeden en somde de namen van de goden op, niet alleen de hindoeïstische, maar ook Allah, Boeddha, Mahavira, Dalai Lama, de christelijke God en Maharishi Mahesh Yogi. Hij bad tot alle goden, goeroes en profeten die hij maar kon bedenken.

Een dikke winternevel omsloot de stad zoals gewoonlijk in deze tijd van het jaar toen hij naar de Shivatempel ging om te bidden dat de vrouw met de zachte stem zou terugkomen. Hij bad een heel uur lang. Dat had hij nog nooit gedaan. Hij bad eigenlijk nooit. Maar dit was een bijzondere situatie.

Thuis in het dorp mocht hij niet eens naar de tempel. Maar hier mengden zich mensen van allerlei kasten, klassen en etnische groeperingen. Niemand had de puf om zich druk te maken om iemands kastestatus. In de anonimiteit en veelsoortigheid van de grote stad had hij in elk geval een deel van zijn langverwachte vrijheid gekregen.

Daarna liep hij naar Connaught Place, dat ook in mist gehuld was. De zuilen en pilaren in de op de oudheid geïnspireerde booghuizen tekenden zich af als mystieke personages in een droom. Vlak voor de schemering scheen de bleke winterzon ineens door de mist heen. Er waren vandaag nog meer mensen. Sommigen zaten met rechte rug op het gras en lieten hun oren schoonmaken door mannen met vieze wattenstaafjes. Anderen lagen op hun buik en kregen een rugmassage van mannen die met hun voeten de rugspieren van hun klanten kneedden. Maar de meesten zaten of lagen half in groepjes en waren aan het praten, op pinda's aan het kauwen, aan het roken, of ze kauwden betel en spuugden dan rode kwatsen uit.

Lotta's moeder had gezegd dat ze een potloodtekening van haar drie dochters wilde hebben. Lotta dacht aan de wens van haar moeder toen ze op een bord bij Connaught Place TEN MINUTES, TEN RUPEES zag staan.

Normaal stond er een lange rij, maar op een avond zag ze dat de straatkunstenaar zonder klanten zat en naar de waterstralen van de fontein keek. Ze stapte uit de schaduw zodat hij haar kon zien. Ze weet nog dat ze iets vroeg en dat hij antwoordde, maar ze herinnert zich niet meer wat. Nadat ze een paar woorden hadden gewisseld nam ze plotseling afscheid en vertrok ze, waarom weet ze niet meer. Er was iets aan zijn verschijning dat haar zowel aantrok als afschrikte, en die tekening kon ze morgen ook nog laten maken.

Toen ze twee avonden later terugkwam bij de fontein ging ze geduldig in de rij staan. Toen het haar beurt was, vroeg ze hem een portret te tekenen. Hij keek haar lang en onderzoekend aan, alsof zij de merkwaardigste klant van de dag was. Terwijl hij naar een nieuw vel bladerde en zijn potloden sorteerde ging ze zitten en ze keek naar zijn snor en kroeshaar, dat hij zo te zien met behulp van een kam en kokosolie had proberen te temmen. Zijn haar glansde van het vet. Ze vond dat hij eruitzag als een donkere versie van Jimi Hendrix of als een Indiër die op een westerse reiziger wilde lijken. Sinds ze als kind het kinderboek van Esla Beskow had gezien dat ging over Bubbelemuck, het bosjongetje met de krullen, dat omgeven door waterlelies in de donkere vijver een stralende ring geeft aan een fee op de oever, werd ze gefascineerd door mensen die eruitzagen als deze straatkunstenaar in Connaught Place.

Het was iets na zeven uur 's avonds op de zeventiende december 1975 en de met smog gevulde hemel boven Delhi had een perzikkleurige glans in het schijnsel van de straatlantaarns.

Bij de fontein stond zoals gewoonlijk een hele mensenmassa. Uit de menigte maakte zich iemand los. Ze had lang, steil, licht haar. Eindelijk! dacht PK. Ze ging in de rij staan. Toen het haar beurt was, vroeg hij haar op het krukje te gaan zitten. Zijn hand trilde toen hij de eerste lijnen zette. Om hem heen stond zoals gewoonlijk een groot publiek, maar dat was niet wat hem nerveus maakte.

Zijn hand trilde zo erg dat hij het moest opgeven.

‘Het spijt me, ik kan het niet,’ zei hij. ‘Kun je misschien morgen naar de kunstacademie komen?’

‘Oké, we komen,’ zei ze.

Hij keek op. Achter haar stond een witte man. Toch niet haar man, dacht hij.

‘Ja hoor, kom alle twee maar,’ zei hij vrolijk.

‘Ik heet Lotta, dit is Leif, hij is fotograaf.’

Ze zei niet ‘mijn vriend, of ‘mijn man’, dacht hij hoopvol.

Hij douchte, trok schone kleren aan, keek lang en aandachtig naar zichzelf in de spiegel en dacht aan haar naam. Hij dacht eerst dat ze Lata zei, zoals de zangeres wier liederen hij in zo veel films had gehoord.

Nee, niet Lata. Ze had Lotta gezegd.

Zijn buurvrouw Didi kwam op haar veranda staan.

‘Heb je een sollicitatiegesprek?’ vroeg ze nieuwsgierig.

‘In zekere zin,’ antwoordde hij.

Toen hij bij school aankwam, haalde hij drie stoelen met houten rugleuning, zette ze in de zon op het gras voor het café en ging zitten wachten. Ze kwamen klokslag tien uur, zoals afgesproken. Ze wilden wel koffie.

Hij vond het prettig om daar in de heldere decemberlucht te zitten met de kop kokendhete koffie in zijn hand tegenover twee mensen die hij niet kende. Hij had nog niet gevraagd waar ze vandaan kwam.

'Zweden,' zei ze plotseling, alsof ze zijn gedachten had gelezen. 'We komen uit Zweden.'

'Dat is ver weg,' zei hij.

Ze knikten.

'In Europa,' voegde hij eraan toe, wat een gok was. Ze glimlachte.

'Kom, dan laat ik jullie de school zien,' zei hij toen ze de koffie op hadden.

Leif bleef in de gang op de begane grond met een paar studenten staan praten, terwijl PK en Lotta op eigen houtje rondliepen. Hij stelde haar voor aan docenten en liet haar de zalen en ateliers op de zevende verdieping zien. Het voelde alsof hij een bekende voorstelde, ook al kenden ze elkaar pas een half uur.

Toen ze in elk hoekje en gaatje hadden gekeken, vroeg hij wat ze het liefst van alles wilde in het leven.

'Muziek maken,' antwoordde ze. 'Ik speel fluit.'

Hij vroeg welk sterrenbeeld ze had.

'Ik ben Stier,' zei ze.

Ze zal geboren worden onder het sterrenbeeld Stier en muzikaal zijn... Hij trok de stoute schoenen aan en vroeg beleefd: 'Is Leif jouw man?'

'Wat?'

Hij had onduidelijk en snel gepraat omdat hij bang was dat zijn vraag belachelijk zou klinken, misschien had ze het niet gehoord? Of dacht ze dat dat de meest onbeschaamde vraag was die je een vrouw kunt stellen? Hij herhaalde de vraag.

'Nee,' zei ze lachend. 'Leif? Ha ha! Ik ben niet met hem getrouwd, en hij is ook niet mijn vriend.'

Ze gingen verder met de rondleiding. Andere studenten fluisterden tegen elkaar en wezen naar hem, omdat hij naast de buitenlandse vrouw liep. Zelfs Puni, die al heel lang niet zijn kant op had gekeken, kwam hem begroeten. Hij genoot ervan dat Puni hem nu, nu hij in het gezelschap van Lotta was, onderzoekend aankeek.

Hij vroeg of Lotta en Leif naar zijn kamer in Lodi Colony wilden komen. Er was eigenlijk niet veel om te laten zien, zei hij, maar dan kon ze zijn grafische werken en olieverfschilderijen zien. Ze zei zonder veel enthousiasme ja.

Misschien was ze gewoon te verlegen om haar gevoelens te tonen, hoopte hij.

Zijn kamer was nog nooit zo troosteloos, donker en vies geweest. Dat vond hij in elk geval toen hij naar binnen keek, terwijl Lotta en Leif achter hem op de veranda bleven staan. Het was een droevig gezicht. Er lag een kapotte beker in een hoek. Er stonden bijna geen meubels. Het tafelblad was niet afgenomen. De grond lag vol gruis. Achter de deur hadden zich stofvlokken verzameld en de muren waren volgekrabbeld met tekeningen en teksten die hij met een stukje houtskool had geschreven toen hij dronken was. Daar stond: *Ik ben kasteloos geboren. Ik heb nergens recht op. Ik heb niet het recht in India liefde te ervaren.* Maar het pijnlijkst van alles: *Ik ga trouwen met een Europees meisje, zoals de astrologen hebben voorspeld.* Hij ging ervoor staan om te proberen dat wat hij had geschreven voor zijn gasten te verbergen. Dat ging natuurlijk niet. Ze waren namelijk gekomen om te zien hoe hij leefde. Hij begreep dat hij ze moest binnenlaten en stapte opzij.

Hij koos een paar grafische werken uit die hij weggaf aan Lotta. Ze zei niets.

Had ze al gelezen wat hij op de muren had geschreven?

Ze glimlachte vriendelijk naar hem en bedankte hem voor het cadeau.

Ze wilde hem weer zien en de dag daarna ontmoetten ze elkaar in Connaught Place voor een rondrit met een brommerriksja.

Ze bezochten de grote Jamamoskee en luisterden naar de oproep tot gebed.

'De moskee is gebouwd door de machtige man met de naam

Heerser over de wereld, sjah Jahan,' vertelde hij en hij herhaalde de oproep van de minaret langzaam voor haar. 'La Allah illah Allah, Mohammad Resul-allah,' zei hij en hij beklemtoonde elke lettergreep, en daarna vertaalde hij: 'Er is geen andere god dan Allah, en Mohammed is zijn profeet.'

Ze beklommen een van de hoge minaretten van de moskee en keken uit over het gekrioel in Old Delhi en het Rode Fort. Vanuit daar, zei hij, hebben mogols, Perzen en Britten geregeerd. Ze keken de andere kant op, naar de Gateway of India, naar de paradestraat van de republiek en het presidentiële paleis.

'Frappant,' zei hij.

'Wat?' vroeg Lotta.

'Daar, zie je! Daar, de rode brug, Minto Bridge. Daar heb ik onder geslapen, het ijskoud gehad en hongergeleden. En daar,' hij hief zijn hand iets en wees naar het presidentiële paleis een paar kilometer verderop, 'daar ben ik op de thee uitgenodigd door de president van India.'

Ze keek zoekend door het rommelige landschap en zag uiteindelijk de grote koepel.

'Dat klinkt als een sprookje.' Ze keek hem sceptisch aan. Misschien dacht ze wel dat hij het verzonnen had.

Ze sprongen in een riksja en reden zuidwaarts naar Humayuns tombe, ook een van de toeristische trekpleisters van de stad. Ze praatten aan een stuk door. Het was zo makkelijk om met haar te communiceren. Hij dacht aan de profetie. Die had gezegd dat zijn toekomstige vrouw muzikaal zou zijn en geboren onder het sterrenbeeld Stier.

En een jungle zou hebben, had de astroloog eraan toegevoegd. Maar Lotta kon toch geen jungle hebben?

Lotta reisde verder. De volgende dag al reden zij en haar vrienden weer door met de Volkswagenbus. Ze wilden de tempels in Khajuraho gaan bezichtigen en de sfeer proeven tussen de pelgrims die in Varanasi in de heilige Ganges baadden.

PK miste haar, maar er waren ook twijfels gerezen. Ze is een toerist, ze is hier maar korte tijd en reist dan verder. Er wachten allerlei dingen op haar in het leven, ze wil heus niet blijven. Waarom zou ze blijven? Een ogenblik, een eeuwigheid. De twijfels vermengden zich met de herinnering aan haar zachte stem.

Op eerste kerstdag, zijn verjaardag, kreeg hij een brief met zijn naam en adres netjes op de envelop geschreven, die gemaakt was van handgeschept papier. Hij opende hem met bonkend hart. Het was een veelkleurige verjaardagskaart met een tekening van een blije vis die uit klungelig getekende golven sprong. Vulgair, zou zijn docent op de kunstacademie gezegd hebben. Commercieel, infantiel. Maar hij was nog nooit van zijn leven gefeliciteerd op zijn verjaardag en hij hield de kaart glimlachend omhoog zodat de glanzende rode vis glom in de zon.

Hij las: *Moet je nagaan dat we zo ver moesten reizen om zo'n goede vriend als jij te vinden. Gefeliciteerd met je verjaardag, Lotta.*

De dagen tot aan haar terugkomst waren een aangename kwelling.

In de roestrode schemering op oudejaarsavond zag hij Leif met een grote rugzak in de mensenmassa bij de fontein. PK rende naar hem toe. Hij was alleen en vertelde dat hij in Khajuraho was geweest en de duizend jaar oude tempel met de erotische sculpturen had gezien. Toen vroeg hij PK of die een tip had voor een goed en goedkoop hotel.

'Laat dat hotel maar zitten, je kunt bij mij overnachten.'

Hij gaf hem de sleutel van zijn kamer in Lodi Colony.

'Waar is Lotta?'

'Ze huurt een kamer van een familie in een paleis. Die zijn we in de trein tegengekomen.'

'Lotta is ook welkom in mijn kamer,' zei hij, al had hij niet de hoop dat ze een comfortabel bed in een eigen kamer bij een rijke familie in een statig huis zou verruilen voor zijn krappe, smerige logement.

Op nieuwjaarsdag keek hij de straat af die naar het groepje huizen in Lody Coloni leidde. Ineens zag hij een geel met rode stip in de schaduw van de bomen. Toen werd de stip groter. De stip veranderde in de contouren van een vrouw. Ze had een spijkerbroek en geel T-shirt aan en op haar rug droeg ze een rode rugzak.

Het voelde als een persoonlijke overwinning. Hij kon het wel uitschreeuwen van geluk: ze heeft mijn armoede boven hun luxe verkozen! Maar hij begroette haar neutraal en beheerst: 'Welkom, Lotta!'

Leif mocht in zijn kapotte charpoy slapen, een houten bed met een bodem van gevlochten hennepkoorden. Voor Lotta rolde hij op de grond een dunne bamboemat uit. Zelf sliep hij zo op de cementen vloer.

'Geen punt. Ik ben het gewend om op een harde ondergrond te slapen,' zei hij tegen Leif en Lotta.

Wat hem het meest dwarszat was dat hij haar geen lakens kon aanbieden. Maar ze zag er tevreden uit toen ze haar slaapzak uitrolde op de bamboemat onder het raam.

Ze aten masala-omelet, geroosterd brood en dronken thee, allemaal bereid op de spiritusbrander op de veranda, en gingen daarna met de brommerriksja naar Connaught Place, waar ze overstapten op een pat-pattie, een driewielermotorfiets die overbeladen met passagiers knetterend naar Old Delhi reed.

PK had het gevoel alsof de stad, waar hij zelf drie jaar geleden zo bang voor was geweest, een deel van hem was geworden. Ze moet de levendige bazaars ervaren, dacht hij, alsof die duidelijk konden maken wie hij was.

Ze dwaalden rond in de steegjes van de oude stad en kwamen door een smalle opening in de muur, ingeklemd tussen twee andere eetgelegenheden, in een steeg die uitkwam op een kleine binnentuin, verlicht door tl-buizen.

Het rook er naar houtskool en gebakken vlees. Ze zagen dat het eten op het gras werd klaargemaakt terwijl de gasten in vier huizen eromheen aan tafel zaten te eten. Ze keken in een van de kamers: vanaf de grond helemaal tot aan het plafond waren de muren bedekt met tegels of stenen platen, en het was er vol gasten die spiesjes en flinterdun brood aten.

In de dierentuin van Delhi, gevestigd in een oud vervallen fort, liepen ze tussen de bosjes en kunstmatige meertjes door, terwijl ze onafgebroken praatten en vaak om dezelfde dingen lachten. Hij was gelukkig, maar toen ze op het gras gingen zitten, voelde hij zich ondanks alles toch verscheurd. Zijn innerlijke onrust nam toe en hij besefte dat hij gewoon zat te wachten tot er een einde zou komen aan zijn geluk. Zo was zijn leven tot nu toe geweest en zo zou het nu zijn. Geluk was een voorbode van ongeluk. Hij was niet gemaakt voor zulk geluk. Ze zou verder reizen, terug naar huis, naar Europa, en hij zou in India blijven. Ze was als een bliksemflits in zijn leven verschenen en zou net zo snel weer verdwijnen.

Hij moest nog een semester naar het College of Art en had geen geld om te reizen.

Dit is onmogelijk, er zal niets van onze romance terechtkomen, onze ontmoeting is voorbestemd een korte maar fijne herinnering te zijn, dacht hij. Maar hij hield zijn twijfels voor zich.

Ze gingen verder naar de Paharganj-bazaar. Dicht tegen elkaar aan gedrukt tussen de fruit- en theekraampjes. Hij voelde zich vervuld van haar, en aanwezig in het moment. Ze praatten met de bakkersjongen die zijn handen in de rode kleiovens stak en binnenin deegklompen platsloeg. Ze ontmoetten de bloeddoorlopen blik van de oude vrouwen en mannen die op hun touwbedden langs de muren van de huizen in grijze lakens lagen te rusten. Ze struikelden bijna over een man die midden in de steeg een versnellingsbak uit elkaar had gehaald en schijfjes, moeren en tandwielen in een sierlijk patroon op een stuk karton had gelegd. Ze zigzagden tussen een kudde geiten door. Ze gaven klopjes op de glanzende ruggen van koeien, roken de geur van warm vocht en vochtige stof van een vrouw die overhemden streek met een stoomstrijkijzer. Ze lachten zachtjes, zodat niemand het hoorde, om de man die warme melk klopte met een omgebouwde boormachine. En ze stonden een paar minuten te kijken naar een oude man die onder een kale gloeilamp op een houten plaat piramides van honderden eieren had gebouwd. De eierman zei in het Engels: 'Als er één valt, vallen ze allemaal.' Ze moesten erom lachen.

Ze zagen honden die werden weggestuurd, vrouwen die naaiden, zilveren kettingen die werden gemaakt, een meisje dat voor haar deur aan het vegen was. Ze ademden rook in met de geur van verbrande bladeren en hoorden een vrouw snurken. Mensen zongen, praatten, rolden deeg uit, waren aan het kaarten, lagen op hun rug.

Hij vond dat het leek alsof ze zelf deel uitmaakten van alles om hen heen, van de mensen en straten, de geuren en de hemel.

Rond zes uur kwamen ze aan bij de fontein en PK begon schilderijen op te hangen voor zijn dagelijkse expositie. Lotta hielp hem. Hij keek haar aan terwijl ze neuriënd zijn schilderijen ophing aan de haakjes op de kartonnen schermen. God, maak deze vrouw tot mijn echtgenote, dacht hij en hij ging op zijn krukje zitten en begon de rij mensen die hun portret getekend wilden hebben af te handelen. Ze ging dicht naast hem zitten. Hij maakte vier tekeningen voordat ze besloten om in te pakken en naar de bioscoop te gaan.

Voor de bioscoop Plaza stonden honderden mensen. De rij voor het loket slingerde tot op straat. *Sholay* was al een half jaar geleden in première gegaan, maar trok nog steeds volle zalen. Ze keken lang naar de handgeschilderde reclameposters waarop Amitabh Bachchan allerlei schurken neermaaide met een machinegeweer. Vanaf het balkon waarop ze eerste rang zaten, keken ze uit over de zaal en zagen ze dat de meeste bezoekers mannen in hun eentje waren, die verlangend naar hen keken.

Toen de film begon, vertaalde hij het Hindi in het Engels voor haar, maar toen de zangeres Lata Mangeshkar 'Jab tak hai jaan' zong, zei hij niets, hij leunde achterover en genoot.

Midden in een van de schitterende dansscènes van de film ging ze dichter tegen hem aan zitten, ze legde haar hoofd op zijn schouder en haar hand in de zijne. De onrust die hij op afstand had gehouden sinds ze de dierentuin hadden verlaten, kwam terug. Wat is de bedoeling hiervan? dacht hij. Is het een hogere macht die iets wil zeggen? Begint liefde zo? Hij wist helemaal niets en besefte hoe afschuwelijk onervaren hij was. Hij had het gevoel alsof hij weer twaalf jaar oud was.

Maar wat gebeurt, moet gebeuren, dacht hij ook. Hij probeerde zijn twijfels met een mantra te bedwingen: we hebben al een nieuwe saamhorigheid bereikt, we zitten op dezelfde golflengte. Hij herhaalde de mantra een aantal keer. Daarna boog hij naar haar toe en kuste haar op haar voorhoofd terwijl hij in stilte in zichzelf steeds weer herhaalde: Ma Maheswari, Ma Maheswari, de junglegodin tot wie zijn moeder haar gebeden placht te richten.

Het was winter in Delhi. De nachthemel was helder, de nevel kwam pas vlak voor het ochtendgloren opzetten en de lucht voelde ijskoud. Ze sjouwden door de lege stad langs de fontein, die uit was en stil en verhuld in het donker stond. Ze liepen zuidwaarts over de laan, langs de paradestraat Raj Path en de triomfboog India Gateway naar Lodi Colony. Eerst hield hij haar hand vast, maar omdat ze alleen waren in de nacht trok hij na een tijdje wandelen de stoute schoenen aan en legde zijn arm om haar heen. Hij voelde de warmte van haar lichaam, maar had ook sterk het gevoel dat hij iets verbodens deed en dat de straatlantaarns ogen waren die hen gadesloegen. Heel even leek het alsof hij zijn eigen lichaam verliet en zichzelf zag, hoe hij daar naast Lotta liep, vanaf een positie even hoog als de hoogste huizen, twintig meter boven de grond.

Het was een lange wandeling. Maar wat maakte het uit? Om twee uur 's nachts waren ze bij hem thuis. Leif lag op zijn touwenbed, hij sliep diep en snurkte hard. Ze pakten een deken en liepen naar de veranda, gingen op de cementen trap zitten en wikkelden zich erin. Wilde honden kwamen blaffend voorbij. Hij hield haar vast, keek naar de sterren en daarna naar haar, en keek weer op naar de sterren. Het was romantisch, maar ook pijnlijk om te lang in haar ogen te kijken. Dan was het wel fijn dat hij de sterrenhemel had om zijn blik op te richten.

Sinds mijn geboorte, dacht hij, heeft de goddelijke kracht ons naar elkaar toe getrokken om te ensceneren wat al voorbestemd was. Hij wist dat westerlingen vaak niet zo dachten. Maar hij had geleerd dat het leven gewoon zo werkt. Nu, dacht hij, nu is het onze nacht, onze magische en voorbestemde liefdesnacht. Hij kuste haar weer op haar voorhoofd, daarna op haar wang. Eerst de ogen, daarna het verstand en dan het hart. Zo, dacht hij, reist de liefde naar het einddoel. In de eeuwigheid hadden ze bij elkaar gehoord en in de eeuwigheid zouden ze bij elkaar horen.

Hij fluisterde haar naam. Ze antwoordde niet. Ze zaten heel lang doodstil naast elkaar.

'Ik hou van jou,' durfde hij op het laatst te zeggen, maar hij had er meteen spijt van.

Waarom glipt dat nou uit mijn mond? dacht hij. Stel dat ze opstaat en vertrekt? Stel dat ze moet lachen? Stel dat ze zegt: 'Ik vind je aardig, maar niet op die manier'?

'Ik ook van jou,' zei ze stellig, ze boog naar hem toe en kuste hem zacht op zijn voorhoofd.

Na een tijdje: 'Ik zou de gelukkigste man ter wereld zijn als je met me wilde trouwen.'

Ze raakte helemaal gespannen. 'Dat was ik eigenlijk niet van plan. Nog niet! Ik wil nog zo veel doen voordat ik ga trouwen.'

'Ik bedoel niet nu,' verbeterde hij zichzelf. 'Ik kan wel een paar jaar op je wachten als je wilt.'

Het gesprek doofde uit. Hij wilde geen discussie aangaan.

Ze zaten in stilte een tijdje te luisteren naar Leifs gesnurk, dat tot op de veranda te horen was. Daarna liepen ze de kamer in. Hij ging op de grond liggen en zij op haar bamboemat een eindje verderop bij het raam. Hij probeerde te gaan slapen, lag op zijn rug en staarde in het donker. Eerst lag hij op zijn linkerzij, toen op zijn rechterzij, daarna weer op zijn linkerzij; hij kon zich niet ontspannen. Hij luisterde en hoorde dat ze ook lag te draaien en overwoog of hij iets zou zeggen. Daarna voelde hij een windvlaag en hoorde hij een licht ritselend geluid. Even later voelde hij een zachte hand op zijn schouder. Bijna geluidloos kroop ze bij hem onder zijn deken en ging naast hem op de koude cementen vloer liggen.

'Kun je ook niet slapen?' fluisterde ze.

'Nee,' antwoordde hij.

'Ik ben bang daar bij het raam, mag ik hier liggen?'

'N-natuurlijk,' hakkelde hij.

Haar armen om zijn hals. Zijn lust ontwaakte, hij werd moediger. Maar toen verstijfde ze weer.

'Als je je niet kunt beheersen, ga ik terug naar mijn bed,' fluisterde ze. 'Daarvoor ben ik niet naar je toe gekomen. Ik wil je alleen vasthouden, dat is alles,' voegde ze eraan toe.

Hij hield haar vast. Hij voelde dat dat meer dan genoeg was. Wie dacht hij wel dat hij was? Hij schaamde zich voor zijn overmoed.

PK en Lotta lagen op de bamboemat op de cementen vloer. Hij keek haar aan. Ze zag er tevreden uit als ze sliep. Hij dacht aan haar reactie gisteravond. Ze was instinctief teruggedeinsd toen hij haar ten huwelijk had gevraagd. Maar hij wist niet op welke manier hij anders zijn liefde kon verklaren. Als ze niet met elkaar trouwden, konden ze niet samenwonen. Als ze niet met elkaar trouwden, zou de romantiek wegkwijnen. Liefde kan niet overleven zonder plechtige geloften en formele verbindingen. Dat dacht hij. Maar Lotta wilde wachten, had ze gezegd. Dat begreep hij niet goed. Hoezo, als ze hem leuk vond en haar vader zijn toestemming gaf? Het was duidelijk dat Lotta uit een ander land kwam.

Maar hij wilde een nieuwe poging wagen.

'Kom met me mee naar Orissa,' zei hij bij het ontbijt.

Ze keek hem nieuwsgierig aan.

'Om mijn vader, zus en broers te ontmoeten.'

'Waarom niet?' antwoordde ze.

Ze had geen tegenargumenten, stelde geen vragen. Wilde ze het echt? Ze had hem toch niet verkeerd begrepen?

Het ging allemaal zo snel. Het was net alsof ze hun plannen direct moesten uitvoeren om te voorkomen dat ze zou gaan twijfelen. Ze propten hun kleding in Lotta's rugzak en kleedden zich snel aan. Hij trok dezelfde broek en hetzelfde overhemd aan als gisteren. Het voelde niet prettig, met een vrouw in dezelfde kamer, maar wat hij moest hij anders? Hij had geen schone kleding.

Hoe ruik ik eigenlijk? dacht hij.

Hij draaide zich om en keek Lotta aan. Ze had haar nieuwe rode sari aangetrokken, een model dat gebruikelijk was in Benares. Haar blonde haar en een rode sari! Wat was ze mooi.

Ze namen een riksja naar Connaught Place om een cadeau voor PK's vaders te kopen en een paar symbolische geschenken voor zijn broers en zus. Ze aten in een Chinees restaurant, liepen winkels in en uit, keken elkaar in de ogen, lachten. Het leven voelde zo gelukkig aan als in een romantische film, dacht hij, alsof het op weg was naar een van de hoogtepunten. De vraag was hoelang het nog duurde voordat hij in het volgende dal terecht zou komen. Maar zoals gewoonlijk hield hij zijn twijfels voor zich.

Ze stapten in de Janata Express en net voor de schemering reed de lange trein het station uit en ging met een slakkengang naar het oosten. Een koele wind waaide door het van tralies voorziene raam, terwijl de zon onderging en de vlakte mangogeel kleurde. Hij keek naar Lotta's haar. Het fladderde in de wind, zo af en toe waaide het voor haar gezicht en verborg het. Hij bleef er gefascineerd naar kijken, in de schemering leek het wel verguld te zijn.

PK dacht aan zichzelf als vijfjarige, toen hij in de jungle op zijn opa's olifant reed. En aan de schooljongen naar wie de leraar stenen gooide terwijl hij schreeuwde dat hij in de verkeerde familie geboren was. Hij herinnerde zich zijn vriend die tot de hoogste kaste behoorde en niet meer met hem mocht spelen toen diens ouders hadden begrepen wie hij was. En hij dacht aan zichzelf vandaag, een volwassen man in een treinwagon met een mooie buitenlandse vrouw. In de film trekt je leven net voordat je doodgaat aan je voorbij. En hij kreeg het gevoel: nu ga ik dood en op hetzelfde moment herrijs ik uit de dood in een andere en veel betere wereld.

Ze bestelden avondeten, dat op papieren borden op hun plaatsen gereserveerd werd. Groenten, rijst en chapati. Ze zaten in kleermakerszit op de groene plastic britsen en aten in stilte. Het was donker buiten en het zwakke schijnsel van de lampen van de treinwagon wierp een somber, blauw schijnsel op hen. De trein stuiterde verder over de rails, de claxon van de locomotief gilde en de wagens schommelden heen en weer als een boot op de hoge golven.

Ze klommen naar boven en gingen dicht tegen elkaar aan op een van de smalle bovenbedden liggen. Lotta probeerde haar boek over religieuze festivals in Orissa te lezen, maar viel al snel in slaap. Hij lag heel lang naar haar gezicht te kijken. De onbeweeglijkheid in haar slaap, de gesloten oogleden, de lichte huid.

Hij dacht aan de gesprekken die ze de afgelopen dagen hadden gehad.

'Door jou ben ik in God gaan geloven,' had ze tegen hem gezegd.

'Maar ik ben arm en kan niet voor je zorgen en je een geborgen leven bieden,' had hij geantwoord.

'Wat mij betreft ben je niet arm,' had ze gezegd.

'Ik word kunstenaar en om een echte kunstenaar te zijn, moet ik een arm leven leiden,' had hij beweerd.

'Ik deel graag een arm leven met jou,' had ze verklaard.

Een paar uur voor het ochtendgloren stapten ze in het donker uit de trein in de staalindustriestad Bokaro, waar PK's oudste broer tegenwoordig werkte. Ze zaten stil in het donker op het perron, dicht tegen elkaar aan in een bruine, smoezelige wollen deken op de zonsopgang te wachten. Op het perron lagen andere bulten stof, die plaats leken te bieden aan slapende mensen. Misschien wachtten ze op de trein – of, net als zijzelf, op familieleden die hen kwamen ophalen als de zon op was. Ze hoorden roedels blaffende honden voorbijgaan op straat aan de andere kant van het stationsgebouw, en af en toe een eenzame bus met toeterende claxon.

Toen het licht begon te worden, ging Lotta het station binnen en kleedde zich om in een nieuwe schone sari, met een hoofddoek die haar haren bedekte. Van een afstandje was nu niet te zien dat ze een buitenlandse was. PK keek naar haar en was ervan overtuigd dat zijn broer haar traditionele stijl op prijs zou stellen.

Daar stond hij dan, PK's broer, Pramod. PK had hem al een paar jaar niet gezien. Hij was een paar kilo zwaarder dan de laatste keer, had een westers pak aan, een wit overhemd en een das. Hij zag er heel belangrijk uit. Hij kwam met een voorzichtige glimlach dichterbij. PK en Lotta gingen op hun knieën voor hem liggen en begroetten hem met gebogen hoofd en met hun vingertoppen op zijn voeten.

Pramod was afdelingschef van de Indiase spoorwegen en hij was heel trots op zijn positie. Dat een onaanraakbare dorpsjongen het zo ver geschopt had was misschien niet uniek, maar het kwam ook niet erg vaak voor. De meeste chefs waren brahmanen en anderen uit hoge kasten, maar sinds Indira Gandhi premier was, waren de overheidsinstellingen de antidiscriminatiewetgeving gaan naleven. Pramods promotie was indirect Indira's verdienste.

Hij liet hun zijn kantoor met bijbehorende keuken en bedienden zien, dat in een spoorwagon was ingericht. Aan de muren hingen portretten van Indira Gandhi en de goeroe Sai Baba, zijn weldoener, beschermengel en profeet.

Niemand geloofde dat zijn broer de zoon was van een donkere inheemse vrouw en een onaanraakbare vader. Hij was veel lichter dan PK en de afgelopen jaren op raadselachtige wijze nog lichter geworden. Toen hij jonger was, zeiden zijn broers vaak dat hij ervan droomde zo wit, rijk en machtig te zijn als een Europeaan. En nu leek het alsof zijn grootste wens was vervuld. PK wist wel dat zwart haar grijzer en witter werd met de leeftijd, maar hij had nog nooit gehoord dat de huid bleker werd. Maar zo was het wel. Pramod begon steeds meer te lijken op de westerlingen die hij verafgoodde.

Velen in de door de Sovjet-Unie gesponsorde staalindustriestad dachten dat de dikke man met zijn bleke huid een Russische gastarbeider was en ze behandelden hem met alle égards.

PK maakte zich zorgen om wat zijn broer van Lotta zou vinden. De traditie, waarmee hij niet wilde breken, gebood dat eerst zijn oudste broer en daarna zijn vader toestemming moesten geven voor hun huwelijk. Hij wist niet goed of hij zich wel echt aan die gewoonte wilde houden, maar hij wilde ook niemand onnodig provoceren. Hij durfde het niet te riskeren ook door zijn eigen familie buitengesloten te worden.

Op de eerste avond in de staalstad stelde hij de onvermijdelijke vraag.

‘Lieve broer, mijn oudste en slimste broer, kan ik met Charlotta trouwen?’

Pramod antwoordde niet.

‘Charlotta is dezelfde naam als Charulata,’ verduidelijkte hij in het Odia, waarna hij zich naar Lotta keerde en in het Engels fluisterde: ‘Hij zal zich welwillender opstellen als hij hoort dat je zo’n mooie naam hebt. Charulata betekent slingerplant in het Odia.’

Zijn broer bleef lange tijd zwijgen. Daarna zei hij dat hij bedenktijd nodig had, hij zou een uur gaan mediteren en het met zichzelf, Sai Baba en God overdenken.

PK’s broer zat doodstil in de lotushouding op de cementen vloer in zijn woonkamer met posters van besneeuwde bergtoppen en baby’s met een lichte huid. Hij sloot zijn ogen, zag er serieus uit. PK bestudeerde nerveus zijn steeds uitdrukkingslozer gezicht.

Na een uur verscheen er een brede glimlach op het gezicht van zijn broer. Toen wist PK dat ze hadden gewonnen.

De Madras Express naar Tata, overstappen op de Utkal Express naar Cuttack en daarna een lange busreis langs de rivier het bos in. De begroeiing werd dichter, de hemel klaarde op, je kon de lucht makkelijker inademen. Hij was terug in het gebied waar hij was geboren en getogen. Wat leek zijn vorige bezoek lang geleden, wat was er veel gebeurd.

Zijn vader had geen bezwaren. ‘Je moet trouwen met wie je gelukkig wordt,’ vond hij. ‘Bovendien voldoet ze aan je horoscoop.’

Hoewel hij als onaanraakbare was geboren, voerde hij een ritueel uit en zong hij lofzangen alsof hij een brahmaan was. De brahmanen uit het dorp zouden hun bedenkingen hebben als ze hem zagen, maar daar gaf Shridhar niet om.

‘Waarom zouden alleen brahmanen het recht hebben om die heilige handelingen te verrichten?’ zei hij altijd als zijn collega’s vonden dat hij zich gedeisd moest houden om de brahmanen niet voor het hoofd te stoten.

PK en Lotta keken toe. Achter hem, aan de muur, hing een portret van PK’s moeder. PK had het gevoel dat zijn moeder hem en

Lotta nieuwsgierig bekeek, alsof ze uit de dood was herrezen en wilde weten wat hij met zijn leven had gedaan.

Maar toen drukte zijn vader hun handen tegen elkaar, knikte goedkeurend en concentreerde zich om iets te zeggen.

'Pradyumna Kumar,' zei hij, en hij keek naar PK, 'zorg ervoor dat ze nooit reden tot huilen krijgt.'

'Dat beloof ik, zolang ze samen met mij is,' antwoordde hij.

'Als er tranen over haar wangen lopen, laat ze dan de grond nooit bereiken,' vervolgde zijn vader, waarmee hij bedoelde dat PK altijd in de buurt moest zijn om zijn vrouw te troosten.

Toen gaf hij Lotta een nieuwe sari als cadeau. PK vond dat het leek alsof de ceremonie al afgerond was, dat ze nu man en vrouw waren, hoewel ze slechts de zegen van zijn vader hadden gekregen. Formeel gezien moesten ze nog naar de plaatselijke rechtbank om hun huwelijk te laten registeren, maar dat lieten ze achterwege. Dat kwam later wel, dacht PK.

Met hun rugzak op hun hoofd baanden ze zich een weg door het gedrang van de dorpsbewoners, die massaal naar buiten gekomen waren om PK en zijn vrouw met haar witte huid, gekleed in Indiase kleding, te bekijken. Zoiets hadden ze nog nooit gezien. Ze stonden schaamteloos te staren, maar niemand durfde naar haar toe te gaan en haar te begroeten. PK's successen in Delhi boezemden hun respect en bewondering in. Hij was niet langer iemand die je als een paria behandelde.

Het gerucht dat de dorpsbewoner die een kosmonaute, een premier en een president had getekend naar huis was teruggekeerd deed snel de ronde. In Bhubaneswar nodigde de secretaris-generaal van de kunstacademie Lotta en PK uit voor de lunch, sprak zijn bewondering uit, trok hoffelijk hun stoelen naar achteren zodat ze konden plaatsnemen en gedroeg zich onderdanig. Na de lunch droeg hij zijn chauffeur op hen overal waar ze maar wilden in de stad heen te brengen en stuurde hij een loopjongen om treinkaartjes voor hen te boeken. Lotta kreeg een zilveren haarsieraad alsof ze een koningin was. Koning Pradyumna Kumar en koningin Lotta. Het leek wel alsof de hele wereld haar best voor hen deed.

Met het gevoel dat ze de eregasten van de deelstaat Orissa waren, namen ze de bus naar Puri en wandelden over het brede zandstrand naast andere stelletjes, waarna ze verder reisden naar de zonnetempel in Konarak met zijn erotische figuren uit de Kama Soetra.

Voordat ze een eerste glimp zouden opvangen van de Zwarte Pagode, zoals de zeevaarders uit vroeger tijden de tempel noemden, bleef PK staan en vroeg Lotta om niet recht vooruit te kijken. Hij hield zijn handen voor haar ogen.

'Nu zul je iets moois zien.'

Hij haalde zijn handen weg. 'Kijk daar!'

Ze zag de tempel met het stenen wiel. Hetzelfde stenen wiel als op de foto die ze aan de muur in haar kamer in Londen had opgehangen. Al het verlangen dat die foto in haar had opgeroepen, het gevoel van betekenis waarmee die haar had vervuld – en nu stond ze hier. Ze begon te huilen.

Er was een aantal weken verstreken sinds ze elkaar hadden ontmoet en pas nu – voor de tempel die werd voorgesteld als een wagen voor de zonnegod Surya – kusten ze elkaar voor het eerst.

Voor PK vermengde het geluk zich wederom met twijfel. Hij had een onwerkelijk gevoel. Alsof alles slechts een droom was.

Misschien heb ik, een onbeduidende junglejongen uit Athmallik, niet het recht om hier naast de vrouw van wie ik hou te lopen, dacht hij.

Door zijn twijfels kwam hij onzeker over. Hij raakte van zijn stuk als hij eenvoudige dingen wilde zeggen. Hij friemelde als hij de eenvoudigste bewegingen met zijn handen moest uitvoeren, zoals Lotta over haar wang strelen of over een stapel afval en bladeren heen stappen.

In de bus terug naar Bhubaneswar dacht hij dat hij misschien maar van alles moest afzien. Afzien van een carrière in New Delhi en een eventuele toekomst met Lotta in Europa. Hij speelde met de gedachte en ontdekte dat die hem geen angst aanjoeg. Integendeel, het voelde heel uitvoerbaar. Waarom had hij al het mooie hier achtergelaten en was hij naar de hoofdstad gegaan? Hier was zijn familie en alles waarmee hij in zijn leven bekend was. De jungle was zo rijk aan nuances, zo dichtbegroeid, zo mystiek, zo spannend. De mangobomen en kokospalmen gehuld in het ochtendlicht behoorden tot het landschap dat hem deed twijfelen of het de moeite waard was om het oude en vertrouwde op te offeren voor het nieuwe en veranderlijke.

Toen ze een week later terug waren in zijn huurkamer in New Delhi vertelde zijn buurvrouw, Didi, dat een prachtig geklede vrouw en haar dochter meerdere keren naar hem gevraagd hadden. Zo te horen waren dat Puni en haar moeder. Ze waren een paar keer langsgekomen om te vragen waar PK heen was gegaan. Uiteindelijk had de buurvrouw gevraagd wat ze van hem wilden en toen had Puni's moeder verteld wat er was gebeurd.

Er was niets mis met de student bouwkunde met wie Puni zou trouwen, maar zijn vader was gaan dwarsliggen en had 50.000 roepie geëist als bruidsschat, een enorm bedrag. Een bruidsschat groot genoeg voor een filmster. Puni's vader wilde heel graag dat zijn dochter zou trouwen met de student uit de hoge kaste, maar besefte uiteindelijk dat hij geen keus had. Daarom probeerde de familie PK te pakken te krijgen, om te horen of hij misschien wilde terugkomen en met hun dochter Puni wilde trouwen.

Wat een idiote familie! Waarom zou hij nadat hij zo de mantel was uitgeveegd door haar vader nog iets met hen te maken willen hebben?

Ik ben iemand die veel vergeeft, maar er zijn grenzen, dacht PK.

Tegen Didi en zijn vrienden zei hij dat hij al getrouwd was met de vrouw uit Zweden, wat niet waar was. Zijn vader had zijn ceremonie voor hun heilige verbinding uitgevoerd, maar getrouwd waren ze nog niet. Maar ja, wie zou dat natrekken?

Tijdens de nachten in Delhi waarin ze naast elkaar op de grond in PK's huurkamer lagen en naar het gebarsten cementen plafond keken, vertelde Lotta over haar voorouders.

Dat was in een tijd, vertelde ze, dat we een koning hadden die Adolf Fredrik heette en een koning die Lovisa Ulrika heette en Zweden, net zoals India, vier kasten had.

'Mijn voorouders verruilden hun lage kaste voor een hogere en kwamen vooruit dankzij hun moed. De koning had niet veel macht en het land werd bestuurd door vier parlementen, een voor elke kaste,' vertelde Lotta, en ze verduidelijkte: 'We noemden hen edelen, priesters, burgers en boeren.

Twee partijen streden om de macht. Ze hadden grappige namen. De Hoeden en de Mutsen!'

'Wat apart. Stel je dat eens in India voor!' fluisterde PK. 'De mensen zouden zich doodlachen.'

'Luister nou,' zei Lotta.

De koning en de koningin waren heel boos op de edelen die zo veel wilden bepalen en zelfs de opvoeding van hun zoon, Gustav, wilden overnemen. De hoedenpartij, die werd bestuurd door adellijke rijksambtenaren en krijgers, had bepaald dat zij en niemand anders, en al helemaal niet de ouders, de prins zouden opvoeden. Op die manier zou de prins opgroeien tot een gelijkwaardige en rechtvaardige leider.

De koningin was furieus. Hoe kon je nou denken dat je Gods ordening kon veranderen, zei ze. Ze riep haar adviseurs bijeen om haar plannen waarmee ze een eind aan die waanzin zou maken, uiteen te zetten. Die plannen kwamen neer op een militaire coup en de herinvoering van de macht van de koning, die door God was ingesteld.

‘Op een zomeravond,’ vervolgde Lotta, ‘in het jaar 1756…’

Hetzelfde moment waarop Robert Clive streed om de heerschappij over India, wat een toeval, dacht PK.

‘Heb ik je al eens over Robert Clive verteld?’ onderbrak PK haar. ‘Ik moet zijn verhaal vertellen.’

‘Later!’

‘Morgen!’

Op een zomeravond in 1756 brak er een oproer uit in Stockholm. Maar de plannen waren nog niet goed genoeg uitgewerkt. De coupeplegers hadden het geld dat ze nodig hadden nog niet bijeen. De tijd was nog niet rijp. Maar een van de rechterhanden van de koningin had in dronken toestand besloten om de coup toch te gaan plegen. Hij zocht de samenzweerders op en beval hen op te schieten, want nu, zei hij, nu zou het gaan beginnen. Daarna waggelde hij de trappen voor het paleis op en berichtte de koningin dat het binnenkort, heel binnenkort, tijd zou zijn.

Het bevel tot de coup had ook de lijfwachten van de koning en koningin bereikt en een lagere tweeëntwintigjarige soldaat, die Daniel Schedvin heette.

‘Als hij naar het bevel had geluisterd, was de geschiedenis van mijn familie heel anders geweest. Dan hadden we nu geen bos gehad,’ zei Lotta.

‘Heb je een bos?’

‘Ik niet, maar mijn familie wel.’

Ze vertelde verder. ‘In plaats van de munitie uit te delen, zijn soldaten op te stellen en naar de kantoorruimten van de hoedenpartij te marcheren en hen te arresteren, ging Daniel naar zijn chef en vertelde wat er allemaal aan de hand was. En die waarschuwde de voorzitter van de edelen. De oorlogskaste van Zweden,’ verduidelijkte Lotta.

‘Kshatriya wordt die in India genoemd,’ zei PK.

‘De edelen mobiliseerden een tegenmacht die de couppoging al snel tegenhield. De koning en koningin kregen een strafpreek van de hoogste priester. Andere betrokkenen werden geëxecuteerd. En Daniel, mijn voorvader, die alarm had geslagen, werd beloond met een groot geldbedrag, waarmee hij bos en grond kocht. De edelen dwongen de koning bovendien om Daniel in de adelstand te verheffen. Dat betekent dat je van kaste verandert en de ladder bestijgt,' zei Lotta tegen een steeds verbluftere PK.

'Daniel werd eigenaar van een grote Zweedse jungle en zijn familie kreeg een wapenschild, gedecoreerd met goud en blauw en met twee gekruiste zwaarden van zilver met een gevest van goud, een groene laurierkrans met zilveren band en het devies *Ob cives servatus.*'

'Wat betekent dat?' vroeg hij.

'Het is Latijn, maar ik ben helaas vergeten wat het betekent,' antwoordde ze. 'Het schild werd opgehangen in het hoofdkwartier van zijn nieuwe kaste in de hoofdstad en in een kerk in de buurt waar hij zijn grond had gekocht. Daarom bezit mijn familie nog steeds bos,' vertelde Lotta.

'Dus jij komt uit een hoge en chique kaste?'

'Ja, daarom is mijn achternaam Schedvin, hoewel ik dat niet fijn vind; ik ben niet beter dan anderen.'

'Lotta,' zei PK, 'jij behoort tot een hoge kaste, terwijl ik uit de laagste van de laagste kaste kom.'

Hij dacht aan Puni's vader, die hem had uitgescholden, en aan alle onmogelijke liefdesrelaties in India tussen mensen uit hoge en uit lage kasten, die eindigen met eerwraak.

Hoe zal dit aflopen? dacht hij en hij kuste haar op het voorhoofd.

'Ach, dat zijn allemaal oude vooroordelen,' zei Lotta. 'Dat zegt me helemaal niets.'

'Maar je hebt een bos. Je bent mijn lotsbestemming. Als dat lang geleden niet was gebeurd, had je niet in mijn profetie gepast.'

'Dat klopt.'

'Lotta, begrijp je, alles gebeurt om een reden.'

Op een dag nam Lotta de trein naar Amritsar om herenigd te worden met haar vrienden en de Volkswagenbus. Ze zouden dezelfde weg naar huis nemen als op de heenreis. Over de bergruggen van Hindoekoesj, door de woestijnen van Iran en de bergen hoog boven de Zwarte Zee. Ze dacht aan de reis die ze pas een paar maanden geleden hadden gemaakt. In de Alpen hadden ze een engeltje op hun schouder gehad dat had voorkomen dat de bus was veranderd in een brandend wrak op de bodem van een ravijn. In Turkije had de weg zich door de bergen geslingerd en hadden ze gedacht dat de wereld nu op zijn mooist was. In de verkeerschaos in Teheran hadden ze bijna een botsing gehad. In Afghanistan hadden ze uren gereden zonder een mens te zien, alleen stalletjes langs de weg met stoffige Coca-Cola-uithangborden, waar geen frisdrank werd verkocht.

Drie weken na de start in Zweden waren ze de grens tussen Pakistan en India overgegaan. Na een omweg via de Taj Mahal kwamen ze op een avond laat in Delhi aan, reden tegen een muur en vernielden de bumper. Het was pikdonker en leger op straat dan normaal vanwege de noodtoestand, waar ze nog niets van wisten. Tot dan toe hadden ze nog geen een keer naar huis gebeld, maar nu namen ze contact op met de Zweedse ambassade en vroegen de dienstdoende receptionist om hun ouders te bellen en te vertellen dat ze er waren, maar dat ze honderd meter van hun doel van de lange reis een ongeluk hadden gehad. De ambassade in New Delhi belde Borås, maar vergat te vertellen dat de jongeren niet gewond waren.

Ze maakte zich geen zorgen om de terugreis, ze had nu ervaring en voelde zich gelouterd. Vrijwel zonder kaart zocht ze nu de weg tussen India en Zweden. De reis verliep snel, zonder meer pech dan dat ze in de bergen achter Trabzon in een slip raakten, over de ijzel tolden waarop de dooi nog geen vat had gekregen en naar de afgrond gleden. Maar er zat wederom een engeltje op hun schouder en ze bleven op de rand staan, terwijl alle spieren in hun lichamen trilden van de adrenaline.

Alles gebeurt om een reden, en het was Lotta's lot om het einde te bereiken.

Toen ze in de lente van 1976 weer thuis in Borås was, vertelde ze haar vader en moeder hoe verliefd ze was. Dat PK de ware was, dat ze nu wilde trouwen. Daarvoor moest ze al in de herfst terug naar het Oosten. Maar haar moeder hield haar tegen.

'PK is nog niet klaar met de kunstacademie en je hebt zelf geen opleiding,' zei ze nuchter. 'Blijf thuis en volg een opleiding. Houd contact, schrijf brieven, leer elkaar op afstand kennen.'

Het klonk triest, maar hoe meer de reisherinneringen verbleekten en de geur van India uit haar kleren verdween, hoe duidelijker ze zag dat haar moeder misschien wel gelijk had. Inwendig streden tegenovergestelde gevoelens. Als ze nu terugging, zou ze zeker in India blijven. Dat was nu eenmaal zo. En waar ter wereld ze ook zou wonen, ze moest een basis hebben om van te leven.

PK had beloofd dat hij zo snel mogelijk naar Zweden zou komen. Maar er gingen weken voorbij, maanden. Hun afgesproken herenigingsmaand, augustus, ging voorbij, maar PK kwam niet. In september kwam er een brief uit New Delhi. PK schreef dat hij naar Zweden zou kunnen komen, maar dat het even zou gaan duren en dat hij niet wist wanneer hij kon vertrekken of hoe hij zou reizen.

Lotta overwoog of ze ondanks alles toch naar India zou gaan. Maar ze werkte bij een kinderdagverblijf, verdiende niet veel en kon niets sparen. Ze wilde geen geld van haar vader of moeder lenen.

Later begreep ze dat haar moeder doodsbang was dat ze zou trouwen voordat ze een beroep had geleerd. Dat was haar visie op het leven. Vrouwen konden niet zoals vroeger alleen moeder en huisvrouw zijn. Lotta's moeder had de kans om een opleiding te volgen niet gegrepen toen ze jong was. Haar dochters zouden haar vergissing niet opnieuw maken.

Nieuwe dromen begonnen vorm aan te nemen. Lotta had haar hele jeugd pianogespeeld en gezongen. Ze solliciteerde op een tijdelijke aanstelling bij de gemeentelijke muziekschool terwijl ze zich ook aanmeldde bij het muziekpedagogische instituut in Stockholm.

Ze kreeg de baan en werd toegelaten op de opleiding. India moest maar wachten.

PK nam het dagelijks leven met zijn lessen op de kunstacademie weer op, hij schilderde in het atelier van school en tekende bij de fontein portretten voor zijn dagelijks brood. Maar de samenleving was veranderd. New Delhi was verlamd door de nieuwe harde noodwetten. De pers werd gecensureerd, sloppenwijken werden gesaneerd, er werden sterilisatiecampagnes opgezet, er kwam een verbod op demonstraties en politieke bijeenkomsten.

Langs de boulevards van New Delhi zag PK bulldozers die sloppenhuisjes sloopten en politiemensen die mensenmassa's verdreven. De relaxte, politiek gezien dommelende stad was van gedaante veranderd en borrelde van de politieonderdrukking en opstanden.

Toch vond hij nooit dat Indira Gandhi te ver was gegaan. Als je het corrupte, onrechtvaardige India wilt veranderen, moet je er hard tegenaan, vond hij. Je kunt de brahmanen niet vriendelijk vragen op te houden met het discrimineren van de onaanraakbaren en je kunt werkgevers niet verzoeken om hun werk te geven. Je kunt er niet op rekenen dat mensen hun geërfde of verworven rechten vrijwillig opgeven en plotseling, zonder druk, goede daden gaan doen. Politiek is een tegengif tegen eigenbelang, dat had hij wel geleerd.

Meneer Haksar, de secretaris van Indira, had een jaar geleden beloofd een woning voor PK te regelen. In het voorjaar van 1976, toen hij voortdurend dacht aan Lotta, die in haar Volkswagenbus naar Europa reed, nam Haksar weer contact op met PK.

'Het is geregeld,' zei hij. 'Je kunt verhuizen.'

'Waarheen?'

'Naar South Avenue.'

Mijn hemel! South Avenue, de straat van de politici. De villawijk van de politieke elite.

‘Ga ik daar wonen?’

‘Jazeker,’ zei Haksar. ‘Een flat in de bungalow op nummer 78 is van jou.’

PK pakte zijn bezittingen in. Die pasten in één enkele tas, omdat hij de schildersezel en doeken bij de fontein opsloeg. En toen liep hij naar zijn nieuwe huis.

De flat bestond uit een grote woonkamer met dure meubels, een afzonderlijke slaapkamer, balkon met uitzicht over een tuin, een keuken, eetkamer en twee badkamers. Als hij honger kreeg, kon hij de telefoon pakken en eten bestellen bij het nabijgelegen restaurant, waarna het dan ook nog werd bezorgd. Zijn vieze kleren hoefde hij niet zelf te wassen, maar kon hij achterlaten bij de wasser, die ze elke dag kwam ophalen.

Een jaar geleden sliep hij onder bruggen en warmde zich aan vuren waarboven soep werd gemaakt. Nu woonde hij in een bungalow in dezelfde straat als de premier en ontbrak het hem materieel gezien aan helemaal niets. Als hij nadacht over de successen van de afgelopen tijd dacht hij dat die hem waren overkomen omdat hij zijn slechte karma had verbruikt, dat hij zo lang zo veel had geleden en gestreden dat hij nu een heleboel goed karma had opgebouwd.

Voortaan, hoopte hij, zou het goede karma overheersen en zijn leven regeren.

Hij had het gevoel alsof Indira Gandhi een moeder was voor de onaanraakbaren, voor alle onderdrukten van India. En je moet niet vergeten dat een moeder soms streng en berispend moet optreden.

Ze is een weldoenster, dacht hij. Wat zouden de onaanraakbaren van India zijn zonder haar politiek? Niets! Wat zou hij zelf zijn zonder haar welwillendheid? Niets meer dan een vlek op straat!

PK vertelde iedereen die het horen wilde over zijn gemis. Ze luisterden en werden meegesleurd door de intensiteit van zijn verlangen. Dus kreeg Lotta niet alleen een gestage stroom brieven van

PK, maar veel van de reizigers die hem in het Indian Coffee House tegenkwamen schreven Lotta ook.

Het was net alsof iedereen die in Azië rondreisde hun liefdesgeschiedenis kende.

Kate uit Edinburgh schreef:

Ik ben net thuisgekomen uit India. Toen ik daar was, ontmoette ik jouw vriend PK. Wat is dat een ontzettend aardige en eerlijke jongen, die veel aan je denkt. Hij praatte veel over jou, zei dat hij hoopte dat je hem niet was vergeten. Ik wil me er niet mee bemoeien, maar schrijf hem alsjeblieft om te vertellen hoe het met je is.

Maria uit Bohus-Björkö schreef:

Zondagavond, de 6e, ben ik uit Pakistan teruggekomen... Eind januari was ik in Delhi. Samen met een vriendin uit Lahore heb ik een korte reis naar India gemaakt. Een vriend had tegen ons gezegd dat we PK moesten opzoeken. We hebben elkaar een paar keer ontmoet en het was heel gezellig. PK gaf ons een boek voor jou... Het gaat goed met hem, maar hij verlangt heel erg naar je.

Beatrice uit Pontoise, die dacht dat hij Pieket heette, schreef:

Ik ben drie dagen geleden teruggekomen uit Delhi. Daar hebben mijn man en ik Pieket ontmoet, die ons enorm heeft geholpen. Pieket vertelde over jou en we hebben die mooie foto gezien van jullie twee samen. Pieket vroeg me om jou een brief te schrijven zodra ik weer in Parijs was, en dat doe ik met alle plezier, ook al is mijn Engels heel slecht. Ik hoop dat je zult begrijpen wat ik schrijf. Pieket heeft al twee maanden niets van je gehoord en hij maakt zich een beetje ongerust. Hij hoopt dat er niets met je gebeurd is en dat hopen wij ook.

In de bungalow aan South Avenue 78 had PK alles waar hij van had gedroomd, maar toch was hij niet gelukkig. Hij wist waarom. Hij lag in bed en keek uit op de bomen in de tuin en dacht aan hoe Lotta en hij samen in Mughal Garden achter het presidentiële paleis wandelden en hoe hij tussen de rozen, tulpen en plumeria de verlovingsring aan haar vinger had geschoven.

Hij wilde met zijn kunst het leven van de onaanraakbaren veranderen. Met zijn schilderijen zou hij de politiek onbewuste middenklasse laten inzien en begrijpen dat veel mensen leden. Voor de kanselarij van de Congrespartij in New Delhi stelde Haksar hem voor aan een rijzige man, die hem zo hard de hand drukte dat hij het wel kon uitschreeuwen.

De man was heel welwillend en vroeg of hij mee wilde doen om een krant voor 'de onderdrukten' te beginnen.

PK zei direct ja. Pas daarna stelden ze zich aan elkaar voor.

'Ik ben Bhim Singh. Jij bent dus de beroemde fonteinschilder?' zei hij.

'Ja,' antwoordde PK kortaf.

Hij vond het niet prettig om te worden behandeld als een vip.

'En wie bent u, mr. Singh?' vervolgde hij.

'Ik heb op de motor door honderdtwintig landen gereisd. Ik heb door Europa, Amerika en Rusland gereden, en ook door de Saraha.'

'Indrukwekkend, mr. Singh! Maar waarom bent u zo ver weg geweest?'

'Dat doe ik voor de wereldvrede. Ik ga een boek over mijn belevenissen schrijven.'

'En nu?'

'Nu ga ik een krant beginnen.'

Singh leek een eigenzinnige en toegewijde man, die zich niet tevredenstelde met gemak en de jacht op rijkdom. PK vond hem aardig, en dat was wederzijds.

'Zou jij het logo van de krant kunnen maken?' vroeg hij.

'Natuurlijk.'

'En een deel van de artikelen illustreren?'

'Graag.'

Singh zei dat hij al een naam had verzonnen. De krant zou *Voice of Millions* heten. Ter plekke benoemde Singh PK tot redacteur, zelf zou hij de hoofdredacteur zijn. Dat was de hele redactie, en de werkverdeling was dus al duidelijk. Singh zou schrijven, PK zou illustreren.

Ze kregen een hoek op de veranda van de kanselarij van de Congrespartij toegewezen. Hun inventaris bestond uit een stokoude typemachine, een kapotte tafel en twee wankele stoelen.

De tweemansredactie ging dezelfde week al aan het werk. Elke dag zaten ze op de veranda en zetten artikelen in elkaar over honger en onderdrukking.

'Wij zijn de stem van de massa,' zei Singh altijd om zich te vermannen wanneer de vermoeidheid toesloeg en het werk hem zwaar viel.

PK tekende een logo waarbij de letters van *Voice of Millions* gevuld waren met kleine gezichtjes met wijd open mond die om eten schreeuwden. Het was duidelijk te zien dat dit de krant was van de hongerende massa's. De krant draaide om de vraag hoe de armoede en het kastenstelsel uitgeroeid zouden moeten worden. Bhim Shing had nog iets waarvoor hij streed: dat Kasjmir onafhankelijk van India zou worden. Maar daar wist PK niet zo veel van, dus daar bemoeide hij zich niet mee.

Toen het eerste nummer gedrukt was, kreeg PK een stapel om op straat rond Connaught Place te verkopen. Hij was trots toen hij op weg ging met de stapel kranten waaraan hij had meegewerkt.

Hij liep een paar rondjes over de rotonde, de zijstraten in, door het park en tussen de tafeltjes bij het Indian Coffee House door. Hij ging naar het station, liep de Paharganj-bazaar in en toen weer terug naar de rotonde.

'Koop de *Voice of Millions*, de krant voor de onderdrukten en gediscrimineerden!' riep hij honderden keren.

'De krant die India zal veranderen,' voegde hij eraan toe toen niemand toehapte.

Na twee dagen gaf hij het op.

Hij had niet meer dan een handvol exemplaren verkocht. Hij legde de rest van de kranten op een stapel op het trottoir en zei tegen mensen die voorbijkwamen: ‘Pak maar een exemplaar van de krant van de armen! Pak maar! Hij is gratis.’ Daarna ging hij naar Bhim Singh op de veranda en zei dat hij het opgaf.

‘India is niet rijp voor verandering,’ zei PK.

Singh betreurde zijn besluit, maar zei dat hij door zou gaan tot de dag dat Kasjmir vrij was.

‘Veel succes met Kasjmir, en met het uitroeien van de honger,’ zei PK, en vervolgens stopte hij het grootste deel van zijn energie weer in het portrettekenen bij de fontein.

Daar was in elk geval vraag naar, en het werd gewaardeerd.

Als er Zweden naar PK bij de fontein kwamen, praatte hij extra lang met hen. Als hij iemand Zweeds hoorde praten in het Indian Coffee House ging hij ernaartoe, stelde zich voor en bood thee aan zodat hij kon aanschuiven. Hij veranderde zelfs zijn reclamebord bij de fontein. TIEN MINUTEN, TIEN ROEPIE – MAAR GRATIS VOOR ZWEDEN, stond er nu.

Hij wilde zo veel mogelijk met Zweden praten. Hun stemmen en verhalen deden hem aan Lotta denken. Hij wilde zijn herinneringen en het gevoel levend houden, weigerde haar te laten verdwijnen.

Zo kwam hij in contact met Lars.

Lars liet zijn Zweedse paspoort zien en PK tekende hem snel, zonder betaling te vragen. Hij was journalist en zoals alle anderen over land van Europa naar India gereisd. Maar hij had geen eigen auto. Hij had de hele reis vanuit Zweden gelift en met de bus gereisd.

Ze zaten urenlang in het café en keken op de kaart van Azië die Lars had uitgevouwen. Hij liet zijn balpen langs de wegen gaan, die getekend waren met dunne rode strepen, en noemde namen van steden op: Kabul, Kandahar, Herat, Mashad, Teheran, Tabriz, Ankara, Istanbul.

'Je kunt die reis makkelijk in twee weken maken. Dan heb je Europa nog, waar je in een week doorheen lift. Maximaal een week.'

Ja, misschien ga ik wel liftend naar Zweden, dacht PK. Als Lars het kon, kon hij het ook. De gedachte dat ze slechts op drie weken afstand woonde, maakte het gemis hanteerbaar. Hij had het gevoel gehad dat Zweden op een andere planeet lag, onbereikbaar voor een arme Indiër zoals hij. Een vliegticket kostte een vermogen en hij durfde Lotta niet te schrijven en om geld te vragen. En hij had geen auto. Stel je eens voor dat je in slechts drie weken van India naar Zweden kon gaan!

Lars luisterde verrukt naar zijn verhaal over de horoscoop, de profetie en Lotta en vroeg hem steeds meer details.

'Dit is alles wat ik me herinner,' zei PK.

'Probeer het nou!' zei Lars.

'Nee, er valt niets meer te herinneren.'

Lars vond zijn levenslot fantastisch. 'Het lijkt wel een sprookje,' zei hij.

Op een dag vertelde Lars dat er een Zweedse regisseur naar New Delhi was gekomen om zijn films op een filmfestival te vertonen.

'Hij zou misschien een film over jouw belevenissen kunnen maken,' zei Lars. 'Hij heet Sjöman. Vilgot Sjöman.'

'Is hij beroemd?'

'In Zweden wel. En in Amerika ook.'

'Net als Raj Kapoor?'

'Nee, eerder als Satyajit Ray. Een serieuze regisseur. Geen zang en dans.'

'Wat voor films heeft hij gemaakt?'

'Films met een politieke boodschap en naakte mensen, dat gaf nog aardig wat opschudding.'

Hij vertelde in welk hotel de regisseur verbleef en zei dat hij erheen moest gaan om over zichzelf te vertellen. Maar PK was sceptisch. Films met naakte mensen! Als de reputatie van de regisseur in Zweden al twijfelachtig was, hier in India was het nog erger. Indiërs hadden nog nooit een naakt mens op het witte doek gezien. En absoluut geen seksscènes. In Indiase films mag het liefdeskoppel elkaar niet eens kussen.

Hij gaf niet eens zo veel om zijn eigen reputatie, maar wel om die van zijn familie in Orissa, die het niet makkelijk zou krijgen als bekend werd dat hij meedeed in een film van een naaktregisseur. Nee, PK voelde zich niet aangetrokken tot Lars' voorstel.

En toch kreeg Lars hem mee naar het filmfestival in het congrescentrum. In de menigte in de vestibule kreeg Lars de Zweedse regisseur in het oog, hij haastte zich naar hem toe en tikte hem op de schouder. Toen stelde hij Vilgot Sjöman aan PK voor.

De Zweed deed heel aardig, vond hij. Hij vroeg hem wat hij vond van de noodtoestand en Indira Gandhi, en hij luisterde goed naar het antwoord. Maar PK wilde zijn eigen geschiedenis niet vertellen, zoals Lars had voorgesteld. Hij wilde niet dat een seksfilmregisseur zijn leven zou filmen. Zo vrijgevochten was hij niet.

Hij nam zo beleefd mogelijk afscheid en stortte zich weer in de menigte, met een teleurgestelde Lars in zijn kielzog.

Hij was ervan overtuigd dat Lotta snel zou terugkomen. Dat hadden ze toch afgesproken? Over een half jaar, in augustus, worden we met elkaar herenigd, had ze gezegd. Of zij zou naar India komen, of hij zou naar Zweden gaan.

In juni 1976 slaagde hij aan het College of Art en begon plannen te maken voor Lotta's terugkomst. Ze kan bij mij aan South Avenue wonen, dacht hij. Over dat adres kan geen enkele vrouw ontevreden zijn. In zo'n statig huis zullen de tranen de grond niet bereiken.

Maar hij moest ook werk hebben. Hij kon niet zijn hele leven bij de fontein mensen zitten tekenen.

Dankzij zijn opleiding aan de kunstacademie mocht hij op sollicitatiegesprek komen bij de post. Ze zochten postzegelontwerpen. Ze vonden zijn voorbeelden goed en boden hem een interne opleiding van een half jaar aan in Pune, dat hem beschreven was als een kosmopolitische stad, 'de droom van alle carrièregerichte Indiërs'. Daarna kon hij met zijn werk beginnen.

Hij had een woning. Hij had strikt genomen al een vaste baan. Lotta zou trots op hem zijn. Bovendien had de Indiase post een samenwerking met de Britse post, en de man bij wie hij op gesprek kwam had laten doorschemeren dat er een mogelijkheid was dat hij als hij goed in zijn werk bleek te zijn, loyaal en vlijtig, geleidelijk aan, heel misschien in Londen zou kunnen gaan werken. De gedachte om in de hoofdstad van het voormalige imperium te wonen maakte hem trillerig van geluk. Stel je eens voor dat Lotta en hij in Londen konden samenwonen!

Maar Lotta kwam na de zomer niet terug en hij had geen geld of tijd om naar Europa te gaan. Hij had maar weinig gespaard en wachtte nog steeds tot zijn opleiding tot postzegelontwerper zou beginnen.

De teleurstelling was groot toen hij de hele herfst niets van de post hoorde. Hij raakte er steeds meer van overtuigd dat Lotta en hij herenigd moesten worden. De liefde moest kunnen bloeien, niet alleen in mooi geformuleerde brieven. Anders zou hij haar kwijtraken.

Hij regelde een nieuw paspoort en een internationale jeugdherbergkaart. En elke dag op weg naar de fontein keek hij hunkerend naar het nieuwe enorme reclamebord voor British Airways dat in Connaught Place was neergezet. Dat beloofde een ander leven op een andere plek op aarde.

De weken gingen voorbij en uiteindelijk begon hij door zijn verlangen naar Lotta de vaste grond onder zijn voeten te verliezen. Hij kon zich moeilijk concentreren, tekende slechter en kon het niet meer opbrengen te praten met vrienden.

Toen hij op een dag het reisbureau in liep, keek het meisje achter de balie chagrijnig naar hem, in zijn verwassen T-shirt en zijn versleten spijkerbroek. Hij vroeg wat een vliegticket kostte en zij vroeg waarom hij dat wilde weten, omdat hij er waarschijnlijk toch het geld niet voor had.

'Vertel me nou maar gewoon wat het ticket kost!' drong hij aan.

'Bijna veertigduizend roepie. Zo veel geld heb je zeker niet?' antwoordde de reisbureaumedewerkster.

Nee, dat had hij niet. Hij had weliswaar het geld gespaard dat hij met het portrettekenen in de zomer had verdiend en vierduizend roepie op zijn bankrekening. Maar dat zette niet zo veel zoden aan de dijk. Hij zou nog een paar jaar moeten sparen om het geld voor één ticket bij elkaar te krijgen.

Misschien klopte de profetie dat hij met een buitenlandse vrouw zou trouwen toch niet.

De lange tocht

NEW DELHI – PANIPAT – KURUKSHETRA – LUDHIANA – AMRITSAR

Als PK 's middags laat op de eerste dag van zijn lange reis naar het Westen in Kurukshetra aankomt, heeft hij al sinds zonsopgang gefietst. Hij vindt dat hij voor vandaag genoeg stof heeft gehapt en stapt af van de Raleigh-damesfiets die hij in New Delhi voor zestig roepie tweedehands heeft gekocht. Half zo duur als een herenfiets.

Zestig roepie is een billijke prijs voor een vervoermiddel voor wie geen dure vliegtickets kan betalen, denkt hij.

Ondanks zijn twijfels is hij op weg gegaan om te voltooien wat de astroloog had voorspeld. Zijn bagage: een slaapzak, een lichtblauw windjack, een extra broek die hij van een Belgische postbode heeft gekregen die hij in New Delhi had ontmoet en een blauw overhemd dat Lotta had genaaid en opgestuurd. Op het voorpand heeft ze zijn initialen geborduurd, PK, de letters in de vorm van een schildersezel.

Hij haalt zijn vingers door zijn vochtige haar, dat zo ruw is als de haren van een bezem, gaat in de lange namiddagschaduw van de acacia aan de rand van een dorpje op zijn hurken zitten en kijkt uit over de velden. Hij weet dat de zon ondergaat in het westen, dus fietst hij in die richting, of liever gezegd naar het noordwesten, maar hij heeft geen idee hoe ver het is naar zijn eindbestemming. Hij weet niets van afstanden, hij weet niets van geografie. Hij heeft veel gehoord over de wereld buiten India, maar als hij van iemand op een wereldkaart alle plaatsen en landen die hij de afgelopen vijf jaar heeft leren kennen zou moeten aanwijzen, zou het resultaat niet al te best zijn.

Verhalen over de wereld, de hemel en de goden kent hij daarentegen maar al te goed. Verhalen over de opkomst en de toekomstige val van de wereld en gebeurtenissen die zich afspeelden in het begin van de geschiedenis. Hij denkt aan de verhalen in *Mahabharata*, het boek dat alle Indiase kinderen voor school moeten lezen, en dat de grote slag tussen de twee delen van een grote familie zich duizenden jaren geleden afspeelde in Kurukshetra, waar hij nu zit uit te rustten, met zijn fiets tegen een boom geparkeerd.

Het was een gewelddadige en bittere familievete over wie het koninkrijk zou besturen. Zijn leraar van de lagere school thuis in het dorp las altijd hardop voor uit *Mahabharata*. Hij hield van de verhalen in het boek. Die maken sindsdien deel van hem uit. Op dat punt verschilt hij niet van andere Indiërs.

Hij kijkt uit over het land, waar speren werden geworpen, met zwaarden werd gezwaaid, bloed werd vergoten, en de goden werden aangeroepen voor goede raad als de strijdende partijen twijfels kregen. *Mahabharata* draait om de rechtvaardige strijd. Hij denkt aan de scène waarin prins Arjuna, een van de strijders, de god Krishna om raad vraagt. De god beveelt breedsprakig, zo breedsprakig dat de mededeling op zich als een zelfstandig dichtwerk geldt, dat Arjuna terug moet gaan en moet vechten, omdat hij een strijder is – en een strijder moet nu eenmaal vechten.

PK vindt dat een advies dat tot veel ellende op de wereld heeft geleid. Als ze nou naar Boeddha hadden geluisterd of naar de jaïnistische profeet Mahavira, dan had de wereld er heel anders uitgezien.

In het Hindi wordt de weg Uttarapatha genoemd, dat 'noordelijke weg' betekent. In het Urdu, een andere Indiase taal, heet hij Shah

Rah-e-Azam, 'de grote weg'. De weg is de ruggengraat van veel imperia geweest: koningen, boeren en bedelaars, Perzen en Turken uit Centraal-Azië hebben er de afgelopen duizenden jaren overheen gereisd naar Afghanistan in het westen en naar de rivierdelta's van de Ganges en de Brahmaputra in het oosten.

Natuurlijk is hij oud en natuurlijk heeft hij een imposante en betekenisvolle naam, maar zo pompeus is hij helemaal niet. Als je er een tijdje overheen reist, zie je dat hij net zo smal en hobbelig is als alle andere. Als twee vrachtwagens elkaar tegenkomen moeten de chauffeurs heel voorzichtig verder rijden met de buitenste wielen op de rand van het asfalt. Soms slippen de brullende monsters van gedeukt metaal in de berm en laten ze wolken zand en gruis opwaaien, die als een knerpend vlies neerdalen op iedereen die de weg gebruikt: iedereen die wandelt, graan dorst, ossenkarren bestuurt – en fietst.

Kurukshetra is slechts een van vele trieste nederzettingen langs de weg, met wegrestaurantjes achter geparkeerde vrachtwagens, zo overbeladen dat ze al omvallen als je er maar naar wijst. In de bermen met rood zand voor de wegrestaurantjes staan wankele houten bedden met een bodem van gevlochten henneptouwen, waarop beroepschauffeurs van zilverkleurige plaatmetalen borden zitten te eten.

Hij speurt naar iets wat getuigt van de verhalen die hij al zo lang hij zich kan herinneren gehoord heeft. Maar niets van wat hij ziet verschilt van wat hij op de andere velden heeft gezien. Het zijn dezelfde eenvormige rijstvelden en graanakkers die al de hele weg vanuit New Delhi langs de Grand Trunk Road lagen.

India is al dertig jaar zelfstandig, de premier wil het Indiase socialisme invoeren en zegt dat mensen niet langer met bijgeloof en mythen voor de gek kunnen worden gehouden. Het is duidelijk dat de verhalen geen sporen hebben nagelaten die je met het blote oog kunt zien. Hoe kon hij zo dom zijn om dat te verwachten?

In de band van zijn broek heeft hij tachtig Amerikaanse dollar genaaid en in zijn broekzak heeft hij een paar honderd Indiase roepie. Hij moet zuinig aan doen. Hier moet hij het de hele weg naar Kabul mee doen. Het liefst nog langer. Wie weet, met een beetje geluk kan hij er wel van leven totdat hij in Europa is. Er zijn veel mensen die hem tijdens de reis kunnen helpen. Zijn adressenboek staat vol namen van reizigers, zwervers, hippies. Vrienden. Van alle verhalen die hij heeft gehoord, heeft hij geleerd dat er een bepaald soort gemeenschap is die alle reizigers verbindt op de weg die ook wel *The Hippie Trail* wordt genoemd. Iedereen helpt elkaar, zegt men. Iedereen deelt wat hij heeft. De gedachte aan alle reizigers die één grote familie vormen geeft hem rust, ook al heeft hij kriebels in zijn buik. Maar het moet ook een beetje moeilijk zijn. Hij wil dat de reis een strijd is en de aankomst een overwinning. Hij wil dat hij kriebels in zijn buik heeft. En het zal allemaal wel goedkomen.

Hij begrijpt dat hij geduld moet hebben. Zijn krachten moet sparen. Natuurlijk zou hij er morgen willen zijn. Maar het zal lang duren voordat hij zijn doel bereikt. Als hij überhaupt al zover komt.

Nu hij daar zo zit uit te kijken over de velden denkt hij aan zijn vader, die wilde dat PK ingenieur werd, en in de geest van Nehru mee zou bouwen aan een nieuw India... Er komt een herinnering op: Nehru en zijn dochter Indira kwamen aangevlogen in een helikopter en landden op een oever aan de rand van een van de vele dorpen van Athmallik voor de start van de bouw van een nieuwe waterkrachtdam in de Mahanadi-rivier. De helikopter, nog maar een puntje aan de hemel, zag er zo enorm groot uit toen hij eenmaal op de grond stond naast de waterbuffels en de gebochelde koeien. Hij weet nog dat het hem verbaasde dat iets wat er eerst zo klein uitzag, zo groot kon worden.

Dat moet in 1964 zijn geweest, hij ging naar de zevende klas en vond het leven maar zwaar.

Duizenden mensen hadden zich op de oever verzameld om een glimp op te vangen van de premier van het land. Hij weet nog dat Nehru naar zijn hart greep en er gepijnigd uitzag. Een paar weken later las hij in de krant dat de premier gestorven was. De mensen in het dorp zeiden dat dat misschien niet zo vreemd was, dat hij gewoon een vloek van de godin van het dorp, Binkej Devi, over zich had afgeroepen. Dat het indammen van de rivier een serieuze ingreep in de hele natuur was en hij zich zo de wraak van de godin op zijn hals had gehaald. Nehru kreeg zijn verdiende loon.

Maar PK geloofde niet in die onzin. Hij was veertien jaar en vertrouwde niet meer alles wat de ouderen beweerden. Mensen sterven ook aan ziektes. Dat leerde je op school.

Maar omdat de wereld niet door goden en demonen wordt bestuurd, wil dat niet per se zeggen dat er geen kosmisch plan is. Je moet de invloed van de sterren op je leven niet onderschatten, vond hij.

Nehru had ook een plan, landelijk, niet kosmisch. Volgens dat plan moest er vol ingezet worden op de jacht naar materiële welstand en technische vooruitgang. Armoede zou worden uitgeroeid door bijgeloof en goden te vervangen door rationeel denken en wetenschap. Liever socialisme en wetenschap dan religie en bijgeloof, liever Marx en Einstein dan Vishnu en Shiva. De moderniteit moet voor traditie gaan. Als je moest kiezen, vond Nehru, moest je je ontdoen van het oude ten gunste van het nieuwe.

Dat was ook de manier waarop men volgens PK's vader de onrechtvaardigheden in India te lijf moest gaan. Zijn vader geloofde ook niet in bijgeloof en sterke verhalen. Hij geloofde in het verstand. Daarover waren ze het eens.

Maar hij was niet de zoon die zijn vader het liefst had gehad. Hij was het met zijn vader eens dat de oude onrechtvaardigheden vervangen moesten worden door iets nieuws en gelijkwaardigers. Hij, die meer dan wie ook de tradities haatte die de priesters hadden geschapen, hij begreep gewoon niets van wiskunde en natuurwetenschap. Hij tekende liever mensen dan dat hij formules uitrekende.

De laatste jaren op school had hij steeds vaker gemerkt dat het hem niet lukte het lieve zoontje van zijn vader te zijn. Maar nu was hij op weg naar een plek ver van dit alles vandaan.

De eerste nacht op zijn grote reis naar het Westen slaapt PK in zijn slaapzak aan de rand van het rijstveld. Het is januari en de

Noord-Indiase winternacht is zoals gewoonlijk fris en vochtig. Hij hoort honden blaffen en vrachtwagens voorbijdenderen op de smalle hobbelige weg met de grootse naam, hij kent de geur van stilstaand water en slijk en ziet de wolkjes van de adem van chauffeurs in de lichtkegels van de straatlantaarns. Hij huivert, trekt de rits van de slaapzak omhoog tot aan zijn kin en doet zijn ogen dicht.

Hij sluit zich af voor het geluid van sprinkhanen die in het gras in de greppel zitten en denkt aan Lotta. Ze weet dat hij onderweg is. Hij heeft haar geschreven en over zijn plannen verteld. Ze antwoordde dat ze, meer dan wie ook, weet wat het is om over land tussen India en Europa te reizen.

Het was een avontuur om met de Volkswagenbus die hele weg te rijden en het zal een zware reis worden voor jou, schreef ze.

Hij moet vaak huilen als hij tegenslag heeft en als andere onaanraakbaren worden vernederd en onderdrukt door degenen die de macht, het geld en het aanzien hebben. Het hoort gewoon bij hem dat hij onderhevig is aan sterke gevoelens. Het ene moment is hij gelukkig en moet hij lachen, om kort daarna te voelen dat zijn ogen vollopen met tranen en verdriet. Zijn vrienden zijn beter in balans en gecontroleerd. Hij benijdt hen. Hij kan zijn gevoelens niet zo goed beheersen.

Soms is hij ook woedend. In gedachten vermorzelt hij degenen die hem hebben vernederd. Maar zijn wraakzucht is afgenomen. Tegenwoordig wordt hij vaker overvallen door verdriet.

Eindelijk is hij in Amritsar aangekomen. In zijn dagboek schrijft hij:

Een week geleden rustte ik uit in Kurukshetra. Nu hebben mijn Raleigh en de Grand Trunk Road me naar de heilige stad van de sikhs gebracht, met de gouden tempel. Maar helaas lijkt het alsof er een eind is gekomen aan het avontuur. Nu ga ik naar de gouden koepels en de nectardam in Amritsar kijken, een gratis maaltijd nuttigen in de gaarkeuken en terug naar New Delhi fietsen. Mijn droom is voorbij.

Weer is geluk veranderd in ongeluk en weer is hij wanhopig. PK huilt omdat alles zo hopeloos lijkt. Hij weet niet hoe hij zijn reis moet voortzetten. Nu is het genoeg. Gisteren fietste hij naar de grens met Pakistan. Eerst weigerde de Pakistaanse grenspolitie hem toe te laten. Indiërs zijn niet welkom, zeiden ze. Onder geen enkele omstandigheid. Ze smeten zijn Indiase paspoort terug en vroegen hem om te keren. Toen pakte hij een paar tekeningen die hij had gemaakt en liet die aan de politiemensen zien. En stelde voor om hen te portretteren. Met tegenzin stonden ze toe dat hij een stuk papier en een stuk houtskool pakte. Onder het tekenen vertelde hij over de vrouw van wie hij hield en het land waarnaar hij op weg was. Ze leken steeds nieuwsgieriger. Hoe meer hij tekende en vertelde, hoe meer ze zich ontspanden.

De politiemensen vonden het een fantastisch verhaal, dat was duidelijk. En toen ze hun grimmige gezicht begonnen te herkennen in de potloodlijnen in zijn schetsboek verscheen er een glimlach rond hun mond. Al hun hardheid was verdwenen, precies zoals hij had gehoopt. Dat gebeurde heel vaak. Getekend worden betekent gezien worden, in het beste geval zelfs gevleid, en het kan de hardste mensen verzachten.

'Oké, we laten jou door ons land fietsen,' zei een van de Pakistaanse politiemensen.

'Kunnen we dat wel doen?' vroeg een andere politieman in het Urdu, dat PK redelijk begreep.

'Ja hoor, wat maakt het uit. Hij is een vriendelijke ziel.'

Ze keerden zich naar PK en degene die de bevelhebber leek te zijn zei beleefd: 'Sir, gaat u maar verder!'

Ze openden de slagboom en hij fietste Pakistan in.

Na een half uur stuurde hij in de richting van een lekkend houten schuurtje met een paar touwbedden en lage glanzend geschilderde houten tafels en stapte af. Hij was heel tevreden met zichzelf, liep naar de schaduw onder de zonnewering van juteweefsel en verder naar de lage houten balie, waar een man met een kaal hoofd en een knorrig gezicht naast een kast zat met ronde zoetigheden waar een zwerm vliegen en wespen omheen zoemde.

Hij bestelde kip biryani, een enorme portie, die hij gulzig naar binnen werkte op de rand van een touwbed.

Toen hij een harde boer had gelaten, zijn handen grondig had gewassen, zijn veldfles had gevuld en op zijn fiets was gaan zitten om verder te gaan, kwam er een politiejeep aan.

'Paspoort, paspoort!' riep een van de politiemannen, die al uit de auto was gesprongen voordat hij stilstond.

PK pakte zijn groene Indiase paspoort met de leeuw van koning Asoka in het goud op het omslag en de tekst BHARAT GANARAGIYA in het Devanagari en daaronder REPUBLIC OF INDIA in Latijns schrift. Ze bladerden er lang doorheen, van voor naar achteren en terug, sloegen het dicht, draaiden het rond, bekeken het van alle kanten en schudden hun hoofd.

Daarna wezen de politiemensen op zijn fiets en toen naar hun jeep. PK begreep al wat dat betekende. Ze smeten de fiets op het dak, vroegen hem in de laadbak te gaan zitten en brachten hem terug naar de grensovergang.

Daarna hoefde hij nog maar de vijftig kilometer terug te fietsen naar Amritsar in India.

Als er een onbekende weg naar de toekomst bestaat, dan is die wel heel vernuftig voorzien van valkuilen, dacht PK, alsof een hogere macht had bepaald dat het paradijs slechts bereikt kon worden via zeven zware aardse beproevingen.

Hij zit op het bed in de jeugdherberg en ziet de zon ondergaan boven de daken van de huizen, hoort de oproep van een minaret die de kraaien overstemt die krassen in een vijgenboom en voelt dat de hoop weer is ontbrand. Ja, zo is het, het geluk is weergekeerd.

Vanochtend had hij een bekend gezicht gezien in het gekrioel van mensen in de Guru Bazaar. Het was mr. Jain! Hij kende hem nog uit Delhi, waar hij op het Ministerie van Informatie werkt. Ze hadden elkaar een paar jaar geleden leren kennen. Bovendien bleek hij bevriend te zijn met zijn grote broer. Je zou bijna kunnen zeggen dat mr. Jain een familievriend is, dacht PK. En nu ontmoetten ze elkaar per toeval in Amritsar.

Terwijl het weemoedige geluid van de minaret zich verspreidt en het snel donker wordt in de slaapzaal bedenkt hij dat hij blij is dat hij zo'n hooggeschoolde en voorname man kent.

Maar hij had hem eergisteren al moeten treffen. Dan had hij PK kunnen inlichten over alles waarvan hij niet op de hoogte is. Zoals het feit dat Pakistan in de gegeven omstandigheden geen Indiase burgers toelaat, dat langharige en hasjrokende hippies uit Amerika en Engeland welkom zijn in de islamitische republiek, terwijl er een stop is voor iedereen met een Indiaas paspoort, hoe fatsoenlijk ook.

Hij wist wel dat je een visum nodig had voor het Iran van de sjah. Maar voor Pakistan? India en Pakistan, twee landen die ooit bij elkaar hoorden, met praktisch dezelfde cultuur, hetzelfde voedsel, dezelfde taal, dezelfde gewoonten. Waarom is er überhaupt een grens? Maar hij had het moeten weten. Hij schaamt zich voor zijn gebrek aan kennis. De kranten schrijven elke dag over de onenigheid tussen India en Pakistan. Hoe kon hij dat gemist hebben?

Maar vanochtend in de Guru Bazaar had mr. Jain plotseling gezegd hoe jammer hij het vond voor PK en aangeboden een vliegticket voor hem te kopen zodat hij naar Kabul kon vliegen zonder door Pakistan te hoeven fietsen. Hoog verheven boven alle grensproblemen en het juridische gedoe.

'Dat betaal ik,' had hij gezegd en eraan toegevoegd dat dat wel het minste was wat hij voor hem kon doen. 'Ondanks alles ben je niet zomaar iemand. Ik heb in de krant gelezen over wat je allemaal hebt bereikt.'

PK boog diep, drukte hem de hand, ging op zijn knieën liggen en raakte zijn voeten aan. Zijn gelukkige cobra, de slang die hem al sinds zijn geboorte had beschermd, had zijn aanwezigheid weer kenbaar gemaakt.

In de jeugdherberg ontmoet hij een Duitse hippie en hij laat hem het vliegticket zien. De Duitser is met zijn vrouw op weg terug naar Europa. Ze hebben een busje met bedden en een keukentje.

'Hé, Picasso, wij nemen jouw fiets wel mee naar Kabul, op het dak,' zegt hij tegen PK.

Ze geven hem een stoffen tasje dat hij aan een koord om zijn nek kan hangen. 'Om je paspoort in te bewaren,' zegt hij.

Nu ziet PK er bijna uit zoals de Duitsers en de andere Europeanen die hij de afgelopen jaren is tegengekomen. Hij ziet eruit als een hippiereiziger, een van de club op The Hippie Trail.

De motoren brullen, hij wordt achterover in zijn stoel gedrukt, het kriebelt in zijn buik. In zijn dagboek schrijft hij: *Ik kijk vanuit het vliegtuig neer op de aarde en krijg het gevoel dat wat ik zie, de met sneeuw bedekte bergen, de droge steppes, de groene velden, groter zijn en meer waarheid bevatten dan mijn eigen leven. Als ik neerkijk op de aarde lijken de problemen van alledag futiel, de mogelijkheden eindeloos en het leven zo groot als het firmament. Mijn zorgen worden stipjes op een kaart.*

Door het vliegtuigraampje ziet hij steden, maar geen mensen; wegen, maar geen auto's.

De hoogte wist de ongelijkheid uit, schrijft hij. *Dit is de eerste keer dat ik in een vliegtuig zit. Ik ga op reis om nooit meer terug te keren. Stel dat de profetie uitkomt.*

AMRITSAR – KABUL (BIJNA) – AMRITSAR (WEER) – KABUL (EINDELIJK)

Als ze in Kabul moeten landen gaat er iets mis. Het vliegtuig stijgt weer en cirkelt boven de luchthaven. PK kijkt nerveus naar de bruine grond en de rechte wegen. Dan stijgt het vliegtuig nog een keer en vliegt het rechtuit. De trillingen houden op en veranderen in een gesuis dat buitenaards lijkt. Er klinken geen mededelingen door de luidsprekers. Na een uur zetten ze de landing weer in.

Als hij naar buiten kijkt, ziet hij dat ze weer op de luchthaven in Amritsar zijn. Er wordt geen verklaring gegeven en hij durft niets te vragen. Misschien was het weer te slecht in Kabul, misschien zat er een gat in de landingsbaan dat hersteld moest worden.

Het eindresultaat is hoe dan ook hetzelfde als bij zijn fietstocht naar Pakistan: hij is terug in India.

Ze worden op kosten van de luchtvaartmaatschappij ondergebracht in een luxe hotel en krijgen meerdere keren per dag te eten. Buffetten. Lekker eten in overvloed.

PK schrijft alles wat er is gebeurd op in zijn dagboek en denkt dat hij zijn verhalen wel naar kranten in Orissa kan sturen, naar zijn thuis op aarde. Ze willen mijn avonturen vast wel lezen, denkt hij vol overtuiging.

Maar deze keer voelt het niet hopeloos. Eindelijk geeft het personeel van Air India informatie, ze beloven dat ze de volgende dag weer naar Kabul zullen vliegen. Ze houden hun belofte: de volgende ochtend gaat de onderbroken reis verder en uiteindelijk, een dag later, landt hij in Kabul.

De shuttlebus rijdt naar het centrum over lege boulevards omzoomd met kale bomen. Lichtgrijze bergen aan de horizon, een blauwe hemel. Hij denkt: wat weinig verkeer vergeleken met India. Zo weinig gedrang. En de hemel voelt zo hoog aan en de lucht zo helder en koel.

Als hij daar zit en Kabul achter het raampje van de bus voorbij ziet komen, denkt hij aan Lotta. Een jaar geleden stonden ze samen op het treinstation in Delhi. Ze zouden gescheiden worden. Zij zou met de trein naar Amritsar gaan om haar vrienden weer te treffen voor de lange terugreis naar Europa met de Volkswagenbus. Hij zou in India blijven. Hij herinnert zich de oproep via de luidspreker, de blikkerige stem die opdreunde: '*Two nine zero four Golden Temple Mail bound for Amritsar is at platform number one.*' En hij herinnert zich de stationschef, die de bel op het perron luidde en op zijn fluitje blies, het treinsein aan het eind van het perron dat van rood op groen sprong en de stoomlocomotief die steeds harder pufte.

'De locomotief klinkt als een bomaanval,' zei Lotta, waarna ze hem een laatste keer kuste en de trein in stapte.

'Ja,' had PK lachend gezegd, op dat moment nog niet ingestort van verdriet. Ze hing in de deuropening toen de wagons zich in beweging zetten. Hij vlocht zijn linkerhand in haar rechter, drukte zijn wang tegen de hare en liep met snelle passen in de maat mee met de knarsende en langzaam accelererende treinwagon. Wat was haar hand zacht, net zoals haar wang, dacht hij, en hij zag het hek niet dat het einde van het perron markeerde. De afscheidsscène eindigde ermee dat hij tegen het hek tuimelde, de uitstekende metalen staven tegen zijn borst kreeg en neerviel. Hij schreeuwde van de pijn toen hij op handen en voeten opkrabbelde en de tranen op het gebarsten cement van het perron drupten.

Toen hij opkeek was de trein weg. Lotta was weg. Het leek alsof de toekomst ook van hem gescheiden was en nu in de verte verdween.

Hij liep huilend van het station naar de straat vol bazaars, Chandi Chowk, waar het overdag krioelde van de mensen, maar waar het nu, iets voor middernacht, helemaal verlaten was. Hij liep onder Tilak Bridge door, langs het oude vervallen fort van Delhi en de dierentuin waar ze pas een paar dagen geleden samen hand in hand hadden gelopen. Hij herinnerde zich dat hij een paar aquarellen van de ruïne en de dieren had geschilderd terwijl Lotta ernaast had zitten toekijken.

Een roedel honden, die 's nachts steeds brutaler werd, kwam grommend naar hem toe. Ze lieten hun snijtanden zien, begonnen te blaffen en blaften steeds harder toen hij dichterbij kwam. Maar PK werd niet bang, hij bleef staan, wijdbeens, haalde diep adem en blafte terug.

'Eet me dan op, schurftige mormels! Eet me maar op! Het kan me niets schelen!' schreeuwde hij.

De honden kwamen dichterbij, maar nu langzamer, en nog maar zacht grommend, alsof ze nadachten over zijn woorden. Toen ze bij zijn benen waren, waar ze naar het leek zojuist hun tanden nog in hadden willen zetten, gromden ze helemaal niet meer, maar likten ze zijn hielen. Hij vouwde het gekreukte krantenpapier om zijn voedselpakket heen open en gaf de honden wat te eten. Terwijl de honden het opschrokten ging hij op de grond zitten. Hij was aan het eind van zijn krachten en doezelde weg, uitgeput van het huilen en de lange wandeling. Toen gingen de honden ook liggen en legden hun kop tegen zijn lichaam.

Die nacht sliepen PK en vijf straathonden uit Delhi samen op een trottoir voor de dierentuin. Hij droomde over golven die over hem heen spoelden en stormwinden die zijn huis losrukten van de grond.

Net voor het ochtendgloren werd hij wakker van de bussen die weer gingen rijden en die nu pal langs hem heen reden met schelle claxons, knarsende schokbrekers en rammelende carrosserieën. Hij ging zitten en keek met een lege blik voor zich uit in het donker. Een koude wind had het restant van de warmte van gisteravond weggeblazen. Hij had het koud, keek om zich heen: de honden die hem warm hadden gehouden met hun lijf en kloppende hondenhart, waren verdwenen.

Hij begon langzaam aan de laatste kilometers naar zijn huurkamer in Lodi Colony, waar hij nog steeds woonde, bleef lang in de deuropening staan en keek naar de treurige staat: een versleten bed, vlekkerige ladekast en een kalender met Lakshmi, de godin van het geluk en de welvaart, aan een spijker aan de cementen muur, die vlekkerig was van de zwarte schimmel.

Terwijl Lotta naar het Westen reisde, bleef PK wachten op een teken van leven. Maar zijn brieven bleven onbeantwoord.

Wanhopig stuurde hij een telegram naar haar huisadres: 'Je lange stilte maakt me ongerust, schrijf me alsjeblieft als je weer thuis bent. PK.'

Maar Lotta was nog niet thuis. Uiteindelijk kreeg PK een brief uit Maku, in West-Iran. De brief was inderdaad van Lotta en hij begon met: 'Mijn liefste vriend en levensgezel.' Hij las hem snel, hongerig als hij was naar haar woorden. De brief ging over de magie van de reis, de schoonheid van de met sneeuw bedekte bergen langs de grens tussen Iran en Turkije, de krachteloze zon, de stilte in Maku, de transparante koude nevel en 'het gezoem van de insecten dat klinkt als een wiegeliedje voor de natuur'.

Aan het eind van de brief zei ze eindelijk dat ze wilde dat ze bij hem was.

Maar waarom reisde ze dan bij hem vandaan? dacht hij.

Lotta's mooie, poëtische brief had een verontrustende ondertoon, die hem nog verdrietiger maakte. Haar lange, gedetailleerde beschrijvingen van een totaal onbekende plaats gaven hem een onheilspellend gevoel.

Hij loopt van de halte van de shuttlebussen van Kabul door de mensenmassa met mannen in lange jurken en vrouwen met een sjaal om hun hoofd. De bazaars in en de straat op met de grappige naam Chicken Street, of Kosheh Murgha, zoals de inwoners van Kabul zeggen. Daar vindt hij een hotel dat er goedkoop uitziet.

Iedereen die op doorreis is, iedereen met lang haar en een rugzak die eruitziet alsof hij door het vuil en stof van alle wegen op aarde gesleurd is, iedereen heeft zich verzameld in Chicken Street. Naast het hotel dat hij heeft gekozen ligt er nog een, ook met een reclamebord in het Engels en de belofte van goedkoop onderdak en goede service. En aan de andere kant ervan nog een en daarna een rij cafés en eetkraampjes met borden in het Engels. En als hij door de straat kijkt ziet hij niet alleen Afghanen in hun traditionele kleding, maar evenveel witte mensen in strakke spijkerbroeken en T-shirts.

PK schrijft in zijn dagboek dat het lijkt alsof er 'duizenden westerse hippies op weg zijn naar het Oosten of Westen. Ze komen uit India en zijn op weg zijn naar Europa of andersom'. De eerste dagen in Kabul hoort hij hoe het bij de kraampjes aan Chicken Street gonst van de verhalen over de weg naar Kandahar, waar je moet overnachten in Herat, wat het beste café in Marhid is, welke koopjes er zijn in de bazaars in Istanbul en hoe je de verkeerschaos in Teheran overleeft. Een Fransman met wie hij theedrinkt op een straathoek vertelt over de route.

'De hippieweg,' verduidelijkt de Fransman, 'is niet echt één weg, maar veel verschillende die in elkaar haken.'

Hij deelt zijn kamer met vier Europeanen. Het lijkt alsof ze bij elkaar horen. Ze helpen elkaar allemaal. Velen van hen heeft hij al eerder ontmoet in New Delhi.

'Ha, PK!' roepen mensen op straat, in cafés, in bazaars. Hij omhelst ze, drinkt veel thee met ze, vertelt wat hij heeft meegemaakt en waar hij naar op weg is en luistert naar hun verhalen. Hij vraagt of ze maagproblemen hebben gehad, terwijl zij hem moedig vinden en hem gelukwensen op zijn lange fietstocht.

Sommige Europese meisjes dragen een korte broek. De Afghaanse mannen staren daar zo naar dat ze niet uitkijken waar ze hun voeten neerzetten en op straathoeken tegen elkaar botsen. Een Zweeds meisje dat hij in India een aantal keer is tegengekomen flaneert over straat in een dunne harembroek en rinkelbellen om haar enkels. De mannen op straat raken helemaal buiten zichzelf als ze langsloopt als een wandelende tamboerijn, ze lachen, slaan hun ogen ten hemel en geven mompelend commentaar in hun onverstaanbare taal.

Hij wil de band van zijn broek niet lostornen en zijn tachtig dollar pakken. Dat is zijn reserve. Dus geeft hij bloed. Dat wordt goed betaald. En hij gaat in een theehuis zitten om mensen te tekenen. Dat werkt altijd. Mensen worden nieuwsgierig, komen naar hem toe, stellen vragen, worden dolenthousiast als ze zien wat hij maakt, zeggen dat het heel goed lijkt, wijzen, lachen, drukken hem de hand. Ze willen dat hij hen ook tekent en ze willen het resultaat kopen.

Een redacteur van de *Kabul Times* is verrukt. Hij wil PK's andere tekeningen bekijken, die tegen de cementen muur onder de tafel van het café geleund staan. Hij laat hem de tekeningen zien, die Afghaanse inheemse vrouwen voorstellen met zware zilveren sieraden en neusringen en ongeschoren bedoeïenen die op kamelen rijden. De redacteur is onder de indruk en wil hem interviewen.

'Graag,' antwoordt PK, die wel aan journalisten gewend is en weet dat publiciteit alleen maar gunstig is voor een onbekende en arme kunstenaar.

Een paar dagen later verschijnt het interview in de *Kabul Times*. Op de foto staat PK, die een van zijn schilderijen omhooghoudt van een uitgemergelde zwarte vrouw die haar even magere kind de borst geeft, naast de Maagd Maria met de witte en weldoorvoede Jezus in haar armen. De kop boven het artikel luidt: DE GEZICHTEN FASCINEREN ME, ZEGT INDIASE PORTRETTEKENAAR. De tekst heeft een beleefde en bewonderende toon:

Pradyumna Kumar Mahanandia was vorige week een ongewone gast op de redactie van de Kabul Times. *Op zijn wereldreis is de jonge Indiase portrettekenaar net in Kabul aangekomen voor een bezoek van twee weken. 'De gezichten fascineren mij meer dan wat ook. Ze lokken me, ze irriteren me, ze provoceren me,' zegt de beleefde en pretentieloze Mahanandia.*

Zijn grootste roeping is om het lijden van mensen te schilderen met als doel alle onrechtvaardigheid en de verschillen tussen mensen uit de wereld te helpen. 'Het maakt niet uit of iemand rijk of arm is, iedereen hunkert ergens naar,' zegt hij.

Hij leeft van zijn potloodtekeningen. 'Ik wil me specialiseren in portretten en miniatuurschilderingen. Het tekenen met potlood is slechts een nevenactiviteit, waarmee ik in mijn onderhoud voorzie,' voegt hij eraan toe.

'Geld verdienen om te overleven is even belangrijk voor een kunstenaar als goede kunst scheppen,' zegt Mahanandia, die heel overtuigd klinkt...

PK moet lachen om zijn eigen uitspraak. Heeft hij dat gezegd? Ja, inderdaad. Hij leest verder:

Dit is de eerste keer dat de jonge Indiase kunstenaar Kabul bezoekt en hij is overweldigd door de schoonheid van het paleis. In Kabul heeft hij een aantal kunstenaars ontmoet en hij lijkt erg onder de indruk van hun talent en werk.

Mahanandia begon met een studie natuurwetenschap, maar die heeft hij afgebroken. Daarna ging hij naar de kunstacademie, omdat hij al sinds zijn derde kunst beoefent...

Mahanandia merkte op dat 'maar weinig mensen geld willen steken in een landschap of in moderne kunst, maar niemand heeft er iets op tegen een paar centen uit te geven aan een zelfportret. Iedereen heeft een narcistisch trekje, waardoor je jezelf op een stuk papier wilt zien. Een perfecte combinatie voor iemand zoals ik die geld nodig heeft...'

Het artikel trekt de aandacht. Mensen op straat draaien zich om en wijzen, sommige groeten hem. De journalist komt terug naar zijn hotel en vertelt dat er is besloten dat hij zijn werk mag tentoonstellen in de personeelskantine van de krant.

PK, de veelbelovende jonge Indiase portrettekenaar, hangt zijn schilderijen op en staat dan tevreden te kijken hoe de journalisten rondlopen en alles bekijken. Ze zien er geïnteresseerd uit, vindt hij. De hoofdredacteur koopt een paar tekeningen van hem. Hij betaalt goed. Heel goed.

Nu heeft hij bijna genoeg geld bij elkaar voor de hele reis naar Europa.

Onlangs heeft hij zijn fiets teruggekregen van de Duitser die hem vanuit Amritsar in India boven op zijn bus had meegenomen. Die staat nu voor het hotel gestald, maar hij vindt dat de fiets traag is en knarst en besluit om met zijn verdiende geld een nieuwe te kopen bij een van de fietsenwinkels aan Chicken Street.

Hij ruilt zijn Raleigh in en betaalt het verschil met het geld dat hij met zijn tekeningen en zijn bloed heeft verdiend.

De nieuwe fiets is rood.

PK blijft twee weken in Kabul, ontmoet oude vrienden en nieuwe. Hoewel hij met zijn donkerbruine huid een vreemde vogel is in het reizigerscollectief, wordt hij er gewoon in opgenomen. Hij denkt veel na over de vraag waarom ze hem hebben geaccepteerd. Afgezien van het feit dat hij dezelfde kleding en stijl heeft als zij, en bovendien goed Engels spreekt, denk hij dat het komt omdat hij kunstenaar is: zijn schetsblok en potloden zijn zijn toegangskaartje tot de witte reizigerswereld. Hij wordt een mascotte, een exotische en bohémienachtige klodder verf in een rebellerende maar welgestelde westerse middenklassewereld.

Hij zit op een krukje met zijn schetsblok op tafel en zijn potloden in de zak van zijn overhemd en krijgt thee, kip, rijst en yoghurt aangeboden. Hij zit avond aan avond in zijn stamcafé en praat met andere reizigers en tekent tussendoor Afghanen op straat buiten en witte reizigers in het café.

Die reizende mensen hebben een gevoel van vrijheid, denkt hij, het gevoel dat alles mogelijk is, alles bespreekbaar is en dat iedereen recht heeft op zijn eigen mening. Wat is dat thuis in India anders, waar mensen voortdurend erachter proberen te komen welke afkomst en status je hebt. De reizigers in de eetgelegenheden aan Chicken Street worden zijn nieuwe familie. Het zijn broers en zussen, lijkt het wel, vrienden door dik en dun, vrij van tradities en vooroordelen.

Tijdens avonden waarop wordt gegeten, gesproken en waarop portretten worden getekend, leert hij dat veel van de westerlingen die zich kleden zoals hij, ervandoor zijn gegaan op zoek naar iets wat ze ondanks hun welvaart niet hebben.

'De fabrieken draaien op volle toeren, iedereen heeft werk, iedereen eet zijn buikje rond en we zijn omringd door spullen die we eigenlijk niet nodig hebben,' legt een Amerikaanse reiziger PK uit in het theehuis.

De welbespraakte reiziger heet Chris. Hij vertelt dat hij uit Californië komt en dat de rusteloosheid die in de villawijken in voorsteden ontkiemde, is ontaard in woede over de onrechtvaardige oorlog van zijn eigen land. Jongeren die er net zo uitzagen als zijn vrienden hier in Kabul hadden zich in een park in de stad verzameld en geprotesteerd tegen de heersende orde.

'In dat park overwon de liefde,' zegt Chris. 'En daarna heeft de liefde de hele stad veroverd, het land overgenomen, een einde aan de oorlog gemaakt, is over de hele wereld verspreid. Daarom zitten we nu hier.' Ze zijn omringd door westerlingen in Indiase katoenen broeken en veelkleurige T-shirts.

'Kijk eens om je heen, wat je ziet is belichaamde liefde. Mensen zoals jij en ik kunnen een eind maken aan de haat in de wereld. We zijn een gedeserteerd leger. We hebben bloemen in onze geweerlopen. Gisteren Amerika, vandaag Kabul, morgen India en daarna de rest van de wereld,' zegt hij vol overtuiging.

PK denkt aan alle haat en alle achterdocht in India, ondanks de preken van Mahatma Gandhi tegen geweld. Zijn geboorteland kan best nog meer liefdespelgrims gebruiken. De Indiërs die de liefde prediken, zoals de brahmanen, zijn valse profeten. Ze weten niet wat liefde is. Als de brahmanen wisten wat medemenselijkheid inhield, denkt PK, dan zouden ze mensen als ik niet zo behandelen als ze nu doen. Maar de hippies! Die lijken wel degelijk naar hun uitspraken te leven.

Hij zit op bed in zijn hotelkamer en schrijft brieven aan Lotta, terwijl de minaretten oproepen tot het avondgebed.

Ik kan vanuit mijn raam de met sneeuw overdekte bergen zien, schrijft hij, *maar de kou deert me niet, want jouw liefde verwarmt mijn hart, voor altijd. Door jouw warme vriendelijkheid voel ik me steeds weer vrolijk.*

Hij aarzelt om de fietsreis te vervolgen. Hij wil eerst uitrusten, meer reizigers ontmoeten en meer tips krijgen over welke weg hij moet nemen, en bovendien heeft hij voor Iran een visum nodig. Het verkrijgen van een visum kan een tijd duren, zegt men. En hij is nog niet eens naar de Iraanse ambassade gegaan om de aanvraag in te dienen. De Iraanse ambassade in New Delhi had geweigerd hem een visum te verstrekken, dus vreest hij opnieuw een afwijzing te krijgen als hij naar de ambassade in Kabul gaat. Wat gaat hij doen als zijn vrees bewaarheid wordt? Door de Sovjet-Unie fietsen! Mag dat?

In PK's hotel logeert Sara. Ze komt uit Australië. Ze zitten middagenlang op houten stoelen in de lobby en praten over reizen, India en het leven. Alle minaretten van Kabul roepen op tot gebed en het geluid weerkaatst tussen de huizen in de smalle straatjes. De schemering valt en de winkels aan Chicken Street laten de stalen jaloezieën zakken voor de nacht. En ze blijven maar praten en vergeten te gaan eten terwijl de restaurants nog open zijn. Als ze merken dat ze honger hebben is het te laat. Kabul gaat vroeg slapen en nu is alles gesloten voor de nacht. Maar wat geeft het als er zo veel te praten valt?

'Het Westen is gedoemd ten onder te gaan, de toekomst ligt in Azië,' zegt ze.

'Voor mij geldt het tegenovergestelde, mijn toekomst ligt in het Westen,' zegt PK.

Toch hebben ze elkaar zo veel te vertellen.

Sara neemt hem mee naar de disco. Dat is voor hem de eerste keer. Ze draagt een gele jurk met een rood batikpatroon vol spiralen. Hij draagt de broek die hij van een Belg heeft gekregen, de blauwe met wijd uitlopende pijpen, en het overhemd waarop Lotta de initialen 'PK' heeft geborduurd. Iedereen kijkt naar hen. Een donkere jongen met een grote bos warrig haar en een meisje met lichte huid. In de ogen van Afghanen vormen ze een exotisch stel. Misschien zien de Afghaanse mannen wel iets zondigs in hun verbondenheid. Het lijkt wel alsof ze zoiets nog nooit hebben gezien. Hij voelt de wellustige, jaloerse blikken van de mannen. Nadat ze hebben gedanst op 'Yes Sir I Can Boogie' en 'Rivers of Babylon' en daarna 'Dark Lady' en een nummer van Marvin Gaye, komt er een man in pak met keurig geknoopte das naar ze toe en kijkt PK in de ogen.

'Mag ik met je meisje dansen?' vraagt hij.

Mijn meisje? denkt PK. 'Ze is mijn vriendin niet, hoor. We zijn gewoon vrienden.'

De man is heel beleefd. Sara kijkt naar PK en knikt. Dus gaat hij in zijn eentje aan een tafel naast de dansvloer zitten terwijl Sara met de man danst. Ze dansen een hele tijd en PK zit te kijken naar het paar op de dansvloer.

Als de avond ten einde begint te lopen en de disco bijna dichtgaat, komt Sara naar zijn tafel toe. Ze vertelt dat haar danspartner Iraniër is en dat hij wil dat ze met hem mee naar huis gaat. Hij werkt op de Iraanse ambassade en heeft een mooie flat in Kabul.

Wat kan PK daartegenover stellen? Ze is natuurlijk vrij om te doen wat ze wil. Ze zijn niet getrouwd. Ze zijn niet eens een stel. Hij is vooral bang dat ze in moeilijkheden raakt en zegt dat ze voorzichtig moet zijn en op haar hoede dat er niets akeligs gebeurt.

Dan loopt PK in zijn eentje in de heldere nacht naar huis, naar Chicken Street.

Morgenochtend komt Sara weer terug naar het hotel en kunnen ze hun gesprekken voortzetten.

Sara komt de lobby van het hotel in gerend terwijl PK de *Kabul Times* zit te lezen.

'Kom snel!' zegt ze. 'De Iraniër werkt op de visumafdeling van de ambassade. Je kunt een visum krijgen, maar dan moet je nu meekomen.'

Sara en PK zitten in de diplomatieke auto met chauffeur en met zwartgetinte ramen, die snel over de brede Shahrara Road rijdt. Ze voelen zich vreemd. Ze zien zichzelf allebei als nomaden op drift, eenvoudige, pretentieloze mensen, maar nu voelen ze zich als potentaten op staatsbezoek, *very important persons*.

Sara vertelt dat ze 's nachts heeft aangedrongen en dat de Iraniër heeft toegegeven. Sara is te aardig, denkt hij.

Ze rijden naar de woning van de ambassademedewerker aan de rand van Kabul. De chauffeur parkeert de auto, vraagt hun te wachten en gaat met PK's paspoort naar binnen. Hij is heel snel terug en geeft PK glimlachend zijn paspoort. PK bladert erdoorheen en vindt het stempel waar hij zo naar uitkeek.

Maar hij heeft slechts een doorreisvisum van vijftien dagen. Ik zal snel door Iran moeten fietsen, denkt hij.

KABUL – SHEYKHABAD – GHAZNI – DAMAN – KANDAHAR

Hij gaat weg van huis, maar heeft tegelijk het gevoel dat hij er juist naartoe gaat. Het lot heeft gesproken. De profetie klopte.

Toen hij nog in de buik van zijn moeder zat, droomde ze van een baby die op een wolk zat die wegzweefde aan de hemel. Nu zit hij misschien niet echt op een wolk, maar op zijn nieuwe rode fiets die hij in Kabul heeft gekocht, en hij fietst zuidwaarts naar Kandahar. Aan de horizon zijn grijze bergen met hier en daar sneeuw te zien, die roestrood verkleuren in de schemering. Om hem heen een woestijn die wel een maanlandschap lijkt. De hemel is lichtblauw, de lucht is kraakhelder en de door de Russen aangelegde betonnen weg lichtgrauw, recht en vlak. Er klinkt gedreun als hij over de naden rijdt. Bonk, bonk, bonk. Het is monotoon en irritant en na een tijdje wordt hij er duizelig van.

Hij kijkt naar zijn schaduw. Hoe hoger de zon aan de hemel staat, hoe korter zijn schaduw wordt, maar hoe kort hij ook wordt, hij blijft zijn metgezel, dag na dag.

Ik ben niet alleen, de schaduw is mijn vriend, die laat me nooit in de steek, denkt hij.

Het feit dat de schaduw 's middags steeds langer wordt, spoort hem aan. De schaduw doet hem eraan denken dat hij niet stilstaat, hoewel het landschap er dagen achtereen hetzelfde uitziet. De korte schaduwen midden op de dag, die uitgroeien tot lange schaduwen als het gaat schemeren, bevestigen dat hij echt onderweg is.

Als hij stilstaat om uit te rusten wordt alles vreemd stil: er zijn geen vogels te horen, geen insecten, geen vrachtwagens, geen geruis van bomen, omdat er geen bomen in het landschap staan. De grind- en steenwoestijn van Afghanistan is verlaten. Het is een doodstille wereld, waar alleen de wind af en toe te horen is. Maar vandaag is ook de wind stil. De warmte trilt in de stilstaande lucht boven de cementen platen. Zo anders dan alles wat hij tot nu toe heeft meegemaakt. Is hij op een andere planeet beland? Hij is eenzaam, maar hij wordt niet bang van dat gevoel, hij vindt eerder dat het rust brengt. Voelt het zo om zijn vaderland te verlaten?

Aan de rand van een nieuw dorp staan midden op de weg een paar Afghanen. Ze praten hard en verontwaardigd. Dan ziet hij de bron van hun verontwaardiging. In de berm en halverwege in de greppel staan twee auto's met verbrijzelde voorruit en gedeukte motorkap. Hij komt dichterbij, ruikt benzine en ziet op een wollen deken in het grind een bebloed meisje liggen. Ze is niet bewusteloos, maar is erg toegetakeld. Ze heeft bloed in haar mond en een wond op haar voorhoofd. Hij buigt voorover en kijkt naar haar. Hij vraagt hoe ze heet en waar ze vandaan komt. Maar ze kan niet praten. Haar tanden zijn uit haar mond geslagen en haar lippen zijn kapot. Hij ziet aan haar kleding dat ze ook een reiziger is. En ze heeft een witte huid. Een Europeaan op weg naar het Westen na haar grote Indiase reisavontuur, misschien. Hij krijgt de sterke aandrang haar te moeten helpen. Hij moet iemand terugbetalen. Ze is lid van de internationale gemeenschap van reizigers, zijn nieuwe familie, en een familielid kun je niet in de steek laten.

Ze krijgen een lift met een vrachtwagen naar het ziekenhuis in Kabul. De fiets, de koffer en de rugzak en katoenen tassen van het meisje met een opdruk in het Devanagari gooien ze op de laadvloer. De chauffeur zingt een Afghaans lied, waarvan PK de woorden niet begrijpt.

Hoewel hij de verkeerde kant op gaat, en alle moeite van de laatste twee dagen fietsen vergeefs is geweest, is hij vrolijk. In de schemering werpt de zon een perzikkleurige en zijdezachte gloed over de keiharde, bruingrijze woestijn. De dreunende motor van de vrachtwagen zingt: 'Vooruit, vooruit', hoewel hij eigenlijk achteruit, achteruit reist, terwijl het lied dat de chauffeur zingt een melodie heeft die op een of andere vreemde manier verandering belooft. Hij sluit zijn ogen en stelt zich voor dat de Pasjtoe-woorden zoiets betekenen als: 'Je kunt worden wat je wilt, als je maar iets wilt' en 'Je kunt worden wat het lot jou heeft toebedeeld, als je je schouders er maar onder zet'.

Hij denkt aan zijn moeder, die stierf toen hij pas twintig was, maar die nu naast hem zit in de Afghaanse vrachtwagen. Breedgebouwd, warm, zacht. Hij voelt haar nabijheid en hoort haar rustige ademhaling. Het voelt net alsof ze zijn rechterzij aanraakt. De tranen springen hem in de ogen van geluk, verdriet en gemis. Als ze nog had geleefd, was hij misschien nooit naar het Westen gaan fietsen. Nu is er niets meer wat hem in India houdt, maar des te meer wat hem daarvandaan trekt.

Hij draait zijn hoofd naar rechts. Daar zit natuurlijk geen donkere, ronde en veilige moeder met getatoeëerde streepjes en stipjes op haar wangen, onderarmen en handen, maar een heel wat magerdere en lichtere Linnea, die er met haar blauwe plekken bijna net zo versierd uitziet als zijn moeder.

In het ziekenhuis in Kabul blijkt dat het meisje dat hij heeft geholpen niet alleen bijna al haar tanden kwijt is, maar ook een zware hersenschudding heeft opgelopen. Ze kan nog steeds niet goed praten, omdat ze geen tanden meer heeft en ze wonden in haar mond heeft, zodat het pijn doet om die te bewegen. Ze schrijft een briefje. *Ik heet Linnea*, schrijft ze. Ze schrijft ook: *Blijf alsjeblieft bij me!*

'Dat beloof ik,' antwoordt PK en hij vraagt: 'Waar was je naartoe op weg?'

Naar huis, schrijft ze.

'Waarheen?'

Naar Wenen.

'Die terugreis kan wel wachten, je kunt niet bont en blauw naar huis,' zegt hij.

Maar Linnea wil naar huis. Na twee dagen is ze weer op de been en mag ze het ziekenhuis verlaten. Hij gaat met haar naar de Oostenrijkse ambassade, die een vliegticket naar Wenen regelt. Ze was in haar eigen auto op weg naar huis toen ze het ongeluk kreeg. Nu is de auto total loss en zelf is ze er zo slecht aan toe dat ze niet kan rijden.

Hij brengt Linnea naar de luchthaven en kijkt heel lang naar haar, totdat ze moet vertrekken. Ze glimlacht haar tandeloze glimlach en schrijft een laatste briefje: *Tot snel!* En hij krijgt een knuffel.

In de bus op weg terug naar Chicken Street en hetzelfde budgethotel waarin hij weken heeft gelogeerd, voelt hij zich vreemd genoeg niet nobel en goed. Hij voelt zich net zoals anders. Hij verwacht geen eerbetoon. Het was vanzelfsprekend dat hij Linnea hielp. Als hij anderen niet helpt, hoe kan hij dan zelf tijdens zijn lange reis rekenen op hulp? Gevoelens kunnen ook rationeel zijn. Oorzaak en gevolg. Alles hangt samen.

Hij gaat hulp nodig hebben, daarvan is hij overtuigd. Hij weet bijvoorbeeld niet eens of hij rechtsaf, linksaf of rechtdoor moet als hij Kandahar bereikt.

Drie dagen later is PK voor de tweede keer over de brede betonnen weg tussen Kabul en Kandahar op weg naar het zuiden. Hij hoopt dat hij Chicken Street en het reizigerscafé in Kabul voorgoed achter zich heeft gelaten. Hij is weer op zichzelf aangewezen. Op zichzelf en zijn fiets van het merk Hero. De nieuwe fiets rijdt fijn, maar na de eerste dag krijgt hij hoofdpijn van het gedreun op de betonplaten. Hoe gaat hij het helemaal naar Kandahar redden? Zijn gedachten gaan over in dagdromen terwijl zijn vermoeide lichaam blijft bewegen alsof het op afstand bestuurd wordt. Maar dan denkt hij aan de brief van Lotta die begint met *Mijn allerliefste* en voelt hij zijn krachten terugkeren.

KANDAHAR

In een smerig hotelletje ontmoet hij een Belg. Hij vertelt hem dat hij uit Kabul komt en op weg is naar Borås. Op de fiets.

'Heb je de hele weg vanuit Kabul gefietst?' vraagt de Belg.

PK antwoordt met een tegenvraag. 'Vind je dat ver?'

'Ja, dat is vijfhonderd kilometer, dat is ver op de fiets. En je gaat nog een paar duizend kilometer verder fietsen? Naar een plaats die... Borås heet. Die in... Zwitserland ligt?'

'Ja.'

'Weet je het zeker?'

'Ja, Borås ligt in Zwitserland,' zegt PK.

De Belg kijkt hem vragend aan. 'Weet je het echt zeker?'

'Honderd procent.'

Maar de Belg weet het niet zeker. PK laat hem Lotta's brief zien. Hij leest. Dan pakt hij een kaart en wijst met zijn vinger.

'Hier!' zegt hij na een tijdje, 'Hier ligt Borås.'

'Ja, is dat niet Zwitserland?' vraagt PK.

'Nee, dat is Zweden,' zegt de Belg lachend.

'Je spreekt het anders uit, maar is er een verschil?'

'Het zijn twee verschillende landen,' zegt de Belg stellig.

Nu is PK degene die twijfelt. 'Weet je het zeker?' vraagt hij.

De Belg legt het uit en wijst het aan op de kaart. Dan ziet hij ineens hoe het echt zit. Wat was hij onnozel! Ze zei toch dat ze Zweedse was. Maar hij dacht dat het land van de Zweden Zwitserland was. En nu herinnert hij zich hoe ze hem altijd verbeterde.

'Nee, we maken geen klokken in ons land, in mijn stad worden stoffen geweven,' zei ze altijd.

En toch bleef hij Zwitserland en Zweden door elkaar halen. Hij voert als excuus aan dat hij nog nooit zo'n gedetailleerde kaart heeft gezien. Moet je zien, elk weggetje lijkt wel getekend te zijn en voorzien van een cijfer en over de hele kaart ligt een raster met precieze lengte- en breedtegraden. Hij heeft tot nu toe alleen de getekende wereldkaarten gezien die je in India bij een bazaar kunt kopen. Die zijn volslagen nutteloos voor een fietser die de weg tussen New Delhi en Borås wil vinden. Daarom heeft hij tot nu toe de weg altijd gevraagd. En Kandahar ligt in elk geval in de juiste richting. 'Toch?'

'Ja, hoor,' verzekert de Belg hem.

Maar PK snapt dat hij niet alleen de slechte kaarten de schuld kan geven. Hij dacht dat het zo zat: inwoners in Zwitserland heten Zweden en iemand uit Zwitserland is een Zweed. Pas nu begrijpt hij het. Alles wat Zweeds is en iedereen die zich een Zweed noemt komt uit Zweden. En dat is iets anders dan Zwitserland. Maar waarom, denkt hij, waarom hebben twee landen namen die zo op elkaar lijken? Dat is toch vragen om misverstanden.

Hij denkt dat zijn avontuur misschien net zo onnozel is als zijn misrekening en verwarring over wat Zweden is en waar het ligt, dat het hopelozer is dan hij eerst dacht. Het besef dat Zwitserland en Zweden twee verschillende landen zijn houdt in dat hij nog… hoe ver eigenlijk moet fietsen? Hij vraagt het de Belg.

'Nog bijna duizend kilometer,' antwoordt hij.

Hij gaat naar de post, vraagt of hij de kartonnen doos met poste-restantebrieven mag doorzoeken en vindt een lichtblauwe luchtpostbrief van haar. Hij juicht vanbinnen en maakt hem open. *Mijn liefste PK…* Hij leest zo gretig als een dorstige kameel water opslurpt.

Het is bijna negen uur 's avonds en ik heb zes uur paardgereden. Om eerlijk te zijn, PK, maak ik me zorgen sinds ik heb gehoord dat je in je eentje over land hierheen wilt komen. Ik weet uit eigen ervaring dat het niet de makkelijkste manier van reizen is. Wij waren met vier volwassen en een kind. Als er iets met ons of onze auto gebeurde konden we elkaar helpen. Maar jij reist in je eentje, wie zal jou helpen als je een probleem hebt?

Hij denkt na over haar waarschuwing. Ze vindt dat hij met iemand samen moet reizen. Voor iemand die alleen reist is de lange weg vanuit India naar Europa geen kinderspel, daar heeft ze gelijk in, maar hij heeft niemand die hem gezelschap kan houden. Hij heeft zijn slaapzak en zijn fiets. Maar het zal wel loslopen. Hij heeft zijn schildersezel, zijn glimlach en zijn vermogen om zelfs met zijn ergste criticasters bevriend te raken.

En hij wil ook dat de reis zwaar is. Reizen moet niet te makkelijk zijn. De weg naar Lotta, vindt hij, moet tegenspoed kennen. Pas dan wordt het gevoel echt. Geploeter op het fietszadel, de vermoeidheid die hem elke middag overvalt, de blijdschap als hij in de schemering wat eten en water krijgt en een touwenbed om zijn pijnlijke benen op uit te strekken, verdrijven de gedachten en houden de twijfels en heimwee op een afstand.

De hele reis afleggen met het vliegtuig kost niet alleen te veel, meer geld dan hij heeft, het is ook te eenvoudig. Zo reizen de rijken, maar hij niet, een echte reiziger niet. Tot nu toe heeft hij alle tegenslagen overwonnen. Hij denkt aan Alexander de Grote, die dezelfde weg heeft afgelegd, maar dan in tegenovergestelde richting, met het zwaard in de hand. Zelf reist hij met het potlood. Het potlood is zijn stormram.

Ik begrijp dat je langs de weg veel behulpzame mensen bent tegengekomen. Jij kunt op de een of andere manier in het leven van mensen doordringen met je schetsblok en potlood. Als ik daaraan denk maak ik me niet zo'n zorgen.

PK denkt aan het einddoel. *Binnenkort zullen we herenigd zijn.*

KANDAHAR – DELARAM

Afghanistan lijkt tegelijkertijd modern en ouderwets. De rechte en mooie wegen waarop hij de afgelopen dagen heeft gefietst zijn er niet in India. De Indiase weg met de protserige naam, Grand Trunk Road, stelt niets voor vergeleken met deze, denkt hij. Maar Afghanistan is een vreemde samenleving. Er lopen bijna alleen maar mannen op straat. De vrouwen die hij ziet, verstoppen zich achter dikke lappen stof.

Zoals gewoonlijk maakt hij nieuwe vrienden. Hij weet hoe hij dat moet aanpakken, daar hoeft hij niet over na te denken. Het is zijn sterke punt om vreemdelingen te zoeken en snel contact te maken. Hij maakt grapjes met mensen die hij ontmoet, want even lekker lachen breekt altijd het ijs, een lach overbrugt spraakverwarring en cultuurverschillen. En hij tekent natuurlijk de mensen die hij ziet. Dat doet hij snel, eerst alleen een schets om aan zijn onderwerp te kunnen laten zien. Dat levert altijd resultaat op. Zelfs politiemensen en soldaten glimlachen als ze zijn tekeningen zien.

Hij wordt thuis uitgenodigd door de geneesheer-directeur van het ziekenhuis van Kandahar. Hij heeft gezien hoe PK mensen tekent op straat in Kandahar en wil dat hij een van zijn vier vrouwen tekent.

'Maar natuurlijk!' antwoordt PK en de volgende dag fietst hij met houtskool en potloden in zijn zak en papier in een tas aan het stuur naar hem toe.

De arts lijkt buitensporig rijk als je kijkt naar het huis waar hij woont: dat lijkt wel een paleis, denkt PK. Door de butler van het huis wordt hij aandachtig opgenomen en binnengelaten, waarna hij door de arts zelf wordt rondgeleid. Die vertelt dat de meubels uit Parijs geïmporteerd zijn en dat het hem en zijn vrouwen aan niets ontbreekt.

Midden in het paleis ligt een ronde kamer met een halfronde bank. Daar zitten zijn eerste, tweede en derde vrouw. Ze hebben geen sluier voor. Een ongewoon gezicht in Afghanistan. Misschien bedekken ze hun gezicht alleen als ze de straat op gaan, denkt PK. Hij begroet hen een voor een. Hij drukt zijn handen tegen elkaar aan, buigt en zegt zoals in India gewoon is: 'Namasté.'

De arts en zijn drie aanwezige vrouwen kijken nieuwsgierig terug en mompelen: 'Hello.'

Daarna komt de vierde vrouw de kamer in. Hij vermoedt dat het om haar gaat. De gestalte die naar hem toe komt lijkt op een wandelende tent, maar ergens binnenin onder die donkere boerka lijkt een mens te zitten. De arts wijst naar de tent en hij begrijpt: hij moet haar gaan tekenen.

PK wordt samen met de vierde vrouw in een zijkamer gelaten. Hij zit heel lang verstijfd voor haar, hij kan zich er niet toe zetten een stuk stof te tekenen. Maar dan begint ze te praten. Hij staat paf. Het meisje dat hij hoort spreekt perfect Engels met een Amerikaans accent. Als je je ogen sluit en luistert, denkt hij, zou je denken dat ze een Amerikaanse toeriste is.

Dan doet ze haar boerka af. Hij is nu net zo verbaasd. Ze draagt een strak T-shirt, een spijkerbroek en schoenen met hoge hakken. Ze is zwaar opgemaakt en ruikt naar een heftig, zoet parfum. Maar zo te zien is ze hooguit vijftien. Ze is zeker mooi, heel mooi zelfs, denkt hij. Het contrast met de vreugdeloze zware lap stof is enorm. Maar als hij heeft opgemerkt hoe jong ze is, wordt hij verdrietig. Hij denkt aan haar man, de geneesheer-directeur. Die is vierenzestig, gerimpeld, kaal en heeft een dikke buik. Dat arme meisje! denkt PK. Wat een sombere toekomst!

Zijn verbazing wordt verdriet, dat verandert in woede. In de toekomst moet er een einde komen aan verouderde tradities als polygamie en gearrangeerde huwelijken, denkt hij. De liefde kan niet gepland en aan banden gelegd worden. De liefde moet vrij zijn. In de toekomst moeten alle mensen in Afghanistan en India die naar liefde snakken zelf hun partner mogen kiezen.

Hij houdt zich voor dat hij de gelukkigste Indiër ter wereld is. Zelf heeft hij, in tegenstelling tot het meisje tegenover hem, de kans die hem werd geboden met beide handen aangegrepen en met de traditie gebroken. Maar dan denkt hij aan de onzekerheid omtrent zijn eigen lot. De scheiding van Lotta, het ondraaglijke verlangen, de lange fietsreis. Is hij echt zo gelukkig? De jonge vrouw van de arts weet in elk geval wat ze heeft. Hij beseft hoe onzeker hij zich eigenlijk voelt. Waar zal zijn reis toe leiden? Zal hij überhaupt de afgelegen stad Borås bereiken en met Lotta herenigd worden? En zal hij zijn familie ooit nog zien?

Hij is vrij, voelt zich licht en leeft een leven zonder eisen, behalve dat hij elke dag moet fietsen tot hij erbij neervalt. Maar hij is ook de eenzaamste Indiër ter wereld. De onrust is een kriebelend gevoel net onder zijn onderste linkerrib. Hoe meer hij nadenkt over alle risico's die hij loopt, hoe meer het gevoel van vrijheid en geluk verdwijnt. Lotta heeft misschien wel gelijk. Het is veel te gevaarlijk om in je eentje van India naar Europa te fietsen.

De man van het meisje is al een aantal keer binnengekomen met de vraag of ze al bijna klaar zijn met de tekening. Hij zou nu echt moeten beginnen. Maar hij kan het niet, het gaat niet, zijn gedachten blijven malen en hij is er niet toe in staat. In plaats daarvan vraagt hij de jonge mooie vierde vrouw: 'Ben je gelukkig?'

'Ja, ik ben gelukkig,' antwoordt ze snel.

'Maar hou je ook echt van je man?'

'Ja.'

'In je hart?'

'Ik hou van hem.'

'Maar denk je dat hij ook van jou houdt?'

'Ja.'

'Maar hij heeft nog drie vrouwen.'

'Hij houdt het meest van mij.'

'Bewijs dat maar!'

'Ik krijg alles wat mijn hartje begeert. Als ik een nieuw parfum uit Parijs wil hebben, dan belt hij en dan komt het parfum een week later met de post uit Parijs.'

'Maar is het niet beter om te trouwen met een man die even oud is?'

'Ik vertrouw jonge mannen niet, ze beloven de wereld en zeggen dat ze van je houden, maar ze houden zich nooit aan hun beloften.'

Hij denkt dat ze gehersenspoeld is, maar zegt niets.

'Bovendien,' vertelt ze verder, 'slaapt hij alleen met mij en nooit met de andere drie.'

Dan begint hij eindelijk met zijn werk en terwijl hij tekent piekert hij over haar levenskeus. Misschien ziet ze in deze man wel iets wat hij niet ziet. Hij denkt aan het verhaaltje dat zijn moeder hem altijd vertelde. Dat gaat om zes blinde mannen die een olifant tegenkomen.

Een van de mannen voelt aan een poot van de olifant. 'Ah, een olifant is net als de stam van een boom,' zegt hij.

Dan voelt de andere man aan de staart. 'Sufferd, een olifant lijkt meer op een touw.'

De derde blinde man steekt zijn handen naar voeren en voelt aan de slurf. 'Jullie hebben het allebei mis. Een olifant lijkt op een slang.'

De vierde man voelt aan de slagtanden. 'Jullie kletsen maar wat. Een olifant lijkt op een speer.'

De vijfde man pakt het oor van de olifant. 'Helemaal niet, helemaal niet, een olifant is iets waarmee je jezelf koelte kunt toewuiven.'

Toen was de zesde en laatste blinde man aan de beurt. Hij voelt aan de buik van de olifant. 'Jullie zitten allemaal verkeerd. Een olifant is net een muur.'

De zes mannen wenden zich tot de olifantenverzorger. 'Wie van ons heeft gelijk?' vragen ze.

'Jullie hebben allemaal gelijk en jullie hebben het allemaal mis,' antwoordt de verzorger.

De vrouw van de arts en ik zijn net als die blinde mannen, denkt PK. We kunnen alleen maar voelen en begrijpen wat zich precies voor ons bevindt.

De volgende ochtend fietst hij weer verder naar het westen. Hij heeft het adres van een van de collega's van de rijke man in de stad Delaram, dat halverwege de weg naar Herat ligt.

De collega van de arts ontvangt hem met open armen bij de stadsgrens, nodigt hem thuis uit en biedt hem thee aan. Als ze daar aan de zoete thee zitten te nippen, pakt de arts een krat kranten dat hij onder zijn bed bewaart.

'Wil je eens kijken?' vraagt de arts, die nog een jonge vent is, en hij geeft hem een stapel Amerikaanse *Playboy's*.

PK bladert erdoorheen en legt ze dan terug. Het is logisch dat Afghaanse mannen door zulke tijdschriften moeten bladeren als alle vrouwen in hun land aan hun blik zijn onttrokken. De foto's van de vrouwen met blote borsten zijn slechts een klein deel van het lijf van de olifant, denkt hij. Maar wat zou de arts veel gelukkiger zijn, denkt hij, als hij een echte vrouw had.

Hij voelt dat de vermoeidheid op komt zetten, een knagende hoofdpijn, spierpijn in zijn dijen. Hij nipt van zijn thee, kijkt afwezig in het niets en denkt aan het dorpje aan de brede rivier aan de rand van het bos. De beelden staan hem nog steeds levendig voor de geest.

De volgende dag op de fiets op weg naar de bergen onder de hoge hemel, met een koele wind in zijn gezicht, is zijn hoofd helemaal leeg.

DELARAM – HERAT – ISLAM QALA

Na Delaram slaat de oost-westelijke A1 af naar het noorden, naar Herat. Dat is de weg die iedereen neemt. Dat is de weg die PK neemt. Er is eigenlijk geen alternatief. Dit is de hoofdweg van de hippies en zwervers.

PK fietst van het ochtendgloren tot aan de schemering met slechts een uur lunchpauze. Nog steeds lichtgrijs beton en nog steeds irritante spleten tussen de betonnen platen. De fiets stuitert en stoot bij elke spleet tegen zijn kruis. Dat de Russen daar niet over nagedacht hebben toen ze de weg aanlegden. Wat is er mis met asfalt?

Hij maakt zich niet zo veel zorgen over waar hij zal overnachten. Dat komt altijd wel goed. Tussen de honderden adressen in zijn notitieblok is er geen bij van iemand langs deze weg. De meeste zijn van vrienden in Europa. Maar hij ontdekt dat de mensen op het Afghaanse platteland extreem gastvrij zijn. Ze nodigen hem thuis uit voor thee, eten en een bed om te overnachten. Ze vinden het vanzelfsprekend om hem onderdak te bieden. Ze verwelkomen hem zonder voorbehoud. Hij hoeft hen niet eens te tekenen in ruil voor eten.

Hij fietst en fietst en staart naar de monotone horizon. Hij wordt ingehaald door vrachtwagens beladen met hooi, matrassen en geiten op weg naar het Westen en ziet een paar keer per dag fantasierijk beschilderde bussen met Europese reizigers op weg naar het Oosten. Hij weet dat de meeste Europeanen over een week of zo in de cafés aan Chicken Street in Kabul zitten en nog een paar weken later voor het Indian Coffee House in New Delhi parkeren, waar ze dan kunnen rondhangen en ervaringen en tips uitwisselen over de lange reis.

Zonder die cafés zouden wij reizigers er slecht aan toe zijn, denkt hij, het zijn onze informatiecentrales.

In Herat slaapt hij in een bed met een bodem van gevlochten touw maar zonder matras in een van de ergste en smerigste budgethotels waar hij ooit overnacht heeft. Hij slaapt onrustig en heeft een vreselijke nachtmerrie. In zijn droom komen er bedelaars naar hem toe, tien, twintig, dertig bedelaars. Ze steken hun handen uit. Hij kijkt naar hun eeltige handpalmen, kijkt omhoog en ziet dat ze geen hoofd hebben. Een leger van hoofdloze bedelaars. Ze komen steeds dichterbij, fluisteren hees hun eisen en dreigen dat ze hem zullen vertrappen.

De volgende ochtend wordt hij wakker van de zon, die door een klein gaatje schijnt. Hij is bezweet en vies, hij heeft zich al een paar dagen niet gewassen. Zijn lichaam plakt. Zijn mond is droog. De grond is stenig en de kleuren waarmee het beton is beschilderd zijn afgebladderd. Op de cementen vloer naast zijn bed heeft iemand in het Engels gekrabbeld: *Rudolf is in dit bed vermoord.* Wie was Rudolf, hoe is hij vermoord, wie heeft hem vermoord? Hij denkt aan zijn droom, die leek op de beelden van hongerrampen en het lijden van al die mensen die hij schilderde toen hij nog onder de spoorbrug in New Delhi woonde.

De dag breekt aan en hij gaat de straten van Herat op om mensen te tekenen en geld te verdienen. De geldvoorraad in het stoffen zakje om zijn hals en in de geheime zakken aanvullen, eten tot hij voldaan is en verder westwaarts fietsen – dat zijn de eerste drie gedachten. Pas daarna denkt hij aan Lotta.

Hij heeft pas honderd meter gelopen vanaf het hotel als er een auto stopt, waar een man uit springt. Hij stelt zich voor en zegt dat hij de adviseur is van de gouverneur van het district.

'Stap maar in de auto,' zegt de adviseur.

'Oké,' antwoordt PK.

'De gouverneur is doctor in de politicologie, hij is een zeer belangrijk en intelligent man,' legt de adviseur uit. Hij zit naast PK op de achterbank van de auto, die snel door de smalle straten van Herat rijdt.

'We hebben gezien dat jij je diensten als kunstenaar aanbiedt. De gouverneur wil ook een portret hebben.'

De gouverneur woont in een statig huis, omgeven door een omheining en met bewakers bij de entree. PK begroet de gouverneur die op hen wacht beleefd. Hij bekijkt hem aandachtig. De gouverneur is scheel, ziet hij. Hij weet wat dat betekent.

Ze gaan in de binnentuin zitten en PK werkt snel en geconcentreerd met zijn potlood en houtskool en laat dan een portret zien waarop hij de scheelheid heeft weggetoverd. De gouverneur is enthousiast.

'Dat is het beste portret ooit,' zegt hij blij en hij vraagt of hij wat voor hem kan doen. PK vertelt dat zijn Afghaanse visum twee weken geleden is verlopen en dat hij problemen zal krijgen als hij het land uit wil, Iran in.

'Jij krijgt geen probleem met de grenspolitie, hoor,' verzekert de gouverneur hem.

'Niet?'

'Niet als ik met ze heb gepraat.'

Als hij een paar dagen later zijn verlopen visum laat zien bij de grenspost in Islam Qala, wuiven de politiemensen hem vrolijk verder.

ISLAM QALA – TAYBAD – FARHADGERD – MASHAD – BOYNURD – AZADSHAHR – SARI

In Iran begint het zwaar te worden. Hij heeft al twee nachten langs de kant van de weg geslapen en sinds gisteren niet meer dan een paar vruchten gegeten. Hij heeft nog geld in het zakje om zijn hals, maar de dorpen liggen ontzettend ver uiteen. Vanaf de grens is hij met een vrachtwagen meegereden, maar na een uur is hij afgezet. Hij moest verder fietsen, hij heeft elke dag langer gefietst dan hij eigenlijk kan, en nu heeft hij zulke vermoeide benen en zo'n zadelpijn dat hij liever helemaal niet meer wil zitten. Zijn baard is lang en warrig geworden, en vies. Hij heeft honger, maar er zijn maar weinig plekken waar hij eten kan kopen. Als hij met zijn vingers over zijn ribben gaat voelt hij dat hij vermagerd is. Hij kijkt naar zijn spiegelbeeld in een raam. Hij lijkt wel een hippie.

In het kleine vakantieoord Sari aan de Kaspische Zee gaat hij in een strandpaviljoen met witgeschilderde houten wanden liggen om te slapen. Overdag verkopen ze hier ijs, denkt hij. Nu is het avond, het strand is leeg en de kiosk verlaten. Hij rolt zijn slaapzak uit op de grond. Hij gaat voorzichtig liggen, probeert niet tegen zijn achterste te stoten. Zijn buik doet pijn van de honger. Hij valt uitgeput in iets wat het midden houdt tussen waken en slapen. Het strand is zo licht, de zee zo rustig, de hemel zo lichtblauw. Het is een mooie plek om dood te gaan.

Als hij zo ver is gezonken als maar kan en bijna de bodem heeft bereikt, gebeurt er altijd wel iets onvoorspelbaars waardoor de situatie kantelt. Zo is dat in zijn leven al vaker gegaan. En zo gaat het nu ook. Als de volgende ochtend de zon opkomt bij het ijsstalletje aan de mooie Kaspische Zee, komt hij weer bij uit zijn toestand van verdoving. Maar het voelt alsof hij zijn ogen nooit meer wil openen. Hij wil nog even in dat grensgebied blijven en dan wegdoezelen en in een droomloze slaap verzinken.

Dan hoort hij mensen lachen en wordt hij uit zijn droomtoestand gerukt. Hij doet zijn ogen open. Hij is omringd door tien meisjes die hun sluiers optillen, glimlachen en naar hem kijken. Wat een enthousiaste uitdrukking op hun lieve Perzische gezichten, denkt hij. Ze kijken alsof ze hem willen opeten. Hij gaat rechtop zitten en pakt in een reflex zijn schetsboek en laat zijn tekeningen zien. Dat is de beste manier om te communiceren, dat werkt altijd. Dan blijkt dat een van hen Engels spreekt.

'Kijk, ik ben kunstenaar,' zegt PK.

En het blijkt dat ze niet de maagden van Allah zijn of ontsnapt uit een harem. Het meisje dat Engels spreekt vertelt dat ze studenten uit Teheran zijn die naar het strand zijn gekomen om te zwemmen en te picknicken. Hij bladert door zijn schetsboek, laat tekeningen zien en vertelt over zijn fietsreis vanuit India. Ze lachen enthousiast en proppen hem vol met eten. Brood, yoghurt, dadels en olijven. Wat een heerlijk gevoel in zijn buik.

Hij vertelt dat hij vanuit India via de besneeuwde bergen van Afghanistan en het beloofde land van de sjah naar Europa fietst, naar de vrouw van wie hij houdt. Er gaat geroezemoes door de groep.

'Wat prachtig!' roept het meisje in het Engels. Ze geven hem eten mee voor onderweg.

Als hij iets heeft geleerd in zijn leven is het dat het soms niet eens zo verkeerd is om in de onderwereld af te dalen en naar de bodem te zinken.

Na Sari wordt het fietsen weer lichter. De dorpen liggen dichter bij elkaar, hij komt meer mensen tegen, wordt vaker uitgenodigd om te komen eten en slapen en aangezien sommige Iraniërs kleinerend hadden gesproken over de kwaliteit van de fiets die hij in Afghanistan had gekocht, koopt hij een nieuwe in een van de marktsteden die hij passeert.

Voldaan, vrolijk en met een gevulde waterfles en ingevette ketting fietst hij verder over Highway 79 naar Teheran, waar hopelijk een brief van Lotta op hem wacht.

's Ochtends verwarmt de lentezon zijn dijen terwijl na de schemering de avondkoelte in zijn wangen bijt. Dan stapt hij af, gaat een theehuis binnen, drinkt thee en tekent de andere gasten en wordt op die manier thuis bij mensen uitgenodigd. Sinds Herat in Afghanistan heeft hij niet meer in een hotel gelogeerd.

Voordat hij in slaap valt, denkt hij aan Lotta. Hij twijfelt er niet meer aan dat ze hem met open armen zal ontvangen. Hij denkt niet meer dat ze van gedachten is veranderd of iemand anders heeft ontmoet. Vandaag is hij zo overtuigd van de kracht van hun liefde dat de twijfel geen enkele kans heeft.

Sinds het overlijden van zijn moeder heeft hij het gevoel dat hij niemand meer heeft om naar terug te keren. Hij heeft natuurlijk zijn vader en broers en zusje in Orissa en alle vrienden van de kunstacademie en de Congrespartij in New Delhi, maar hij houdt alleen echt van zijn moeder en van Lotta. En zijn moeder is dood. Naar haar kan hij niet toe. Terwijl Lotta zich ergens achter de horizon bevindt.

Zijn belangrijkste gedachte: eindelijk herenigd worden met Lotta of sterven, een derde alternatief is er niet. Daardoor voelt hij zelden angst. Het wordt zoals het wordt, en het wordt het beste als ik niet zo veel nadenk, filosofeert hij terwijl hij langs dorpen en steden fietst die namen dragen als Qaemshahr, Shirgah en Pol-e-Sefid.

Hij wordt geleid door zijn gevoelens en is irrationeel, dat weet hij. Hij luistert naar zijn hart, naar zijn gevoel. De fietstocht is absurd lang. Met veel gevaren. Het risico op tegenslag is groot. Dit is een onmogelijk project. Hij houdt het fietsen naar het Westen alleen maar vol door niet logisch na te denken.

Maar tot nu toe is hij eigenlijk niemand tegengekomen die zijn fietstocht naar Zweden een absurd project vond. Op de route zijn zo veel mensen als hijzelf. Onvermoeibare reizigers. Cultuurvluchtelingen. Zoekenden. Afgezien van alle hippies ontmoet hij ook economische migranten, arme Aziaten op weg naar het rijke Europa. Met zijn medereizigers deelt hij het gevoel dat alles mogelijk is.

Wanneer PK vertelt dat hij op zijn fiets op weg is naar Noord-Europa, vinden de mensen die hij tegenkomt dat volkomen normaal klinken. Thuis in India, voor vertrek, klonk het anders. Zijn vrienden waarschuwden hem dat hij niet op de fiets moest gaan. Dat kun je toch niet doen, zeiden ze. Fietsen is voor arme mensen. Fietsers zijn arm. Fietsers zijn langzaam. Het gaat niet. Het is onmogelijk. Je legt het loodje. Maar moet je nou eens kijken hoezeer ze het mis hadden.

Tot nu toe is hij geen enkel onaardig mens tegengekomen. Hij wentelt zich in het gevoel dat alle mensen op The Hippie Trail nieuwsgierig, positief, vrijgevig en aardig zijn. Je zou je hele leven in beweging kunnen blijven, voelt hij, je hele leven voortdurend nieuwe spannende mensen kunnen ontmoeten.

In Iran verandert zijn reis van karakter. Hij slaapt steeds minder buiten en sinds hij de Kaspische Zeekust heeft verlaten, is hij bijna nooit meer eenzaam en hongerig. Hij krijgt water, gedroogde vis, appels, sinaasappels en dadels langs de weg en slaapt elke nacht in een bed zonder één rial te hoeven betalen. Zijn ticket voor het beloofde land van de gulheid is het feit dat hij Indiër is. India heeft namelijk drie jaar lang een islamitische president gehad, Fakhruddin Ali Ahmed. Toen de president onlangs overleed schreven de Iraanse kranten kolommen vol over de islamitische Indiër die in dat hindoeïstische land zo'n hoge positie had bekleed. Zodra Iraniërs horen dat PK Indiër is, zeggen ze dat ze vereerd zijn dat het hindoeïstische India een leider uit de islamitische minderheid heeft gekozen.

Indiërs hebben een hoog aanzien, de Iraniërs zijn dol op de Indiërs, en dat brengt hem uitgeslapen en goed gevoed steeds dichter bij Europa.

Zijn grote broer, Pratap, heeft een boek geschreven met als helden Indo-Ariërs, die 3500 jaar geleden op de steppe ten noorden van de Kaspische Zee woonden, het oorspronkelijke woongebied van de Noord-Indiërs. Op een dag gaat de held van het boek naar Perzië en Bactrië en uiteindelijk naar de koninkrijken Harappa en Mohenjo-Daro aan de oever van de Indus, ongeveer waar de huidige grens tussen India en Pakistan loopt. Het boek vertelt hoe de grote Indiase beschavingen zich ontwikkelden en het hindoeïsme is ontstaan, maar heel weinig over het kastenstelsel en waarom bepaalde Indiërs lichter waren en anderen donkerder.

Het boek is nooit uitgegeven, maar zijn broer had het manuscript laten kopiëren bij een drukker in Athmallik en een van de vijf exemplaren aan PK gegeven, die het in één ruk had uitgelezen, gefascineerd door het avontuur en de reis.

Als hij vanaf de Kaspische Zee zuidwaarts fietst, stelt hij zich voor dat hij in de voetsporen van de held reist. De hoofdpersoon van het boek had een lichte huid en was op weg naar het Oosten om de mensen met een bruine huid te onderwerpen. Ik ben bruin en ben op weg naar het Westen om geaccepteerd te worden door de mensen met een lichte huid, denkt hij.

SARI – AMOL – TEHERAN

Hij fietst over de net geasfalteerde wegen van Iran naar het westen en merkt op dat alles zo rijk en goed geregeld aanvoelt. Dat begon al direct toen hij de grens over was. De Afghaanse grenspolitie had versleten en kapotte uniformen en hun grenspost was vervallen. Aan de Iraanse kant is alles nieuw en schoon, de Iraniërs zijn beter gekleed en zien er gezonder uit, de auto's zijn moderner, in de wegrestaurantjes staan luxe banken om in weg te zinken, en automaten met gratis koud en schoon water. Wat een verschil kan een grens maken.

Hij is langs de Kaspische Zee naar het westen gefietst en is daarna naar het zuiden afgebogen, naar Teheran. Er is een zuidelijker weg die eigenlijk dichterbij is, maar de hippiebussen nemen altijd de noordelijker weg. Hij wil niet van de route afwijken. Zolang hij op The Hippie Trail blijft, komt hij andere reizigers tegen die hij kan tekenen, zodat hij het geld bij elkaar kan krijgen voor de hele reis. De reizigers kunnen hem ook reistips geven en hem helpen als hij in de problemen raakt.

Als hij Perzen vertelt dat hij uit India komt, vallen ze hem bijna om de hals. 'O, India,' zeggen ze. 'Wat een prachtig land.'

'Vinden jullie?'

Ze vertellen het verhaal dat hij al talloze keren heeft gehoord sinds hij de grens is overgegaan. Dat de Indiase president net voor zijn overlijden nog op staatsbezoek in Iran was. Ze herhalen wat hij al bij elke stop heeft gehoord: dat het zo ruimhartig was van de hindoes in India om een moslim president te maken. PK denkt eigenlijk dat het helemaal niet om ruimhartigheid gaat: het uitdelen van eretaken is slechts een manier om de religieuze minderheden in India milder te stemmen. Bovendien heeft de Indiase president geen enkele macht, de premier bestuurt het land. Een religieuze minderheid op een ceremoniële en machteloze post zetten is een geniale manier om iets moois cadeau te doen zonder iets belangrijks op te offeren.

Maar de Iraniërs zijn onder de indruk. Ze zeggen dat de moslims in PK's land dezelfde rechten hebben als alle anderen. En dat klopt zeker, op papier. Een oude man vertelt hem over de geschiedkundige al-Biruni, die duizend jaar geleden van Perzië naar India reisde. Hij vertelt dat de hindoes tegen hem zeiden dat geen enkel land zo volmaakt was als India, geen koning zo machtig als de Indiase, geen religie zo mooi als het hindoeïsme, geen wetenschap zo ver ontwikkeld als de Indiase. Het probleem is dat India niet langer de hemel op aarde is, als het dat ooit geweest is. Maar de oude Iraniër houdt koppig vol dat India glinstert van het goud en zilver.

Als de Indiase hoofdstad door iets wordt getypeerd is dat niet schitterend goud, maar zijn dat sloppenwijken en vuil. Dat zegt hij echter niet. Hij maakt helemaal geen tegenwerpingen. Zo is het het makkelijkst. Hij wil de Iraniërs niet teleurstellen. Illusies zijn een goed smeermiddel voor vriendschap.

Hij moet eens flink uitrusten. Hij is moe en vies en ziet er steeds meer uit als een rondreizende heilige, met warrig haar en een lichaam overdekt met modder. Hij huurt een tent op een camping buiten Mashad en pakt alles uit wat hij heeft, wurmt zich uit zijn stinkende, stoffige kleding vol vlekken en schrobt die in de wasruimte stevig met zeep. Hij scheert zich, trimt zijn neusharen, zeept zijn hele lichaam in, neemt een warme douche en voelt zich voor het eerst in lange tijd echt schoon.

Midden op de camping ligt een vijver en ernaast bevindt zich een graf waar een bekende Iraanse dichter begraven ligt. Op een eilandje midden in de vijver staat een kleine moskee, die na de schemering wordt verlicht door gekleurde lampen. Mensen maken dagtochtjes vanuit Mashad om van de rust te genieten en het graf en de moskee te bezoeken. Ze hebben picknickmanden en dekens bij zich en brengen er de hele avond door.

PK begrijpt dat het een gouden kans is. Hij zet zijn ezel op en laat de tekst dat hij portretten kan tekenen in het Perzisch vertalen. Daarna gaat hij zitten wachten.

Meteen de eerste avond vormt zich al een rij. Hij tekent de hele avond en die daarna en verdient veel geld. Iraniërs zijn rijk. PK ziet dat ze aan komen rijden in grote, glanzende, nieuwe auto's die er peperduur uitzien.

Op zijn affiche zet hij niet wat een tekening kost. Als mensen het vragen antwoordt hij: 'Betaal zo veel als je wilt.'

Iraniërs betalen met alle plezier vijf keer, ja soms wel tien keer meer voor een portret dan wat hij gewend is. Bovendien trakteren ze hem op eten, fruit, thee en rozenwater.

Het enige wat hem nu zorgen baart is zijn aankomst in Europa. Hij heeft al zo veel waarschuwingen gehoord dat hij begint te geloven dat de reis in dat nieuwe exotische werelddeel niet zo soepel zal verlopen als tot nu toe.

TEHERAN – QASVIN

In Teheran is het chaotisch. Auto's, overal auto's, die zich verdringen om ruimte op de veel te smalle wegen vol vrachtwagens, bussen, karren volgeladen met spullen en fietsers die hun best doen in de berm te blijven rijden om niet neergemaaid te worden en hun sjaal voor hun mond binden om niet al te veel stof en gruis in te ademen.

PK gaat goed op zijn fiets zitten, fietst en fietst en toetert regelmatig met zijn extra grote claxon, die hij op het stuur heeft gemonteerd om hoorbaar te zijn in het verkeer. De claxon brengt een hard, doordringend geluid voort. Hij ziet hoe motorrijders hun hoofd draaien om te zien waar het geluid vandaan komt. Als je klein, langzaam en zwak bent, als je fietst tussen voortdenderende vrachtwagens, dan moet je extra geluid maken om niet overreden te worden.

Ondanks de kakofonie om hem heen denkt hij aan degene die hij is geworden, die hij was en die hij misschien wel gaat worden in het land waarnaar hij op weg is. Hij fietst en sluit de wereld buiten.

Ik ben een hybride, soms lijkt het wel alsof alle culturen en zienswijzen in mij verenigd zijn, denkt hij.

Hij maakt deel uit van de oorspronkelijke, onderdrukte bevolking van India, een uitdrukking van de onrechtvaardigheden van het kastenstelsel, en is tegelijk een gelukkig mens dat de wereld in trekt. Hij is een arme dorpsjongen en een succesvolle grotestadsbewoner. Hij bezit niets, maar heeft alles. Hij weet alles over kunstgeschiedenis en over de beeldende taal van de romantiek en de kleurtinten in Turners Engelse landschappen, maar weet amper waar Zweden ligt en begrijpt niets van techniek. Hij heeft een enerverender leven gehad dan waar hij als kind ooit van droomde, maar voelt zich nog steeds onervaren, hij gelooft letterlijk wat mensen tegen hem zeggen en wil graag nieuwe dingen leren. Hij heeft drie keer geprobeerd een eind aan zijn leven te maken, hij is bijna van de honger gestorven en toch voelt hij zich een onbekommerd en zelfs een gelukkig mens. Hij gelooft in het lot en de traditie, maar hij kan alleen bevrijd worden als hij het oude verwerpt.

Hij denkt: ik ben een kameleon. Ik kan me makkelijk overal aanpassen, waar ik ook ben. Als ik samen met andere arme en verstoten mensen ben, ben ik een van hen. Als ik beroemde mensen ontmoet, verander ik in een buitengewoon mens.

Maar hij kent zijn beperkingen. Als er iets is wat hij nooit heeft geleerd, is het zijn plaats opeisen, lastig zijn en eisen stellen aan zijn omgeving.

In Teheran koopt hij een stuk wit karton dat hij aan een houten stokje bevestigt en met staaldraad tussen het zadel en de bagagedrager vastbindt. Op dat plakkaat schrijft hij: I'M AN INDIAN ARTIST ON TOUR TO SWEDEN. In zijn portfolio, dat ook vastgemaakt is aan zijn fiets, zit alles wat hij heeft getekend sinds hij uit Kabul is vertrokken. Nu is hij een rollend reclameaffiche voor zichzelf.

Overal waar hij aan komt fietsen, op lantaarnpalen en aan gevels van huizen, hangt een portret van een jonge man.

'Wie is dat?' vraagt hij.

'Dat is de zoon van de koning der koningen!' roepen mensen terug. 'De prins der prinsen.'

'De koning der koningen, de prins der prinsen?' vraagt hij.

'Weet je dat niet?' vraagt een man van wie hij fruit koopt. 'Dat is de sjah, de sjah van Iran. En dat is zijn zoon, die het op een dag zal overnemen,' zegt hij terwijl hij naar het portret wijst.

Hij vindt het een mooi portret. De jonge man ziet er aardig uit.

Hij tekent de prins der prinsen en maakt die tekeningen ook vast aan het plakkaat, dat als een zeil omhoogsteekt van zijn fiets.

De tekening van de prins trekt de aandacht. Op een plein in Teheran staat er al snel een rij mensen die het portret willen bekijken en zelf getekend willen worden.

Hij fietst de Iraanse hoofdstad uit en rijdt over Highway 2 naar het westen, naar Tabriz. Iemand vertelt hem dat hij meer dan 3000 kilometer heeft gefietst sinds zijn start in New Delhi. Hij heeft nooit aan de afstand in kilometers gedacht. Wat zegt het aantal kilometers over de aard van de reis? Afhankelijk van het feit of je vliegt, met de bus reist, fietst of loopt, betekent die afstand verschillende dingen. PK denkt: ik ben nu al bijna twee maanden op reis en waarschijnlijk duurt de rest nog eens zo lang.

De zon geeft warmte zonder te branden, de wind waait zonder hem af te remmen. Het is een goede dag om te fietsen. Zoals altijd is het de vraag waar hij vannacht gaat slapen. Maar daar maakt hij zich geen zorgen om. Dat is een van de onzekerheden waarmee hij heeft leren leven en die hij zelfs op prijs is gaan stellen. Hij heeft in tenten geslapen, in tuinhuisjes en tussen vee in schuurtjes. De levensstandaard was overal anders, maar alles is altijd op zijn pootjes terechtgekomen.

Hij sterft of hij bereikt zijn doel. Hij arriveert of overlijdt. Als zijn moeder nog had geleefd, was het anders geweest. Dan was er nog een liefdevolle tegenpool geweest. Maar nu ontvlucht hij een heleboel zinloze dingen en is hij op weg naar een leven dat in zijn droom heel zinvol is. Hij fietst om weer het gevoel te krijgen dat Lotta hem had gegeven, het gevoel dat het leven niet nutteloos is.

Maar stel dat ze van mening is veranderd als hij aankomt? Dat ze hem niet langer wil?

QASVIN – ZANJAN – TABRIZ

Terwijl PK door Iran verder fietst, verspreidt het nieuws over zijn grote reis naar het Westen zich thuis in Orissa. Hij stuurt regelmatig uittreksels uit zijn dagboek naar plaatselijke kranten thuis. Ze publiceren elke regel die hij schrijft. Zijn oudere broer stuurt hem brieven met krantenknipsels. Hij vertelt dat iedereen die hij kent zijn reisverhalen leest en over hem praat. In Orissa is hij het gesprek van de dag.

Hoewel hij verder van huis is dan ooit, voelt hij zich ook meer aanwezig in het nu dan ooit. Op deze afstand van alle brahmanen betekent zijn onaanraakbaarheid helemaal niets. Iedereen is dol op succesvolle mensen. Hij denkt: zolang je in je geboortedorp blijft wonen, een eenvoudige baan hebt, weinig geld verdient en geen belangrijke mensen kent, blijven de brahmanen je slecht behandelen. Dan is hun gepraat over rituele reinheid belangrijk. Maar als je carrière maakt en bekend wordt, lijkt het wel alsof jouw lage kaste helemaal niets meer betekent. Dan buigen ook de hoogste kasten voor jou. Wat een valsheid, wat een schijnheiligheid.

Een van de artikelen die hij vanuit Iran naar huis stuurt heeft in het bijzonder succes in Orissa. Zijn broer schrijft hem en vertelt in zijn brief dat veel mensen het mooi vinden. Alle bekenden praten over hem. Misschien, denkt hij, houden de mensen in Orissa van het verhaal omdat hij daarin de natuur had beschreven alsof die menselijke eigenschappen bezat.

Het bosvolk heeft een lange traditie van het bezielen van de natuur.

Hij zit op zijn hurken naast een pol hoog, droog gras in de woestijn van Iran te poepen. De fiets met zijn plakkaat en zijn portfolio staat in de berm geparkeerd en ziet er van een afstandje uit als een gestrande zeilboot. De zon is verzengend heet en een briesje doet de grassprieten wiegen. Terwijl hij daar zo zit en zijn gedachten laat gaan, schiet hem een gebeurtenis te binnen die voorviel toen hij zes of misschien zeven was. Aan de rand van de akkers net buiten het dorp was hij in een boom geklommen en op een tak gaan zitten om in alle rust te poepen. Daar was op zich niets vreemds aan. In PK's geboortedorp, net als in duizenden andere Indiase dorpen, gaat men eerder ergens in de natuur op zijn hurken zitten dan naar een wc. PK vond het heel slim van zichzelf dat hij had bedacht om in de boom te gaan poepen, dan hoefde hij het niet te ruiken en had hij geen last van de vliegen. Maar hij was vergeten naar beneden te kijken.

Plotseling hoorde hij gebrul. Verbaasd en kwaad gebrul. Hij werd doodsbang en keek naar beneden. Onder hem zat een man die dat wat hij had laten vallen op zijn hoofd had gekregen. Het was niet zomaar een man, het was een brahmaan, die normaal gesproken al niet zou willen dat PK's schaduw over hem heen viel. Hij sprong naar beneden en rende de benen uit zijn lijf. De brahmaan probeerde hem te pakken te krijgen, maar PK was jong en snel en de brahmaan oud, langzaam en gekleed in een onhandig lang gewaad.

Daarna poepte hij nooit meer in een boom.

Hij kijkt om zich heen in de Iraanse woestijn. Geen mens te zien. Geen risico dat hij heilige mannen besmet. Hij kijkt over zijn schouder naar de hoge grasprieten die tot zijn gezicht reiken. Het lijkt wel alsof ze bevriend zijn, hij en de grassprieten.

'Lief gras,' zegt hij hardop, nadat hij voor de zekerheid nog een keertje om zich heen heeft gekeken of er echt niemand in de buurt is. 'Hier sta je dan voor je leven te vechten,' zegt hij tegen de spriet, 'terwijl veel van jouw vrienden zijn bezweken aan de droogte van de woestijn.'

De grasspriet beantwoordt zijn beleefdheid door nog iets extra te wuiven in de wind.

'Jullie zijn één grote familie, maar hier ben jij bijna als enige over.'

'...'

'We hebben je nodig. Zonder jou zou niemand in de woestijn kunnen overleven. Hier kan het kleinste briesje zich ontwikkelen tot een storm en dan voelt het zand als miljoenen naalden in je gezicht. Jij en je weinige resterende vrienden verzetten zich daartegen en zorgen ervoor dat het zand niet wordt weggeblazen.'

'...'

'Thuis, waar ik vandaan kom, Athmallik in Orissa in India, hebben we andere grasspriеten. Het gras brengt ons voorspoed. Rijst, ons dagelijks voedsel, komt ook van een grassoort, een neefje van je. Wist je dat?'

Een windvlaag rukt aan de grasspriet, die heen en weer zwaait, alsof hij buigt voor zijn wijze woorden.

'Ik hou van gras. Gras is de vredesonderhandelaar van de mens en de beschermer van de aarde. Zonder gras wordt het één grote chaos.'

De grasspriet blijft zwijgen.

'Wij mensen rukken jullie met wortel en tak uit om in de aarde naar schatten te graven en huizen te bouwen. Maar je moet geen ruzie met jullie maken. De mens heeft zijn plaats, de wind ook, het zand ook en jij, grasspriet, hebt ook je plaats.'

Hij giet een paar druppels water uit zijn veldfles op de grasspriet om zijn waardering te laten blijken. Hij verbeeldt zich dat het gras trilt van dankbaarheid.

Zodra hij op zijn fiets stapt om verder te reizen op de voorbestemde weg, besluit hij om diezelfde avond zijn diepzinnige gesprek met de grasspriet op te schrijven en dat verhaal naar zijn broer te sturen.

En nu staat het al in de krant. Moet je nagaan dat het artikel zo wordt gewaardeerd! Dat moet komen door het feit dat veel mensen in Orissa zichzelf erin herkennen. Iedereen heeft wel een keer in de natuur neergehurkt en is daarbij filosofisch geworden. Iedereen heeft wel eens gedacht dat het gras, de bosjes en de bomen een ziel hebben en dat je eigen karma verslechtert als je ze niet met respect behandelt.

Hij fietst sneller dan normaal naar Tabriz. Hij hoopt dat er daar bij de post een brief op hem ligt te wachten.

TABRIZ – MARAND – DOGUBAYAZIT – ERZURUM – ANKARA – ISTANBUL

Hij fietst, lift en verlangt. Hij fietst met vermoeide benen westwaarts naar Tabriz op zijn nieuwe Iraanse fiets, de derde fiets sinds hij uit Delhi is vertrokken.

In Tabriz – de geboortestad van de profeet Zarathustra – ligt er een brief van Lotta te wachten die begint met 'Mijn liefste', en een brief van Linnea, de Oostenrijkse die het verkeersongeluk had gekregen en die hij naar het ziekenhuis in Kabul had geholpen. Nu is ze weer thuis in Wenen en zij begint haar brief ook met 'Mijn liefste'. Veel later begreep hij dat Linnea misschien verliefd op hem was. Maar dat dacht hij toen niet. Zijn brievenschrijvende landgenoten gebruiken bijna altijd bloemrijke taal. De brieven die ze elkaar in India schrijven zijn vaak suikerzoet en staan vol geforceerde genegenheid. Daarom vindt hij het niet vreemd dat Linnea schrijft:

Mijn liefste PK,

Ik hoop dat het goed met je gaat, PK, my baby, en dat je snel naar mij komt, in Wenen. Ik dacht dat je vorige week al zou komen. Ik wachtte en wachtte. Hopelijk kom je zo snel mogelijk. Ik denk vaak aan je en dat maakt me blij. We gaan samen een geweldige tijd hebben en ik ga je zo veel laten zien. Nu stop ik met schrijven, maar ik blijf geduldig op je wachten.

Ihr treuer Freund,
Linnea

In India is dat de manier om een vriend te schrijven. Hij stapt op zijn fiets en vervolgt zijn reis naar Turkije.

Wat is Iran groot. Wat is Turkije groot. Wat is de wereld groot. Intussen wordt hij het fietsen aardig zat. *Waar begint Europa? Ben ik al bijna in Borås?*

Hij lift steeds vaker mee met vrachtwagens. Het is in Turkije heel makkelijk om een lift te krijgen.

PK heeft niemand beloofd de hele weg te fietsen. De reis naar Europa is geen project om te bewijzen dat hij sterk en volhardend is. Hij wil aankomen. Meer niet. Als hij genoeg geld had gehad, had hij misschien wel een vliegticket gekocht. Hij heeft voor de fiets gekozen omdat dat het enige alternatief was. Dat was alles wat hij kon betalen. Dus maakte hij van de nood een deugd. Het zal moeilijk en inspannend zijn, hield hij zichzelf voor.

Hij zit naast de chauffeur en diens helper, sluimert terwijl het landschap langzaam verandert, denkt aan alles wat er het afgelopen jaar gebeurd is. Alles is nu zo anders, niet alleen het landschap om hem heen.

Ik ben ook veranderd, denkt hij.

Het lijkt wel alsof hij uit een sluimering ontwaakt. Pas toen hij Lotta ontmoette werd hij zich bewust van wat er om hem heen gebeurde. Daarvoor kon hij zijn eigen gevoelens nauwelijks onderscheiden van die van anderen. Het was net alsof hij niet zag waar de grens liep. Zij maakte hem bewust van zichzelf en de wereld.

De herinneringen aan de tijd voordat hij Lotta leerde kennen zijn al aan het vervagen. Het lijkt wel alsof hij toen weinig eigen keuzes maakte. In plaats daarvan volgde hij de stroom en zette hij mensen om zich heen op de eerste plaats. Hij was veel te bang om te veel gezien en gehoord te worden. Hij zei zelden wat hij dacht. Hij luisterde en imiteerde, als een bezoeker in hun wereld. Nieuwsgierig, onzeker, nederig.

Hij heeft steeds geprobeerd anderen tot tevredenheid te stemmen. Lotta zei altijd tegen PK dat hij zo naïef was, bijna als een kind. Maar ze zei ook dat ze dat leuk vond. Het feit dat je je niet hoeft te laten gelden is je sterkste kant, zei ze.

Als hij niet lift, neemt hij soms de bus. In Iran spraken ze redelijk Engels, maar hier in Turkije kan hij zich helemaal niet verstaanbaar maken. Omdat hij de woorden niet kent, tekent hij scènes van zijn reis. Alle mensen begrijpen afbeeldingen, welke taal ze ook spreken. De fiets op het dak van de bus en PK op de bank helemaal vooraan in de bus, die brullend verder hobbelt over de rechte maar oneffen weg tussen Van en Ankara. Hij tekent ook karikaturen van mannen en vrouwen naast zich. De mensen in de bus moeten lachen als ze het resultaat zien. En daarna bieden mannen met een snor en vrouwen met een hoofddoek hem brood, kaas en fruit aan. Hij zit in kleermakerszit op het bankje helemaal vooraan, eet zoete appels en grote bittere olijven en kijkt uit over de vlakte. Hij heeft het gevoel dat hij en de Turken elkaar begrijpen.

Dat herhaalt zich in verschillende bussen, en in cafés, eethuisjes en herbergen. Turken lachen makkelijk, merkt hij. Hij wordt thuis uitgenodigd bij de mensen die hij tekent en krijgt zoals gewoonlijk gratis eten en onderdak. Jullie Turken leven vanuit jullie hart, zegt hij tegen mensen die hij ontmoet. Ze zijn gevleid en bieden hem nog meer eten aan.

Vroeg op een ochtend komt hij met de bus in Istanbul aan. De minaretten roepen op tot gebed terwijl hij snel naar het hoofdpostkantoor gaat om te kijken of er brieven voor hem liggen. Ja hoor, Lotta heeft geschreven. Dicht op elkaar staande regels met krullerige schrijfletters vol verlangen. Zijn vader heeft een brief geschreven. En Linnea uit Wenen. Ze heeft hem een dikke aangetekende brief gestuurd. Er valt een treinticket uit voor de Trans Balkan Expres, voor de reis van Istanbul naar Wenen.

Hij loopt langs de Gouden Hoorn en kijkt uit over het blauwe water en de mooie Galatabrug met al zijn winkels en eetgelegenheden. Istanbul ruikt naar Azië, maar dan anders. Hij kan er de vinger niet op leggen wat het is, niet meer dan dat hij de geur niet kent. Hij loopt door de steegjes naar het Topkapipaleis van de sultans en ademt de koele ochtendlucht in, die naar houtrook, pijnbomen en zee ruikt. Bij de terrasjes van theehuizen ruikt hij de geur van sterke sigaretten. Op de weg over de heuvel hoort hij het hoorngeluid van de stoomboten, het geklepper van paard-en-wagens en het doffe motorgeluid van alle oude Amerikaanse Chevrolets en Buicks uit de jaren vijftig die door de straten van Istanbul rijden. De auto's zijn zo mogelijk nog ouder dan in India. Maar de vrouwen zijn modern gekleed. Heel anders dan in Afghanistan, Iran en Irak, denkt hij. Blouses, rokken, spijkerbroeken, loshangend haar. Hij ziet nergens vrouwen met een hidjab, nikab of een andere vorm van een sjaal om het hoofd.

Hij vermoedt dat Istanbul het voorportaal van Europa is en dat hij zijn eigen toekomst ziet.

Zo veel koepels en bruggen. En ze zien er allemaal uit alsof ze heel stabiel gebouwd zijn. Op school leerde PK over Timoer Lenk, de krijgsheer die Delhi platbrandde en het merendeel van de mannen in de stad executeerde. Hij was toch een Turk? Maar hij was geboren in de buurt van Samarkand, dat nu in de Sovjet-Unie ligt. Hoe dan ook, hij had maar één oog, herinnert PK zich terwijl hij op een krukje zit bij de Blauwe Moskee en een glas koude, zoute ayran drinkt.

Hij logeert in een goedkoop hotelletje in de buurt van Sirkeci, het treinstation aan de Europese kant. Daar voelt hij zich eenzaam en verdrietig. Hij zit op het smalle bed in de kamer die hij met zeven anderen deelt en herleest zijn brieven om zichzelf te overtuigen dat er mensen op aarde zijn die hem kennen. Als je eenzaam bent terwijl je in een grote stad door miljoenen mensen bent omgeven, kun je je heel klein voelen. Iedereen is ergens naar op weg, maar zelf dwaalt hij maar wat rond, zo lijkt het althans.

Hij gaat naar de bank om de cheque in te wisselen die hij heeft gekregen als betaling voor een tekening. Terwijl hij in de bank op een stoel achter een bureau zit te wachten totdat het geld wordt uitbetaald, pakt hij zoals gewoonlijk zijn schetsboek en potloden en begint een van de medewerkers te tekenen. Na slechts een paar minuten staat er een hele menigte om hem heen. De bankmedewerkers houden op met hun bezigheden en gaan in een kring om hem heen staan kijken hoe het portret vordert. De man die PK heeft getekend lacht tevreden als hij het resultaat ziet.

'Dat lijkt heel goed, je bent heel goed, meneer de Indiër!' zegt hij en hij laat het aan zijn collega's zien.

Een vrouwelijke collega in een plooirok en blauwe zijden blouse wil ook geportretteerd worden. Ze is mooi, hij wil haar heel graag in een beeld vangen. Maar hij durft het niet. Mannen kan hij wel tekenen, maar als de vrouw niet tevreden is, vat ze het portret misschien op als een belediging. Hij kan het risico niet nemen. Misschien wordt hij wel naar buiten gesmeten, maken ze hem belachelijk, lachen ze hem uit.

Nee, dat durft hij niet. Niet zo'n mooie vrouw. Dat kan problemen opleveren.

'Ik heb geen tijd meer,' zegt hij en hij buigt beleefd voor de vrouw. Erop gebrand snel weg te komen schrijft PK *Best wishes!* in een hoek van de tekening van de bankmedewerker, scheurt het blaadje af en geeft het hem. De man wil ervoor betalen.

'Hoeveel kost het?' vraagt hij.

'Zo veel als je wilt,' antwoordt PK.

Hij betaalt goed. Zo veel dat PK een weeklang elke dag in een restaurant zou kunnen eten.

Als hij tegenwoordig terugdenkt aan de dagen die hij doorbracht in het voorportaal van Europa lijkt het wel alsof hij zijn eigen leven niet in de hand had. Het leven stuurde hem, net zoals voordat hij Lotta ontmoette.

Vrolijk en met een rijk gevoel neemt hij een taxi naar Istiklal, de winkelstraat aan de andere kant van de Bosporus, om een cadeautje voor Lotta te kopen. In de taxi pakt hij natuurlijk zijn schetsboek om de chauffeur te tekenen. Terwijl de auto in een lage versnelling met moeite de heuvelige straten in rijdt, maakt hij in een paar minuten een snelle schets. Hij geeft hem de tekening zodra ze stilstaan. De knorrige gezichtsuitdrukking van de chauffeur verandert in een glimlach en heel even lijkt het wel alsof hij PK om de hals zal vliegen. Hij bedenkt zich, maar weigert daarna wel betaling voor de trip. Hij nodigt hem zelfs thuis uit. PK accepteert de uitnodiging. Die dag gaat hij niet naar een restaurant en hij hoeft dus zijn steeds groeiende hoeveelheid reisgeld niet aan te spreken.

Hij verdwaalt in de overdekte Grand Bazaar, die hem doet denken aan de steegjes in Old Delhi. Een wirwar van duizenden kleine winkeltjes en planken volgeladen met kruiden, leer, zuiver goud en meerschuimen pijpen. De formule voor een bazaar, denkt hij, is sinds het begin der tijden al dezelfde. Deels handel, deels theater. De verkopers trekken hem naar binnen, net zoals thuis.

Hij voelt zich geborgen. Hij herkent de opdringerigheid.

In Kabul heeft hij schoenen en een leren handtas voor Lotta gekocht. Nu koopt hij een ketting, een lederen band met een turkoois erin. Daarna gaat hij naar The Pudding Shop, wat geen winkel is waar taarten worden verkocht, maar een café waar Turks eten wordt geserveerd. Maar het is vooral een verzamelplek voor hippies uit Europa, een verbindingsplek voor reizigers op weg van Oost naar West en omgekeerd. Hij gaat achter in de langwerpige ruimte zitten en leest de brieven van Lotta en Linnea nog een keer. Hij staart weer naar het treinticket.

Zo af en toe leek het wel alsof hij voor altijd zou blijven fietsen. Fietsen, liften met vrachtwagens, een stuk met de bus en weer fietsen. Soms was het fietsen een bijna-doodervaring. De hitte midden op de dag was drukkend en de zonneschijn niet-aflatend. Hij heeft pijnlijke schaafwonden gehad, hij heeft een gevoelloos achterste gehad en zijn maag heeft geknord van de honger terwijl zijn hoofd aanvoelde als een dampende, trillende, net gebakken cake.

Het treinticket lijkt wel een geschenk uit de hemel. De engelen hebben hem niet zelf het ticket overhandigd, maar een vertegenwoordiger gestuurd in de persoon van Linnea, die het op haar beurt door de post heeft laten bezorgen.

Hij kan er bijna niet bij dat het echt zo is. Hij gaat met de trein naar Wenen. Hij gaat het laatste stukje naar Europa met de trein.

Europa, denkt hij, ik vraag me af of ik iets kan verstaan? Hij kijkt om zich heen. Hetzelfde schouwspel als in het Indian Coffee House in Delhi: reizigers, net zoals hijzelf, en een prikbord vol briefjes van mensen die reisgezelschap zoeken.

Volkswagenbus naar India, we vertrekken vrijdag, één plaats vrij.
Magic Bus Londen-Kathmandu heeft vijf lege stoelen.
Heeft iemand mijn Pentax Spotmatic gevonden?

Wat moet hij doen met zijn fiets? Meenemen met de trein? Hij stopt het treinticket achter zijn broeksband en besluit zijn fiets te verkopen en in Wenen een nieuwe aan te schaffen. Hij schrijft in zijn blocnote: *Te koop: stevige moderne herenfiets, gekocht in Teheran. Slechts 20 dollar.* Hij scheurt het papiertje eruit en prikt het op het prikbord.

ISTANBUL – WENEN

Op het Westbahnhof in Wenen stapt hij uit de trein. Ziet Europa er zo uit? Massieve huizen, schone straten en keurig geklede mensen. Beheerste rust. En ook een bedrukte stemming. Maar het is een mooie wereld. Een droomwereld. Het lijkt net alsof hij in een poppentheater terecht is gekomen. Wenen ziet eruit als in een sprookjesboek.

Linnea's zus Silvia haalt hem op van het station. Linnea zelf, die zo naar PK verlangde en zulke liefdevolle brieven schreef, is uit Wenen vertrokken. Silvia vertelt dat ze twee dagen geleden naar India is gegaan. Ze wachtte en wachtte, maar heeft het uiteindelijk opgegeven. PK kwam niet. Misschien is hij wel omgekeerd, dacht ze. En haar verlangen om weer naar het Oosten te gaan nam de overhand.

Silvia gaat met hem naar Galleri 10, dat in het centrum van Wenen ligt, en het eigendom is van haar familie. Silvia's moeder begroet hem, maar trekt ook haar neus op en brengt hem naar de badkamer, die achter de expositieruimte ligt. Daar staat een hoge, ouderwetse badkuip op leeuwenpoten. Ze vult de kuip met dampend water en badschuim en verzoekt hem zich uit te kleden en erin te stappen. Nerveus en met een onderdanig gevoel jegens de gedecideerde oude vrouw kleedt hij zich helemaal uit. Als zijn kleren naast hem op de grond liggen, begrijpt hij hoe vies hij ruikt, hoe smerig zijn kleding is en hoe wild zijn baard en haren zijn gegroeid.

Hij baadt en denkt aan Europa, dat naar zeep ruikt. Weggerukt uit het gekrioel, het vuil en het caleidoscopische leven van alledag in Azië is hij onzekerder dan hij in lange tijd geweest is. Die verdraaide onrust begint weer de kop op te steken, hij voelt zich niet meer thuis.

Hij logeert bij Silvia en haar vriend. Bij hen wonen ook een kunstenaar en zijn vrouw, die in een rolstoel zit.

Silvia vertelt PK van alles over Europa, over haar eigen cultuur. Ze wil dat hij van zich af leert bijten en niet zo goedgelovig is.

'Mensen zijn hier niet zo goed, niet zoals in Azië. Europeanen zijn individualistisch en vinden zichzelf het belangrijkst,' zegt ze en ze voegt eraan toe dat goedgelovige mensen in Europa in de problemen raken.

'Pas op, Europeanen zijn racistisch, we zijn niet vriendelijk, iemand kan je in elkaar slaan omdat je een donkere huid hebt,' waarschuwt ze en ze vertelt gedetailleerd hoe hij gedag moet zeggen, een gesprek moet beginnen en zich moet gedragen.

PK is dankbaar voor haar goede advies.

Ze bekommert zich om me, denkt hij terwijl Silvia hem overstelpt met haar waarschuwingen.

In slechts een week tijd leert hij veel over de nieuwe exotische en onbekende cultuur van Europa.

De kunstenaar in Silvia's flat is een kettingroker. Hij is aardig maar voortdurend dronken en hij gedraagt zich onberekenbaar. Dan weer wordt de kunstenaar neerslachtig en duister, dan barst hij in lachen uit en dan weer wordt hij sentimenteel en wil hij PK omhelzen. Op een avond staat hij op, omarmt PK en zegt dat hij zijn vrouw mag kussen en omhelzen.

'Ga je gang,' zegt hij.

Maar PK raakt haar niet aan. Dat durft hij niet. Hij wil het niet. Hij kent haar niet eens. Ze hebben elkaar alleen maar begroet. Waarom zou hij een onbekende vrouw kussen? In plaats daarvan buigt hij en drukt hij zijn handpalmen tegen elkaar voor een onderdanige begroeting van de vrouw van de kunstenaar in haar rolstoel en gaat naar buiten, de koele lenteregen in.

Hij loopt door de lege straten, die glimmen van de regen, langs de traag stromende Donau en het frisse groen in het park voor het gemeentehuis en het stadspark en denkt aan de hitte, het stof, het vuil en de mensenmassa's in Delhi en aan de Europese vrijheden. Het zal wel even duren voordat hij hier gewend is.

In Wenen zoekt hij reizigers op die hij op The Hippie Trail heeft ontmoet. Zijn blocnote staat vol adressen van reizigers die hem hebben uitgenodigd. Hij drinkt thee met ze, gaat met ze naar een *Bierstube*, tekent hun portret. Ze kopen zijn tekeningen en zijn voorraad reisgeld neemt toe.

Nu, denkt hij, ga ik een dure, mooie fiets met veel versnellingen kopen en dan fiets ik het laatste stuk naar mijn doel.

'Je kunt niet naar Zweden fietsen,' zegt Silvia.

'Ja, hoor, dat kan ik wel,' houdt hij koppig vol.

Silvia gaat met hem naar het Prater, waar ze onder de kastanjebomen aan de Hauptallé lopen en een ritje in het reuzenrad maken. Daarna nemen ze de metro, gaan naar oude bruine cafés en drinken koffie met slagroom, ze pakken de tram en bezoeken sombere eetgelegenheden waar een dikke walm tabaksrook hangt. PK vindt zijn vrienden aardig, maar waarom waarschuwen ze hem de hele tijd voor alle anderen die in Europa wonen? Het gevoel omgeven te zijn door welwillendheid, pauze te hebben van zijn reis, verandert in de ervaring van stress, irritatie en gevoelsarmoede. In Europa gelden de regels, niet de gevoelens, leert hij, en hij probeert te denken dat Europeanen minder menselijk zijn dan de rest van de wereldbevolking. En steeds weer probeert hij zich in te prenten wat zijn vrienden hem willen laten geloven.

'PK,' zeggen ze, 'je bent een goed mens, je doet allerlei goeds voor mensen. Maar jij redt het niet in Europa. In Europa is medemenselijkheid een uitstervende eigenschap. In Europa worden mensen beheerst door vrees en niet door liefde.'

Liefde? Als ze slechts regels en voorschriften volgen, kunnen ze dan in de liefde geloven? Kan Lotta verliefd op hem zijn als de mensen in Europa slechts leven voor het volgen van de regels?

Hij begrijpt dat Europa hard is. Hij merkt ook dat hij over alles gaat nadenken. Hij denkt na, maakt overal een probleem van, bekijkt vanzelfsprekendheden van alle kanten, maakt alles ingewikkeld. Hij werd voortgedreven in een stroom van gevoelens, maar voelt nu hoe die stroom vaart verliest en verandert in een steeds smallere en tragere beek. Hij slaat tegen de bodem, schuurt erlangs, wordt bijna aan flarden gescheurd en afgeremd. Toch lukt het hem zijn hoofd boven water te krijgen, zodat hij zuurstofrijke en rationele gedachten krijgt.

Misschien wil Lotta hem niet als hij aankomt? Maar als hij in de logeerkamer van Silvia's flat in het bed met de veel te zachte matras en de veel te dikke deken ligt en bevangen wordt door twijfels kan hij ook een tegenkracht oproepen. In het donker denkt hij aan zijn moeder. Ze zit op de grond naast het bed en waakt over hem. Zij is de tegenkracht. In de stroom van donkere herinneringen is zij een klein maar krachtig lichtpunt. Bij het schijnsel van dat licht valt hij in slaapt.

Voordat hij een nieuwe fiets heeft kunnen kopen, komt de galerie-eigenaar naar hem toe. Hij stelt zich voor als Herr Manfried Scheer en zegt dat hij bewondering heeft voor PK's doelbewustheid.

'Het is mooi en heel benijdenswaardig dat je je zo opoffert voor iemand van wie je houdt. Stel je eens voor dat meer mensen zich door de liefde laten leiden,' overpeinst de galerie-eigenaar. 'Dan zouden we in een veel mooie wereld leven,' gaat hij verder en hij vertelt dat hij een cadeautje voor PK heeft.

Ze gaan naar zijn kantoor en hij geeft hem een langwerpige envelop. Hij maakt hem open en haalt er een ticket uit, nee, twee. Twee treintickets.

'Dat is te veel,' zegt PK, die het zelf wil betalen. De galerie-eigenaar weigert, maar neemt na wat aandringen wel twee schilderijen van PK aan.

WIEN WESTBAHNHOF – COPENHAGEN staat op het ene ticket.

COPENHAGEN – GOTHENBURG staat op het andere.

WENEN – PASSAU

Hij zit ineengedoken op een pluche stoel. De vulling is zo zacht dat hij het gevoel heeft het contact met zijn skelet te verliezen en denkt dat zijn lichaam alleen maar uit zachte delen bestaat. Toen hij klein was, sliep hij op een stromat op de grond. In zijn huurkamer in New Delhi lag hij op een bed met een matras van wijdmazig gevlochten henneptouw. In de tweedeklaswagons met vrije plaatsen in de Indiase trein staan houten of harde met plastic overtrokken bankjes. Op zijn fiets had hij een hard, verend zadel. In de bussen in West-Azië waren glanzende platen, harde bankjes met vulling. Hij is eraan gewend zijn schouderbladen, stuitje en bekken te voelen. Hij wil dat het duidelijk is waar zijn lichaam eindigt en de dingen beginnen. Het voelt onwerkelijk als hij zich laat wegzakken in iets wat zo weinig weerstand biedt en zo zacht is.

Waarom wikkelen Europeanen hun lichamen in dikke lagen kussens, dekbedden en matrassen? Is het omdat ze het zo koud hebben, omdat ze zich verdwaald voelen, omdat ze bang zijn? Bang voor de hardheid van hun eigen lichaam?

Melk, Linz, Wels. Europese steden hebben vreemde en eenlettergrepige namen.

Hij nadert nog een grens. De trein remt knarsend en komt tot stilstand. Het ruikt naar vocht, kou, staal, verbrande asbest en wol. De gang staat ineens vol geüniformeerde mannen.

De coupédeur wordt opengetrokken.

'Reisepass, bitte!'

Hij pakt zijn groene Indiase paspoort.

De West-Duitse grenspolitie bladert heen en weer in het exotische paspoort. In Passau controleren ze niet elke dag een Indiase burger.

'*Unmöglich, mein Herr. We are so sorry.* Kom mee!' zegt de politieman.

PK moet uitstappen en met de grenspolitie meelopen naar de andere kant van het perron.

'*Scheisse,*' mompelt hij als hij uit de trein stapt. Dat heeft hij van Silvia in Wenen geleerd, die hem vanochtend heeft afgezet.

Nu is het voorbij. Ze denken dat ik een illegale immigrant ben die zich in hun rijke land wil vestigen. En ze denken dat ik hun baan ga afpakken, hun meisjes steel en hun samenleving tot last zal zijn. Maar ik wil er alleen maar doorheen! West-Duitsland interesseert me niet.

Ze vragen hem zijn versleten koffer open te maken. Hun blikken zijn kil, hun gezichten staan star. Ze denken dat er iets illegaals in zit, denkt hij. Dan zou het zo klaar als een klontje zijn. Dan vragen ze hem mee te komen, houden ze hem een paar dagen in hechtenis in afwachting van een uitzettingsbevel en sturen ze hem terug naar de afgelegen plaats waar hij vandaan komt. Ze rommelen door zijn vieze kleding en vinden een binnenband en stapels lichtblauwe luchtpostbrieven, samengebonden met dun vies henneptouw.

'We nemen contact op met de Indiase ambassade in West-Duitsland. Dan kopen zij een vliegticket voor jou zodat je naar huis terug kunt,' zegt een politieman, die PK's blauwe overhemd uit zijn bagage haalt en die tussen duim en wijsvinger op een armlengte afstand houdt, alsof dat besmet is met de pest.

PK's opa zei altijd dat als je slechts twee van je tien vingers gebruikt bij wat je doet, je ontevreden bent met je werk. Natuurlijk ruikt het overhemd vies, dat heeft hij al heel lang niet gewassen, maar de politieman houdt niet van zijn werk, hij is niet in contact met zichzelf. Als opa hier was, zou hij hem daarop gewezen hebben.

De politieman vouwt een opgevouwen en gekreukt krantenartikel open. Dat is in het Engels en komt uit de Indiase krant *Youth Times*. Hij begint te lezen.

'O, hier staat dat hij getrouwd is.'

Er hebben zich nu acht politiemensen verzameld rondom de bruine Indiase hippie met zijn lange krullen en de vieze koffer. Een van hen vouwt een blauwe luchtpostbrief open en leest hem. Hij is geschreven door een vrouw, ziet hij aan de afzender – en uit de inhoud is af te leiden dat de Indiër en de vrouw meer dan vrienden zijn.

'Ja, zo te zien is hij echt getrouwd,' zegt de politieman die de brief leest. 'Met een Zweedse vrouw,' voegt hij eraan toe.

'Ze heet Lotta,' zegt de politieman die het krantenartikel uit heeft en het weer opvouwt.

PK legt de Duitse grenspolitie uit dat hij zijn reis op de fiets is begonnen in India, zijn geboorteland, en dat hij door woestijnen en over bergmassieven in zeven landen en twee werelddelen heeft gefietst, dat hij in honderden dorpen en steden is gestopt om te drinken, eten en slapen en dat hij ondanks de enorme gastvrijheid waar hij ook heen ging, toch op het punt stond te bezwijken. Hij vertelt dat hij in Istanbul op de trein is gestapt en dat hij nu nog maar twee landen door hoeft voordat hij zijn einddoel bereikt en...

'Kom ter zake,' onderbreekt een politieman hem.

'Ik smokkel geen drugs en ben ook niet van plan me in West-Duitsland te vestigen.'

Hij ziet hun scepsis en wordt wanhopig. Een politieman zegt dat het tijd is om de Indiase ambassade te bellen en om transport te vragen. Zo meteen wordt hij opgehaald door een politieauto, die hem naar een huis van bewaring voor immigranten brengt of misschien wel direct naar de luchthaven in München voor een onmiddellijke terugreis.

De politieman verklaart dat West-Duitsland niet iedereen die aanklopt zomaar binnen kan laten. Daarna overlegt hij in het Duits met een collega. PK verstaat niet wat ze zeggen, maar het lijkt wel alsof hij veel te hard wordt omhelsd. Door een kwaadaardige kracht. Hij huilt, snikt en smeekt tegelijk.

'Jullie kunnen me nu niet tegenhouden! Zo harteloos kunnen jullie niet zijn!' jammert PK.

Het lijkt wel alsof alles het begeeft. Zijn stem, zijn gevoel van eigenwaarde, zijn overtuiging. Hij kijkt door het raam en ziet de trein, die nog steeds op het spoor staat te wachten om verder naar München te reizen, naar het noorden. De groene wagons zijn in een grijze nevel gehuld. Het motregent. Hij heeft het koud.

Opnieuw bedenkt hij dat Europeanen meer gericht zijn op het voldoen aan regels dan te luisteren naar de stem van hun hart.

Het avontuur is voorbij, de hoop vervlogen. Hij wordt teruggestuurd. Zijn toekomst ligt in puin. Alle dromen, al het verlangen, alles waarvoor hij heeft gevochten. Het is allemaal tevergeefs geweest!

Tot nu toe was hij ervan overtuigd dat hij zijn doel zou bereiken. Hij heeft getwijfeld en geleden onder moedeloosheid maar al snel weer vertrouwen in zijn maffe project gekregen. Maar na de waarschuwingen van zijn vrienden in Wenen is hij niet meer zo overtuigd. En nu: de mensen van de grenspolitie in Passau, in het grensstation tussen Oostenrijk en West-Duitsland, zien er helemaal niet blij uit. Een van hen zegt dat hij mee moet lopen. Ze gaan een stenen huis in, dat naast het emplacement staat.

'*Ein Moment, bitte!*' zegt de politieman met een professionele en nietszeggende gezichtsuitdrukking, die niets verraadt van wat hij voelt of denkt.

PK probeert er zo vriendelijk mogelijk uit te zien, maar hij beseft dat de slag verloren is. Dus maakt hij zich klaar om zijn koffer op te tillen, in de wachtkamer van het treinstation te gaan zitten om daar te wachten op de volgende trein in de tegenovergestelde richting om terug naar Wenen te gaan.

De politiemensen lezen de brief van Lotta en het artikel in de *Youth Times* nog één keer. Het artikel dat geïllustreerd is met een foto waarop PK zijn wang tegen die van Lotta drukt.

'Het klopt wat hij zegt. Hij is getrouwd,' zegt een politieman.

Zijn façade begeeft het. De tranen stromen over zijn wangen.

PK vertelt huilend over de fontein, het kunstenaarschap, de profetie, de ontmoeting, de zegen en de fietsreis.

De politieman, die net nog zo hard was, lijkt iets minder grimmig. Nu lacht hij en hij ziet er plotseling heel vrolijk uit.

'En je bent op weg naar Zweden?' vraagt hij op een andere toon.

'Naar mijn Lotta,' verduidelijkt PK.

'Het lijkt waar te zijn,' zegt hij tegen zijn collega, en hij wendt zich weer tot PK. 'En ze woont in Zweden?' vraagt hij voor de vijfde keer.

'Ze woont in Borås.'

PASSAU – MÜNCHEN – HAMBURG – PUTTGARDEN – RÖDBY – KOPENHAGEN

Er is een maand verstreken sinds hij uit Istanbul is vertrokken en zijn derde fiets heeft achtergelaten. Zijn vrienden waren ongerust over hem, ze weigerden hem te laten fietsen, stonden erop dat hij veiliger en sneller verder zou reizen. Er zijn veel dingen die gevaarlijker zijn dan naar Europa fietsen. Mensen zijn zo angstig, pessimistisch en mismoedig, denkt hij als hij in een trein zit die snel naar het noorden rijdt, eigenlijk tegen alle gezond verstand in, recht de koude lucht in die het noordelijk halfrond bedekt. Hoe overleven die mensen zo ver naar het noorden?

Maar waarom zo mismoedig zijn? De grenspolitie heeft hem toegelaten, hij is niet naar huis gestuurd, hij heeft een treinticket voor de hele weg naar Göteborg. Nu kan er toch niets meer misgaan?

Steeds weer recapituleert hij wie hij is, waar hij vandaan komt en door welke gevoelens hij bevangen werd. De woede die hij voelde toen de priesters stenen naar hem gooiden en toen hij van de leraar niet in het lokaal mocht zitten. Het wrokkige gevoel dat zich door zijn lichaam verspreidde toen hij aan allerlei wraakacties dacht. De frustratie dat hij onaanraakbaar is en minder waard dan anderen.

Hij denkt dat hij zonder die frustratie niet in een trein naar het noorden gezeten had. Zijn frustratie is zijn stuwende kracht geworden. Zijn identiteit als waardeloos persoon werd uiteindelijk zijn geluk. Zonder minderwaardigheidsgevoelens was hij nooit kunstenaar geworden. Het feit dat hij werd buitengesloten werd een turbine die hem voorwaarts dreef, opwaarts, en voorbij de wereld die hij zich kon voorstellen.

Als kind zat zijn hoofd vol vragen. Toen ze koeien vereerden en stenen naar hem gooiden vroeg hij zich af hoe het kon dat hij, met hetzelfde bloed in zijn aderen als de brahmanen, minder waard was dan een koe. Toen hij niet bij zijn klasgenoten mocht zitten, vroeg hij zich af wat er eigenlijk zou gebeuren als hij ze aanraakte, afgezien van het feit dat ze zouden schrikken en boos zouden worden. Zou de wereld ten onder gaan, de hemel instorten, de goddelijke kringloop verstoord worden? Zijn opa troostte hem altijd als hij heel neerslachtig was.

'Er hangen zwarte wolken voor de zon,' zei hij dan op zijn nurkse maar toch vriendelijke manier. 'Maar op een dag worden ze weggeblazen.'

Opa zei nog andere dingen, maar hij begreep niet alles. Wijze woorden als: 'We komen uit liefde voort, tot liefde keren we weder – dat is de zin van het leven', waren makkelijk te begrijpen, maar lastiger was het met: 'Als we onszelf niet kennen, kennen we de liefde niet.' Over dat laatste piekerde hij heel lang, maar hij begreep het niet.

Nu hij in een Duitse treincoupé zit, herinnert hij zich de wijze woorden van zijn opa en begrijpt hij ze. Hij wilde alleen maar zeggen dat als een mens van iemand wil houden, die zichzelf moet kennen.

Toen hij Lotta ontmoette verdwenen de zwarte wolken. Hij heeft voor zichzelf geprobeerd onder woorden te brengen wat er gebeurde toen hij haar ontmoette. Wat gebeurt er als je verliefd wordt? Energie om te vergeven, denkt hij. Ze gaf me energie om te vergeven. Dat is wat er gebeurde.

Op het perron in Kopenhagen ziet hij een meisje en jongen elkaar omhelzen. Zij stapt zo op de trein en heeft een koffer naast zich staan, hij blijft achter. Ze kussen elkaar. Lang en intens. Mijn hemel, ze hebben hun tong in elkaars mond! Dat niemand ze tegenhoudt! In India zouden er volwassen mannen op afgerend zijn, ze stevig bij de armen hebben gepakt en hun de les hebben gelezen.

Dit is Europa wat ik hier zie, denkt hij. Mijn toekomst!

De trein naar Göteborg rijdt knarsend over de wissels bij de aanlegplaats voor de pont in Helsingborg. De Noorse vrouw die schuin tegenover hem in de coupé zit kijkt hem aan en roept plotseling ongerust uit: 'Je hebt toch wel een retourticket?'

'Nee,' antwoordt hij. 'Waarom?'

'Anders laten ze je er niet in.'

De Zweedse grenspolitie komt eraan. Hij hoort hoe ze de deuren van de coupé ernaast openen en naar de paspoorten vragen. De Noorse pakt haar portemonnee, pakt er een paar biljetten uit en stopt ze in de zak van PK's overhemd.

'3000 Zweedse kronen,' zegt de Noorse.

Dan komt de politie naar hun coupé. Hij laat zijn paspoort zien. Ze zien er sceptisch uit.

'Indiase staatsburger?'

'Ja.'

De politieagent moppert: 'En je brengt een bezoek aan Zweden?'

'Is dat een probleem, meneer?'

'Wat is het doel van de reis?' vraagt de politieman verder.

'Ik ben getrouwd met een Zweedse vrouw.'

De politiemensen kijken elkaar vragend aan, alsof ze bedenken wie van hen deze taak op zich gaat nemen. Een van hen vraagt of hij een document heeft als bewijs dat hij getrouwd is. PK wordt koud vanbinnen. Ze zijn gezegend door zijn vader. Hij heeft geen officieel document en niet eens een stempel of handtekening dat ze een huwelijk gesloten hebben.

Hij bevindt zich op de grens van het land dat het doel is van zijn reis, maar mag niet verder reizen. Zo dichtbij en toch zo ver ervandaan.

De Noorse vrouw gebaart naar hem en wijst naar het zakje van zijn overhemd. Dan begrijpt hij het. Hij pakt de stapel bankbiljetten die ze er net in gestopt heeft en laat die aan de politiemensen zien.

Eerst zien ze er verbaasd uit, dan opgelucht. Ze glimlachen naar elkaar, gaan de coupé uit en trekken de deur weer dicht. PK geeft de stapel bankbiljetten terug aan de vrouw. Hij had aan zijn eigen reisgeld, dat aanzienlijk geslonken was sinds Wenen, waarschijnlijk niet genoeg had om de politiemensen ervan te overtuigen hem toe te laten.

'Je bent een engel,' zegt hij tegen de vrouw in de coupé en hij bedenkt dat als de hele wereld niet vol engelen was, hij niet zo ver was gekomen.

Als kind leerde hij al creatief te denken om hindernissen te nemen. Zijn moeder vertelde hem altijd het verhaal over de kraai die niet bij het water in de kruik kon komen. Toen vloog hij weg en haalde een stukje grind dat hij in de kruik liet vallen. Korreltje voor korreltje. Het duurde een eeuwigheid, maar uiteindelijk zat de kruik zo vol met grind en stond het water daardoor zo hoog dat de kraai met zijn snavel bij het water kon om het op te drinken.

'Denk aan de kraai,' zei zijn moeder.

Maar soms lijken de hindernissen echt niet te nemen. Als alles afhankelijk was geweest van zijn eigen prestaties, zijn eigen vermogen en talent, als hij niet al die weldoeners had ontmoet die hem onbaatzuchtig hadden geholpen, dan had hij nog steeds onder de Minto Bridge in New Delhi gewoond. Daarvan is hij overtuigd. Dan had hij nog steeds pijn in zijn buik gehad van de honger en tijdens koude winternachten zijn handen boven een vuur gewarmd.

HELSINGBORG – GÖTEBORG – BORÅS

Hij heeft het koud, is in de war, bezorgd en vol verwachting. Wat doe ik hier? Een ongeschoren Indiër, 1 meter 67 lang, met warrig haar en stinkende kleding tussen al die lichte, lange en schone mensen. Het licht aan de andere kant van het raam van zijn coupé maakt hem in de war. Een rode streep aan de horizon, ook al is het midden in de nacht. Hij snapt niet hoe dat kan.

Hij valt weer in slaap. Als hij wakker wordt, schijnt de zon in de coupé. De trein staat stil. Hij zweet, schuift het raampje naar beneden, leunt naar buiten, ziet witte bloemetjes die, zo leert hij later, bosanemoontjes heten en hoort een roetzwarte vogel met een gele snavel, die een doordringend en vrolijk wijsje zingt, net zo mooi als Lata Mangeshkars lieflijke stem in de films thuis in India.

De trein stopt op het centraal station van Göteborg.

Hij ademt schone, koele lucht in, stapt met voorzichtige passen op het net geasfalteerde perron. Alles ziet er heel anders uit dan in alle andere steden waar hij geweest is. Niet zoals in Azië. Geen dampende lijven die tegen hem aan drukken, geen kruiers, geen schelle lokroep van theeverkopers, geen bedelaars. Maar het is er ook niet zoals in Istanbul en Wenen. Geen schoorstenen met roetzwarte rook, geen minaretoproepen, geen verweerde gevels, geen benzine- of steenkoolgeur.

Het is zo stil, zo schoon, zo leeg. Thuis in de steden in India kun je je weleens afvragen waar al die mensen toch vandaan komen. Hoe ze met zo velen op een en dezelfde plek kunnen zijn. Hier vraagt hij zich daarentegen af waar alle mensen gebleven zijn.

Hallo! Waar hebben jullie je verstopt?

Op het plein voor het treinstation vraagt hij naar een jeugdherberg. Dan duikt er een reiziger op die hij op weg vanuit New Delhi heeft ontmoet. Hij woont in Göteborg en weet de weg naar het onderdak van het Leger des Heils. Hij is blij dat hij hier weer contact krijgt met de vrienden van The Hippie Trail.

Hij staat dus in de openbare toiletten van het logement voor dakloze, alleenstaande mannen. Hij heeft gedoucht en wil zich net gaan scheren. Naast hem staat een witte man met net zulke vieze kleren als die van hemzelf. De man heeft een vlekkerige huid en bloeddoorlopen ogen. Plotseling tilt hij zijn haar van zijn hoofd. PK is doodsbang. Een zwarte magiër, denkt hij en hij gilt het uit van angst.

De tovenaar draait zich om en vraagt in slecht Engels waarom hij zo schreeuwt.

PK geeft geen antwoord, hij graait zijn scheerspullen bijeen en smijt ze in zijn toilettas, rent de toiletten uit, naar de receptie, om te vertellen over de fakir die hij net heeft ontmoet.

'Kijk maar uit voor hem, misschien is hij gevaarlijk,' waarschuwt hij. 'Geloof me, ik kom uit India, ik weet wat zwarte magie kan veroorzaken.'

'Hoeveel heb je eigenlijk gedronken?' vraagt de receptionist.

Hij vindt een publieke telefoon en belt Lotta.

'Is dat echt waar, ben je in Göteborg?' zegt ze. Hij is niet eens blij dat hij eindelijk haar stem hoort, zo geschrokken is hij. Hij vertelt dat hij een tovenaar heeft ontmoet, maar niemand gelooft hem. Zij zo te horen ook niet. Ze lacht en vraagt of PK nog nooit een kunstgebit en een toupet gezien heeft.

Daarna zegt Lotta dat ze hem snel, heel snel komt ophalen.

Hij staat bij de receptie van het logement van het Leger des Heils in Göteborg en ziet haar aankomen. Ze heeft een donkerblauw jasje aan met gouden knopen. Ze zeggen helemaal niets. Het is zestien maanden geleden dat ze op het station in New Delhi uit elkaar gegaan zijn.

Voordat Lotta binnenkwam stond PK op het punt in te storten. De laatste tijd was hij vermoeider dan ooit. Maar nu verdwijnt de moeheid, die wordt uitgewist door de blijdschap die door zijn lichaam stroomt. Hij maakt zich los en probeert te verwoorden wat hij voelt, maar hij kan geen woorden vinden. Hij kijkt haar aan. En barst in huilen uit.

Lotta weet hoe zijn sterke gevoelens hem altijd overstelpen. Ze gaan naar The Garden Society. 'Een café tussen de bloemen,' legt Lotta uit.

Ze drinken thee met wat lekkers. De zon schijnt. De lucht is zoel. De hemel is kraakhelder en lichtblauw. De anemonen bloeien nog steeds langs het Stora Hamnkanaal.

Wat zijn ze dit jaar vreemd groot! denkt Lotta. Ze heeft nog nooit zulke grote anemonen gezien. Reuzegroot! denkt ze terwijl ze hand in hand met PK loopt, die niet weet hoe klein een anemoontje normaal gesproken is en aan heel andere dingen denkt.

PK kijkt in het Vallgravskanaal en verwondert zich erover dat het water niet zwart is en snel stroomt.

Het laatste stukje van zijn lange reis leggen ze af in haar gele auto, door plaatsen waarvan hij de naam niet kan uitspreken.

Landvetter, Bollebygd, Sandared, Sjömarken.

Hij bedenkt hoe bang hij was. Bang om niet aan te komen, bang dat ze van gedachten was veranderd, bang dat haar vader hem niet aardig zou vinden, bang dat hij er niet tussen zou passen.

Maar nu rijden ze naar Borås.

Ze naderen het eindpunt. Het moet voorbestemd zijn. Dat moet het lot zijn. Zijn lot.

Het is 28 mei 1977 en het voelt alsof hij eindelijk thuis is.

De thuiskomst

Het appartement aan de Ulvens gata in Borås heeft drie kamers en bevindt zich in een roze gepleisterd flatgebouw dat van Lotta's familie is. Haar vader en moeder wonen een verdieping hoger. Het is PK's eerste zomer in Zweden. Hij heeft een warme gebreide coltrui onder zijn wollen jasje aangetrokken en zit op een houten stoel in de woonkamer met het raam open te luisteren naar het vogelgekwetter en het geruis van de berken. Zo af en toe rijdt er een auto voorbij. Daartussenin is alleen de wind in de boomkruinen te horen. Borås is niet zoals de steden waaraan hij gewend is, waar je je oren moet spitsen om een geluid te kunnen onderscheiden in de kakofonie van lawaai en geschreeuw.

Hij houdt van de stilte. Die geeft hem een gevoel van vrijheid. Maar soms is het te veel van het goede, dan voelt het griezelig aan en huivert hij. In de bus bijvoorbeeld kijkt iedereen weg. Als hij een praatje aanknoopt met medepassagiers antwoorden ze beleefd, hartelijk zelfs. Maar geen enkele Zweed neemt het initiatief tot contact. Ze zitten schouder aan schouder, maar iedereen zit in zijn eigen koelkast, en ze zijn voortdurend kil, denkt hij.

Op sommige momenten lijkt het wel alsof hij in een andere wereld is beland, een droomwereld, waar hij pauze heeft van al het lijden, als een soort beloning voor de lange en trouwe strijd om in de goede wereld terecht te komen. Het voelt koud en aangenaam tegelijk. Hij heeft kippenvel. Maar hij went goed.

Hij ziet twee mannen voorbijrennen. Ze rennen naar het bos.

Ze hebben haast. Hij denkt dat er gevaar dreigt en rent snel de flat uit. Hij haalt de mannen in. Samen joggen ze naar de bosrand. Hij is ervan overtuigd dat er brand is in het bos en dat ze de brand gaan blussen. Ze zijn bijna aan de oever van het bosmeertje, waar ze emmers met water aan elkaar zullen doorgeven. Als er nog meer mensen komen helpen, redden ze het wel.

Maar er kringelt helemaal geen rook omhoog uit het bos. Hij ziet geen vuur tussen de bomen. Hij ziet geen paniek op het gezicht van de mannen. Ze zijn nu blijven staan in hun blauwe trainingspak. Ze praten rustig met elkaar, zetten hun handen op een boom en leunen naar de stammen alsof ze proberen ze omver te duwen.

PK staart ze aan. 'Wat doen jullie?' vraagt hij in het Engels.

'We rekken,' antwoorden ze.

'Waarom doen jullie dat?'

'We zijn oriënteerders.'

Hij weet niet wat dat is. De man legt uit: 'Dat is iemand die meedoet aan een oriëntatieloop.'

Er is een man die niet duizenden kilometers over bergen en door woestijnen heeft gefietst, die geen astrologische profetie heeft die zegt dat hij zal trouwen met een muzikale vrouw met het sterrenbeeld Stier, geen honger heeft geleden, niet onder bruggen heeft geslapen, niet heeft geprobeerd een eind aan zijn leven te maken en geen presidenten en premiers heeft getekend. Maar hij is blond, met een lichte huid, ziet er netjes verzorgd en aardig uit, speelt fluit, spreekt perfect Zweeds, vat niet voortdurend de sociale en culturele regels verkeerd op en kent Lotta goed, omdat ze al jaren in hetzelfde koor zingen.

Bovendien heet hij Bengt, dat veel makkelijker uit te spreken is dan Pradyumna Kumar.

Op een avond komt Bengt op bezoek aan de Ulvens gata. Hij praat en praat en kijkt PK en Lotta onderzoekend aan. Hij praat zo geforceerd en kijkt hen met zo'n vreemde blik aan dat PK denkt dat hij niet helemaal goed bij zijn hoofd is.

De uren verstrijken, de avond wordt nacht, maar Bengt weigert naar huis te gaan.

'Waarom blijft onze gast zo lang?' vraagt PK als het drie uur is en Bengt naar de wc is.

Uiteindelijk lukt het hem niet meer op te blijven en te proberen de monoloog in het Zweeds van de gast te volgen. Hij gaat een stukje wandelen, en hoopt dat de gast hierdoor misschien naar huis gaat om te gaan slapen.

Maar als hij terugkomt ziet hij dat Bengt er nog is – met roodomrande ogen en glanzende wangen van het vocht. Plotseling staat hij op, hij loopt naar de hal, slaat de deur dicht, verdwijnt de trappen af en laat hen eindelijk alleen. PK hoort de buitendeur beneden dichtslaan. Het wordt stil.

'Waarom huilde hij?' vraagt PK.

'We kennen elkaar al heel lang. We zijn vrienden, niets meer, maar nu heb ik begrepen dat hij verliefd op me is. Hij kan er niet tegen dat jij hier bij mij woont,' legt Lotta uit en ze vertelt dat Bengt PK aardig en sympathiek vindt, maar dat hij niet wil dat PK bij haar woont.

PK ligt naast Lotta in het bed en kijkt naar de schaduwen van de straat die op het plafond dansen, maar hij kan echt niet slapen. Hij denkt steeds weer: er zou nog een Lotta moeten zijn, een voor mij en een voor Bengt.

De volgende ochtend zegt hij tegen Lotta dat hij naar de fietsenwinkel gaat.

'Hoezo?' vraagt ze.

'Ik ga een fiets kopen.'

Ze kijkt hem verwonderd aan.

'Een goede en duurzame fiets, die het de hele weg terug naar India uithoudt.'

Lotta begint te huilen. PK gaat zijn eigen weg.

PK denkt bijna die hele dag aan Bengt. Het is verdrietig om te beseffen dat Bengt zo goed bij Lotta past. Hij blijft piekeren over zijn nederlaag terwijl hij naar de fietsenwinkel gaat en een model uitzoekt dat hij de volgende dag zal komen kopen. Hij ontmoet een aantal nieuwe vrienden op straat in Borås en vertelt dat hij weer naar huis gaat fietsen. Sommigen moeten lachen, maar PK is ernstig en houdt voet bij stuk. Dan verstomt het gelach.

'Als er geen liefde is, wat doe ik hier dan?' zegt PK. 'De terugreis gaat vast sneller. Nu is het rechttoe-rechtaan,' vertelt hij. Nu zal hij van 's ochtends vroeg tot 's avonds laat zo veel fietsen als hij kan. Hij gaat naar huis, naar New Delhi, waar hij naar het postkantoor zal gaan om te vragen of die baan als ontwerper er nog steeds is. Als dat niet zo is, neemt hij de bus naar de Himalaya, zoekt daar een mooi gelegen boeddhistenklooster en wordt monnik.

Hij wil een thuis hebben. Het is niet het huis zelf dat hij belangrijk vindt. Het maakt niet uit hoe het eruitziet. Het is de geborgenheid en een vaste plek in zijn leven waarnaar hij verlangt.

De avond na het driehoeksdrama met Bengt zitten PK en Lotta samen thuis op de bank.

'Ik ben niet van gedachten veranderd,' zegt hij. 'Ik ga terugfietsen naar New Delhi.'

Lotta huilt.

'Waarom huil je?'

'Omdat ik niet wil dat je een fiets koopt en vertrekt.' Ze leunt naar hem toe, omhelst hem. Hij laat zich door haar omhelzen. Misschien is het een afscheidsknuffel.

'Moet ik nu gaan?' vraagt hij.

'Nee, ik wil niet dat je weggaat. Bengt interesseert me niet. Ik wist niet eens dat hij verliefd op me was. Ik wil mijn hele leven bij jou zijn,' zegt Lotta snuivend en snikkend.

Hij vindt Zweden maar een vreemd land. Mensen bedanken elkaar voortdurend voor vanzelfsprekendheden. En ze zeggen ook voortdurend nutteloze dingen als 'Lekker weertje vandaag'. Waarom doen ze dat? Je hoeft alleen omhoog te kijken als je wilt zien wat voor weer het is.

'Als je vrienden en familieleden naar Orissa komen,' zegt hij tegen Lotta, 'over de hoofdstraat in mijn geboortedorp lopen en mijn broer tegenkomen en hem dan begroeten met: "Lekker weertje, hè, meneer Pravat", dan zou hij zijn hoofd schudden en verderlopen zonder te blijven staan, ervan overtuigd dat hij een stelletje idioten tegen het lijf gelopen was.'

Ik zal er wel aan wennen, denkt hij.

Als hij Lotta's moeder voor de eerste keer ontmoet, denkt hij dat hij het geleerd heeft. Hij heeft de Zweedse beleefdheidsfrasen geoefend waarover Lotta hem aan zijn hoofd heeft gezeurd.

Vraag hoe het met ze gaat, begin daarna over het weer. *Hoe gaat het? Wat een mooi weer vandaag!* herhaalt hij een paar keer binnensmonds als ze aanbellen.

Maar het is koud buiten en hij moet zijn begroeting iets veranderen: *Hoe gaat het? Wat is het koud vandaag! Echt koud!*

Oog in oog met zijn schoonmoeder volgt de vuurproef: 'Hoe gaat het?' vraagt hij en hij voegt eraan toe: 'Echt oud.'

Dat klopte bijna, maar niet helemaal. Zijn schoonmoeder, die slechthorend is, zegt niets. PK denkt dat het aan haar melancholieke aard ligt. Maar later op de avond vraagt Lotta boos: 'Waarom zei je tegen mama dat ze oud is? Ze belde me om dat te vertellen. Ze was heel verontwaardigd.'

'Dat is een misverstand,' verontschuldigt hij zich.

Als hij bij Lotta's vader langsgaat, gaat het niet veel beter. Zijn schoonvader steekt zijn hand uit om PK te begroeten, die zich snel op de grond laat vallen om zijn schoonvaders voeten aan te raken. Dat is een gewoonte. Dat doe je als je oudere familieleden tegenkomt. Maar kennelijk niet in Zweden, want later hoort hij dat Lotta's vader verbaasd dacht: waar is die kleine Indiër nou naartoe?

En dan heb je nog dat gedoe met vee. De eerste zomer ziet hij koeien in een omheinde weide bij het zomerhuisje van Lotta's ouders net buiten Borås. Hij denkt: iemand is vergeten het hek open te zetten. Koeien moeten vrij rondlopen. Hij opent het hek. Tja, zelfs Zweedse koeien verlangen naar vrijheid en lopen goedmoedig wiegend de weg op.

Maar de auto's claxonneren geïrriteerd. PK zwaait blij terug. Automobilisten in India claxonneren altijd om de koeien aan de kant te krijgen.

Alles vrij en blij.

Maar de boer is boos. 'Wie heeft die koeien eruit gelaten?' vraagt hij woedend.

'Dat was ik,' antwoordt PK trots.

Hij doet een cursus Zweeds voor immigranten die vier maanden duurt en werkt hard om te integreren in zijn nieuwe vaderland. Hij is eraan gewend om op blote voeten te lopen en vergeet vaak schoenen aan te trekken als hij naar buiten gaat, ook al is het winter. Hij zet zijn blote voeten in de sneeuwbrij onder het afdakje bij de buitendeur en pas als hij de kou en het vocht voelt, merkt hij zijn vergissing op.

Er wordt tijdelijke vervanging gezocht voor een tekenleraar in Borås. PK solliciteert, ook al spreekt hij heel slecht Zweeds. Maar de kunst is universeel, denkt hij. Iedereen begrijpt een afbeelding. Daar heb je geen taal voor nodig. Hij wordt op het gemeentehuis ontboden voor een sollicitatiegesprek. Hij trekt zijn schoenen aan, kamt zijn haar en gaat erheen. Hij voelt zich heel beschaafd. Bijna als een Zweed.

Als het bezoekerslampje van het hoofd personeelszaken groen

wordt, loopt hij nerveus de kamer in. Hij ademt rustig om zijn onrust te verhullen. Het hoofd personeelszaken loopt heen en weer, trekt zijn bretels naar voren met zijn duimen en gaat op zijn tenen staan, maar zegt niets. Hij wordt steeds nerveuzer en beseft dat hij de culturele code nog niet heeft doorgrond. Zijn bretels naar voren trekken? Op zijn tenen gaan staan? Wat zou dat betekenen?

Plotseling vraagt de gemeenteambtenaar: 'En wat heb je *sysslat med*?' PK heeft het Zweedse woord voor werken, *arbeta*, geleerd, zelfs *jobba*, maar het woord *sysselsättning*, het favoriete begrip van het Zweedse arbeidsbureau, heeft hij nog nooit gehoord en hij weet dus niet wat *syssla med* zou kunnen betekenen.

De eerste Zweed die hij in zijn leven is tegengekomen was de filmer Jan Lindblad. Hij was in 1968 in het grote woud in PK's geboortedorp om het leven der dieren in het Tikarpada Wildlife Reserve te filmen. De tiener PK volgde het filmteam op de voet en keek gefascineerd toe als ze met camera's sleepten en die klaarzetten en kabels tussen allerlei apparaten aansloten.

Jan Lindblad vond PK aardig en noemde hem junglejongen. Hij was heel grappig en vriendelijk en behandelde de onaanraakbaren alsof ze evenveel waard waren als hijzelf.

Jan Lindblad liep vaak fluitend rond in het bos om vogels te lokken. Hij kon heel goed fluiten. Hij floot allerlei melodieën en imiteerde dieren zodat PK lachte totdat hij pijn in zijn buik had.

Plotseling begrijpt PK het, terwijl hij in de kamer van het hoofd personeelszaken van de gemeente Borås zit. De Zweedse ambtenaar vroeg zojuist of hij kon fluiten, *vissla*. Ja, natuurlijk! Dat lijkt logisch. Het is blijkbaar een belangrijke eigenschap in Zweden om te kunnen fluiten. Als leraar, denkt hij, moet je kunnen fluiten als de kinderen na de pauze naar binnen moeten. Zo doen ze dat hier in Zweden.

Hij haalt diep adem en begint te fluiten, heel hard. Hij haalt alles uit de kast om Zweden te laten zien dat hij denkt zoals Jan Lindblad, dat hij bijna een Zweed is, dat hij geschikt is voor het werk als tekenleraar.

Maar het hoofd personeelszaken ziet er niet blij uit. Hij verstijft, heft zijn handpalmen en, zoals hij later begrijpt, gebaart naar hem dat hij onmiddellijk moet ophouden. Maar dat snapt PK niet. Als je in India je handpalmen zo omhoog draait betekent dat: heel goed, ga zo door! Dus gaat hij door, nog harder, nog enthousiaster.

Hij fluit totdat hij er pijn van in zijn wangen heeft. En dan houdt hij op. Zo is het vast genoeg.

Het hoofd personeelszaken kijkt weg. Daarna kijkt hij PK strak aan en stelt tien korte vragen over zijn opleiding en achtergrond. Daarna vraagt hij niets meer. Hij doet de deur open. PK pakt zijn papieren. Het hoofd personeelszaken zegt gedecideerd: 'Bedankt en tot ziens!'

Het klinkt bijna boos, denkt PK.

Na het sollicitatiegesprek blijft hij lang piekeren over het gedrag van de man. Waarom kreeg hij ineens zo'n haast? Voldeed hij niet? Floot hij niet hard genoeg? Floot hij de verkeerde melodie?

Maar een paar dagen later belt de rector van de Engelbrektsschool op en vraagt of Pradyumna Kumar Mahanandia misschien wil invallen als tekenleraar en de volgende ochtend wil beginnen.

De eerste tijd in Zweden ontmoet hij veel mensen die denken dat de liefde tussen hem en Lotta geen lang leven beschoren is. Ze zeggen dat hij zich niet zal kunnen aanpassen aan de nieuwe omgeving, dat hij niet tegen het donker zal kunnen, de kou, het toenemende racisme in de samenleving en de Zweedse manier van met elkaar omgaan. 'Mijn hemel, hoe moet een Indiase dorpsjongen leren om in het moderne Zweden te leven?' zeggen ze hoofdschuddend tegen elkaar. 'Hij zal binnenkort wel scheiden van Lotta, zijn koffers pakken en weer naar de jungle teruggaan.'

Maar PK verlangt niet terug naar India. *Ik heb me geestelijk aan al het Indiase onttrokken,* schrijft hij in zijn dagboek met de rood-zwarte band dat hij van Lotta heeft gekregen. Dat heeft hij al snel volgeschreven – en daarna nog een en nog een – met gedachtes over het leven in Zweden. Het eerste jaar in de nieuwe wereld zit hij avond aan avond op de bank in de flat aan de Ulvens gata over alle nieuwe dingen te schrijven: alle teleurstellingen en alles wat hij heeft geleerd, wie er in hen geloven en wie twijfelen. Hij schrijft terwijl de herfstregens tegen de gevel slaan, terwijl de ijsbloemen op het raam glinsteren in de winterzon en terwijl de merel door het open raam zingt. Hij denkt na en schrijft, denkt na en schrijft. Door Zweden en alle cultuurschokken is hij meer na gaan denken, voelt hij.

Elke dag wordt hij Zweedser en minder Indiaas. Voor Lotta geldt het tegenovergestelde. Zij verdiept zich in yoga en meditatie. 's Ochtends reciteert ze een mantra, tot afschuw van PK. Het religieus klinkende geluid doet hem denken aan alles wat hij is ontvlucht, aan de overmacht van de brahmanen, aan zijn buitengeslotenheid en zelfmoordpogingen. Maar zelfs die gevoelens, die zich soms uiten in misselijkheid, leert hij beheersen, hij leert ze onderdrukken en ermee leven.

Voor een andere Indiase cultuur heeft hij warme gevoelens, zolang het niet te religieus wordt. De eerste tijd in Zweden tekent PK ansichtkaarten en affiches met Indiase patronen die hij aan vrienden en collega's verkoopt. Zijn afbeeldingen worden al snel in een aantal Zweedse kranten gepubliceerd. Het meest trots is hij erop dat hij op de cultuurpagina van het *Aftonbladet* over zijn kunstenaarschap schrijft en dat er in de gang van die avondkrant een tentoonstelling met zijn tekeningen komt, net zoals een paar jaar eerder bij de *Kabul Times*. Het artikel in het *Aftonbladet* leidt tot meerdere tentoonstellingen in de hoofdstad.

Het is moeilijk om zich los te maken van zijn afkomst. De omgeving vindt dat PK yogales zou moeten geven, ook al verzekert hij iedereen ervan dat hij geen expert is. Maar toch zijn de verwachtingen hooggespannen. Er wordt hem steeds vaker gevraagd om les te gaan geven.

'Ik heb nog nooit yogales gehad, het enige wat ik me kan herinneren is wat mijn grote broer me geleerd heeft,' zegt PK afwerend tegen de verwachtingsvolle inwoners van Borås.

'Dat is nog veel beter,' antwoorden ze.

Wanneer de Medborgarskolan de eerste yogacursus van de stad aankondigt, met een echte Indiër als leraar, is die snel volgeboekt. Vrijwel alle deelnemers zijn vrouw.

PK onderwijst wat zijn broer hem heeft geleerd. Dat is niet veel, vindt hij. Maar ze lijken tevreden. Hij krijgt ook vragen over de diepere betekenis van yoga en de filosofische betekenis, vragen die Lotta zou moeten beantwoorden, denkt hij, hij weet niet goed wat hij moet zeggen. Het vreemde is dat de vrouwen die geïnteresseerd zijn in yoga tevreden zijn met zijn verwarde antwoorden, die voortborduren op brokstukken van wat hij van anderen gehoord heeft, antwoorden die niet echt wijs, diep of verstandig zijn.

Ik vertrek geen spier en geef yogales. Het is in elk geval werk en ik verdien mijn eigen geld, schrijft PK in zijn dagboek.

Soms denkt hij aan wat er gebeurd zou zijn als hij Lotta nooit had ontmoet, die fiets nooit had gekocht in New Delhi en nooit naar het Westen was gaan fietsen. Hij dagdroomt over hoe zijn leven zou zijn geweest als hij niet verliefd was geworden en overweldigd door 'vergevingsenergie' en in zijn geboorteland was gebleven, dat als verlamd was door alle kastentegenstellingen. Tja, denkt hij, dan was hij waarschijnlijk politicus geworden om voor de rechten van onaanraakbaren te strijden. Dan was de politiek zijn enige wapen geweest.

Hij was misschien wel in het Indiase parlement gekomen voor Indira Gandhi's Congrespartij. Daarna, denkt hij, was hij waarschijnlijk gecorrumpeerd geraakt en had hij net als alle anderen steekpenningen aangenomen. Macht corrumpeert. Zo is het gewoon. Maar heel weinig mensen kunnen daar weerstand aan bieden en smetteloos blijven.

Misschien was de politiek sowieso niet genoeg geweest om zijn woede te beteugelen. Toen hij opgroeide en zelfs ook later in het leven dacht hij vaak aan wraak. Eigenlijk al zolang hij zich kan herinneren. Totdat hij Lotta ontmoette, dacht hij er vaak aan om een gruwelijke wraakactie uit te voeren. Maar zowel PK's vader als moeder probeerden zijn woede, als die overkookte, te temperen.

'Je moet mensen vergeven,' zeiden ze altijd.

Nu heeft PK al heel lang niet meer aan wraak gedacht. Als hij boos wordt, zegt hij in plaats daarvan dat hij wraak wil nemen op zijn eigen spiegelbeeld.

PK wil Zweed worden. Het maakt hem niets uit dat de omgeving sceptisch is. Hoe meer vrienden en collega's twijfelen aan het feit dat hij zich in Zweden zal redden, hoe meer hij zijn best doet om erbij te horen. Alles draait om zijn strijd om Zweeds te worden. Die stuwt hem voort. Maar hij vindt de taal moeilijk. Hij begrijpt het meeste wat er gezegd wordt, maar spreekt de woorden vaak verkeerd uit. Elk misverstand dat ontstaat vanwege de verkeerde klemtoon, het verkeerde *sche*-geluid of de verkeerde uitspraak van een klinker wakkert zijn strijdlust aan. Het gaat hem lukken! Het komt voor elkaar! Als hij het maar niet opgeeft!

In zijn eerste jaar in Zweden komt er op school in de gang op een keer een pubermeisje naar hem toe dat zich afvraagt waarom hij niet met een Indiase vrouw is getrouwd. 'Zo hoort het eigenlijk,' vindt ze.

'Liefde kent geen landsgrenzen,' antwoordt PK bokkig en hij loopt naar het schoolplein, waar Lotta op hem wacht.

Hij wil alle moeilijkheden overwinnen. Hij begint aan de opleiding voor jongerenwerker op de hogeschool Mullsjö net buiten Jönköping, leert alpineskiën en langlaufen, volgt een cursus overleven in de wildernis in Tärnaby en maakt een tocht naar de top van de Kebnekaise. Hij werkt als jongerenwerker bij Elfsborgs, de grote sportvereniging in Borås, houdt lezingen in de kerk en bij lokale afdelingen van het Rode Kruis, leert om kaneelbroodjes lekker te vinden en leert rijden op het paard van Lotta en haar zussen. Hij krijgt steeds meer vaardigheden en ervaringen die de Zweden op prijs stellen en vindt dat ze hem zo langzamerhand wel moeten gaan behandelen als de mens die hij is en niet als een vertegenwoordiger van een hele cultuur.

Lotta en PK wonen nog steeds in het appartement in Borås, maar elke zomer gaan ze naar de boerderij in Kroksjöås bij het Såkenmeer, waar Lotta's grootouders woonden. Daar telen ze bloemkool en aardappels, wandelen ze door het bos en bedenken ze dat ze misschien op een dag in het bos gaan wonen.

Aan het eind van de zomer in 1985 wordt Emelie geboren. Het is niet zomaar een dag. Het is 15 augustus. De dag waarop India achtendertig jaar geleden onafhankelijk werd van Groot-Brittannië.

Zijn eerste dochter wordt op de onafhankelijkheidsdag van India geboren. *Wat een toeval! Ik heb me nog nooit zo vrij gevoeld als vandaag,* schrijft hij in zijn dagboek.

Zijn vader, broers en de rest van zijn familie thuis in Orissa zien het als een voorteken.

Nu groeien jouw wortels in de aarde en ben je stevig verankerd in je nieuwe land, schrijft zijn vader in een brief en hij voegt eraan toe dat hij hoopt dat PK zijn Indiase afkomst niet helemaal is vergeten. *Ik hoor graag wat meer over Emelies Namakarana-ritueel,* schrijft hij.

PK moet zijn aversie voor religie voor zich houden. Zijn familieleden in India zouden teleurgesteld zijn als hij geen naamgevingsritueel zou houden, de hindoeïstische evenknie van de christelijke doop. Elf dagen na de geboorte van hun dochter voeren PK en Lotta het ritueel uit volgens de hindoeïstische traditie. De dunne plukjes haar op Emelies hoofd worden afgeschoren, de Zweedse familieleden komen bijeen – PK's familie in India heeft het geld niet om te komen – en PK leest al Emelies geluksbrengende namen en eretitels voor die zijn vader heeft gestuurd.

De Zweedse familieleden konden het ritueel niet waarderen. *Ze keken naar Emelies geschoren hoofd alsof ze een concentratiekampgevangene zagen,* schrijft hij in zijn dagboek.

Maar als Emelies broertje Karl-Siddharta drie jaar later wordt geboren, zijn ze eraan gewend en ondergaan ze het vreemde ritueel met ingetogen zachtmoedigheid.

Nadat hij een paar jaar als leraar heeft ingevallen, cursussen Zweeds voor immigranten heeft gevolgd en een aantal studies aan de volkshogeschool heeft gedaan, stuurt PK zijn diploma van de kunstacademie in New Delhi naar Skolöverstyrelsen om het te laten beoordelen. De Zweedse overheidsinstantie accepteert het buitenlandse getuigschrift. Nu is hij bevoegd docent en hij krijgt een vaste baan op de Engelbrektsskola.

Aan het begin van elk semester gooit hij de stoelen en banken de klas uit en zegt hij tegen de leerlingen dat ze in kleermakerszit op de grond moeten gaan zitten. Hij wil laten zien dat hij niet zomaar weer een volwassene is, dat hij niet alleen een verantwoordelijke, plichtsgetrouwe en beheerste autoriteit is, maar ook een kind, net zoals zij. Hij bootst de vogels en zoogdieren uit de jungle na, gaat op zijn rug liggen, spartelt met zijn benen in de lucht en gaat op zijn hoofd staan, in dezelfde yogahouding als 's ochtends thuis in zijn woonkamer. Dan moeten de kinderen lachen en begrijpen ze dat ze niet bang hoeven te zijn voor iemand die zo gek doet.

De cobra heeft hem beschermd tegen de regen toen hij als pasgeborene in de mand lag, in de hut met het kapotte dak. De gelukscobra zorgde ervoor dat hij ongedeerd van New Delhi naar Borås kwam. De slang beschermt hem ook in zijn nieuwe vaderland: op de Engelbrektsskola gooien leerlingen suiker in de tank van de auto's van de rector en andere leraren zodat ze niet meer kunnen rijden. Maar PK's auto wordt overgeslagen. Niemand raakt zijn witte Volvo 242 aan. De oproerkraaiers van de school fluisteren elkaar in dat PK een cobra op de achterbank heeft.

'Raak de auto van die Indiër niet aan, anders word je misschien gebeten!' waarschuwen de boefjes elkaar collegiaal.

Als hij helemaal vooraan in de klas staat en zijn leerlingen beziet, denkt hij vaak aan zijn eigen schooltijd. Hij denkt aan alle keren op de basisschool dat de hele klas, onder wie de leraren, hem, de onaanraakbare vlegel, de paria, pestten. In Zweden wordt er niet op zo'n grote schaal gepest, wat hem troost biedt.

Maar zelfs in Borås komt het wel voor. Als PK Zweedse leerlingen ziet die elkaar pesten, reageert hij soms met een onbeheersbare woede. Voor zijn ogen slaat een van de vaste pestkoppen van de school in op een van de vaste slachtoffers van de school. PK reageert instinctief. Hij brult van razernij. De Zweed gaat al snel over op Engels, en daarna zelfs op het Odia, de taal uit zijn jeugd. De overweldigende gevoelens zijn moeilijk te verklaren. Maar waarschijnlijk is de woede die nu opflakkert dezelfde als die hij als kind in het klaslokaal in Athmallik niet kon uiten.

'*Kneel down!*' schreeuwt hij tegen de pestkop. Zijn gebulder wordt gevolgd door terechtwijzingen in het Odia, die voor iedereen in de zaal behalve PK zelf onverstaanbaar zijn.

De pestkop, die nooit naar een leraar heeft geluisterd, wordt voor het eerst in zijn schoolcarrière doodsbang en gaat op zijn knieën zitten. De boze woorden in het Odia klinken in zijn oren als gevloek. Hij zit met gebogen hoofd op zijn knieën en staart naar de grond zonder een vin te durven verroeren, alsof hij een krijgsgevangene is. PK laat hem de rest van de les zo zitten. Onderworpen, vernederd en met de grond gelijkgemaakt.

Op een Zweedse school mag je een leerling niet straffen door hem meer dan een half uur op zijn knieën te laten zitten. Dat weet PK natuurlijk best, maar hij maalt niet om de regels, zo sterk is de herinnering aan zijn eigen buitensluiting. De razernij die jarenlang onder de oppervlakte heeft gesluimerd neemt de overhand.

Na afloop schaamt hij zich voor zijn reactie. Maar jaren later belt de pester hem op. Hij is dronken en huilt. Hij bedankt hem dat hij die keer zo boos is geworden en hem op zijn nummer heeft gezet. Daarna krijgt hij nog een brief van de pester waarin hij zijn leraar uit India nogmaals bedankt dat hij 'de duivel' uit hem heeft verdreven.

Het slachtoffer laat ook iets van zich horen en zegt dat de dag waarop PK de pester op zijn knieën liet zitten een keerpunt voor hem was. 'Daarna heeft niemand me ooit meer gepest, je hebt een patroon doorbroken waartegen niemand anders durfde op te treden,' vertelt hij.

De boerderij in Kroksjöås, vijfendertig jaar nadat hij voor het eerst een anemoon zag. De golven van het Såkenmeer klotsen tegen de kant, de sparren ruisen en het kindergelach klatert vanaf de oever aan de andere kant over het donkere wateroppervlak. Hij houdt van het geluid van het Scandinavische bos.

Hij zit op een witte tuinstoel in het gele hoge gras met klaprozen en margrietjes en denkt terug aan zijn leven in Zweden. Er is bijna een heel leven verstreken.

Zonder Lotta had hij het niet gered, denkt hij.

Nu is hij met vroegpensioen, zodat hij tijd heeft om te schilderen. Al die jaren als tekenleraar heeft hij bijna niets kunnen maken in zijn atelier, dat hij eerst in het appartement in het centrum van Borås had en later, nadat ze permanent naar het bos waren verhuisd, in de rode schuur naast het gele houten huis. Toen hij in het nieuwe computersysteem van de school lange beoordelingen over elke leerling moest gaan schrijven, zag hij zijn kans schoon om te stoppen. Toen kreeg hij een reden om zich terug te trekken.

Hij is al een paar uur op, heeft zijn dagelijkse yogaoefeningen gedaan, die paradoxaal genoeg een onmisbare routine zijn geworden sinds hij als nieuwe immigrant tegen zijn wil lessen gaf. Hij heeft gemberthee gedronken in de serre en uiteindelijk ontbeten: masala-omelet op toast. De ochtend gaat over in de middag en in het huis met uitzicht over het Kroksjömeer zijn de kinderen net wakker geworden.

Ze zijn volwassen.

Emelie heeft fashion management gestudeerd, met als afstudeerrichting marketing, en trekt de wereld in. Ze heeft in Kopenhagen gewerkt, marktonderzoek gedaan in Londen, een lente in

Bombay gewoond en Orissa bezocht om een contract af te sluiten met ambachtslieden die sjaals met ikatpatroon weven.

Karl-Siddharta toert al sinds zijn puberteit door Zweden en Europa als diskjockey, alias Kid Sid. Op zijn zestiende won hij de Zweedse kampioenschappen dj'en. Met het geld dat hij heeft verdiend heeft hij zijn helikopterbrevet gehaald. Hij droomt ervan om in India als professioneel helikopterpiloot te werken. Politici en zakenlieden heen en weer vliegen tussen ontoegankelijke delen van Orissa.

Beide kinderen voelen zich sterk aangetrokken tot het geboorteland van hun vader.

Het eerste contact van de kinderen met India was met hun nicht Ranjita uit Athmallik, die in Borås op bezoek kwam toen Emelie en Karl-Siddharta nog niet op school zaten. Emelie vond het Indiase nichtje heel vreemd. Ook al was Ranjita al een tiener, ze wist niet hoe je met bestek at. Door zoiets kleins keken ze raar tegen haar aan.

Het jaar daarna gingen PK en Lotta voor het eerst met de kinderen naar India. PK maakte zich zorgen over hoe het zou gaan. Tijdens zijn cursus Zweeds voor immigranten had hij geleerd dat kinderen op de fiets een helm op moeten. Hij nam die Zweedse liefde voor veiligheid aan alsof die onwrikbaar was. De Indiase laissez-faire-mentaliteit bestond niet meer, nu draaide het om de Zweedse helmplicht. Ook al zouden ze in India niet gaan fietsen, een Zweedse goedgekeurde helm vond hij noodzakelijk.

Er kan zo veel gevaarlijks gebeuren in India, dacht hij. Dus droeg Emelie gedurende vrijwel haar hele eerste reis naar India een blauwe tempex helm. Zelfs tijdens wandelingen in de grote stad en in kleine steden en als ze met haar neefjes en nichtjes op de akkers en paadjes rond het dorp speelde. De dorpsbewoners in Athmallik hadden nog nooit zoiets gezien.

'*Hello, little girl*,' zeiden ze, terwijl ze lachend en dolenthousiast met hun wijsvinger op de helm tikten en de vijfjarige Emelie steeds bozer werd.

'Je weet nooit wat er kan gebeuren,' wierp PK tegen toen Emelie klaagde en de helm wilde afzetten, omdat haar huid ging plakken en jeuken.

Het is zomer. PK zit in de tuin voor het kleine bijgebouw, wuift een koppige vlieg weg en overdenkt zijn leven. In zijn hoofd formuleert hij zijn ervaringen alsof hij voor een Zweed staat die helemaal niets van India weet.

Stel je eens voor, zou hij zeggen, dat de edelen en priesters alle belangrijke posten in de samenleving bezetten en dat jij, die niet tot een van die groepen behoort, waar je maar komt wordt buitengesloten. Stel je voor dat de mensen die je ontmoet eerst blij en open zijn, maar hun neus optrekken en zich afwenden zodra je vertelt hoe je heet. Stel je voor dat alle Zweedse priesters een roeping hebben en dat ze voor de kerkdeur staan en tegen je schreeuwen dat je moet maken dat je wegkomt en je religie maar ergens anders moet beleven. En dat ze dan een handvol grind naar je gooien zodat je het op een lopen zet, waarna ze de kerkdeur dichtslaan en op slot draaien. En stel je voor, zou hij verder tegen de Zweed zeggen, dat ze dat het hele jaar elke dag doen, jaar in jaar uit, hoewel je volgens de wet dezelfde rechten hebt en evenveel waard bent als iedereen.

En nu denkt hij aan een boek waarover hij zowel in Indiase als in Zweedse kranten heeft gelezen. Het boek gaat over Poolan Devi, een onderdrukt en misbruikt meisje uit een lage kaste, dat in een criminele bende terechtkwam, dat de koningin der bandieten werd en met een bloedbad revanche nam op haar voormalige kwelgeesten, in de gevangenis belandde, parlementslid werd en in heel India beroemd, zelfs wereldberoemd vanwege de boeken en de film over haar leven. Maar ze werd uiteindelijk vermoord door de familieleden van degene op wie ze wraak had genomen.

PK denkt dat het nu eenmaal zo gaat als je iemand met gelijke munt terugbetaalt. Door bloedwraak blijft de haat levend. Wraak verlengt het lijden. Wraak helpt niemand, denkt hij terwijl hij de geur van vers gemaaid gras inademt.

De grote berken ritselen zacht door het zuchtje wind. Hij kijkt uit over het Såkenmeer, met zijn gerimpelde wateroppervlak.

De zon schijnt bij wijze van uitzondering over de door de regen verzadigde streek. Hij loopt door het John Bauer-bos, dat stil en veilig tussen de stukken kaalslag ligt. Stenen en hopen aarde zijn ingekapseld in zacht, vochtig mos. Het ziet eruit alsof iemand een deken van marsepein heeft neergelegd en heeft geprobeerd een prinsessentaart van de natuur te maken.

De sparren vormen een dak boven zijn hoofd. Hij springt van steen naar steen over een ruisend beekje. Dan komt hij uit op een open plek in het bos waar de dauw als zilver in het hoge gras glinstert. Een grote spekgladde vlonder over een zompige weide, en dan wijkt het bos. Daar is het, het Såkenmeer, vlak en glanzend vandaag. Dode boomstammen liggen als vergeten mikadostokjes op het zandstrand. Het water is donkerbruin, het lijkt wel Coca-Cola.

'Wat hebben we een mooi weer gehad,' constateert PK vrolijk als hij de buurman tegenkomt op de grindweg die terug naar het kleine huisje leidt.

Hij denkt aan de tegenstrijdige gevoelens die omhoog kolken als hij naar zijn Indiase geboortedorp terugkeert. Toen PK, Lotta en hun twee kinderen een paar jaar geleden naar India gingen, had een hoge politicus in Orissa een helikopter geregeld. Die bracht de familie van de hoofdstad van de deelstaat naar PK's geboortedorp, waar de dorpsbewoners zich hadden verzameld alsof het een staatsbezoek betrof. De opschudding die dat veroorzaakte en de aanbidding van PK, een onaanraakbare jongen die zo'n geslaagd leven had gekregen, waren op zijn zachtst gezegd overweldigend. Brahmaanse meisjes, wier vaders ooit stenen naar hem hadden gegooid, gingen op hun knieën liggen, raakten zijn voeten aan en hingen eerbiedig kransen van afrikaantjes om zijn hals.

Ook al wordt hij tegenwoordig bewonderd door veel brahmanen in het dorp, toch wil hij hun macht niet al te duidelijk ondermijnen. Dat zou problemen kunnen geven als hij weer naar huis, naar Zweden, is vertrokken.

Een van zijn oudere broers, de succesvolle baas van de spoorwegen in de staalstad Bokaro, stelde in lijn met de overheidswetgeving een aantal onaanraakbaren aan bij Indian Railways. Op een dag werd hij levenloos aangetroffen op de vloer van zijn bungalow. Het dienstmeisje bekeek zijn gezicht, dat elk jaar op mysterieuze wijze witter was geworden, en ze zag blauw schuim uit zijn mond opborrelen.

Een natuurlijke dood, volgens de politie, maar de familie en zijn vrienden twijfelden daaraan. Hij had de brahmanen te zeer getart, was hun conclusie. Een gezagsgetrouwe overheidsambtenaar die voldoet aan de nieuwe wetgeving tegen discriminatie, dat was gewoon te veel voor de hoogste kasten. Ze vergiftigden hem. En de daders, wie dat ook waren, gingen vrijuit.

PK loopt naar de oever en keilt een steen over het glanzende oppervlak van het meer. Hij denkt opnieuw aan het verdriet en de misselijkheid die opkomen als hij de geur van wierook ruikt of hindoeïstische tempelmuziek of gebeden hoort, of andere rituele teksten in het Sanskriet. Maar daarvoor heeft hij een truc bedacht: hij roept het beeld op van de negatieve gevoelens alsof het wolken zijn die hem even schaduw moeten geven, maar dat de wolken dan snel, heel snel, worden weggeblazen.

Als hij inademt, ruikt hij het meer en het riet en hij hoort van veraf het gespetter en kindergelach van de oever aan de overkant. Het bos maakt hem rustig. De dikke boomstammen, de naalden, het mos, de hei, bosbessenstruiken. Het rijk van Lotta en mij, bedenkt hij.

Dan wordt het herfst en trekken de regenwolken binnen boven Borås. PK doet zijn laarzen aan en loopt het bos in, waar de regen door de takken van de machtige bomen naar beneden striemt, zodat het mos opzwelt en gaat glimmen. Hij voelt hoe zijn herinneringen vervagen. Als hij aan zijn leven in India denkt en aan de fietsreis naar Zweden, lijkt het wel alsof dat een heel andere PK was. Tegenwoordig blijft hij het liefst thuis – hij schildert in zijn atelier in de schuur, maakt boswandelingen, rooit bomen met de motorzaag en gaat nog een keer naar het kleine huisje om uit te kijken over het Såkenmeer.

PK denkt aan de toespraak die hij een jaar of wat geleden heeft gehouden in het centrum van de Zweedse adel, het Riddarhuset in Stockholm. Hij droeg een donkerblauw kraagloos pak en een zandkleurig Indiaas overhemd van ruwe zijde, herinnert hij zich. Zijn snor was netjes verzorgd en zijn haar gladgekamd.

Hij sprak voor leden van de Von Schedvin-clan, familieleden van Lotta. Hij had al talloze keren eerder toespraken over zijn leven gehouden, bij de Volksuniversiteit en op scholen, voor gemeenteambtenaren, plaatselijke volkskundige verenigingen en clubs van gepensioneerden, maar daar in het Riddarhuset was hij nerveuzer dan normaal. Door alle pompeuze schilderijen en alle wapenschilden en al het fijne porselein voelde hij zich klein en onbetekenend.

Maar hij vermande zich, liep naar de microfoon en begon te vertellen over zijn achtergrond, over de jungle en de olifanten, de slangen en tempels – en natuurlijk ook over het kastenstelsel. Hij wilde de kans grijpen om vergelijkingen te trekken tussen het Indiase kastenstelsel en de Zweedse standenmaatschappij. Priesters, strijders, kooplieden en arbeiders, zegt men in India. Adel, priesters, burgers en boeren, zei men in Zweden.

Daarna vertelde hij over de profetie, de liefde voor Lotta en zijn fietsreis naar Zweden. Het lot, de liefde, de reis.

'Ik bepaal mijn leven niet zelf en jullie, lieve luisteraars, bepalen niet jullie leven,' zei hij. 'Kijk naar mij! Het is geworden zoals in mijn geboortehoroscoop is bepaald en niet zoals mijn vader, mijn leraren of wie dan ook wilde dat het zou gebeuren.

De mens heeft een vrije wil, het lot is slechts een raamwerk en duidingen van profetieën vormen slechts de contouren van iemands leven.' Zo werkte volgens hem het leven. Zoals zijn moeder Kalabati het altijd hoopvol formuleerde: 'Niemand uit de onderkant van de samenleving is ertoe veroordeeld voor eeuwig onaanraakbaar te zijn en niemand uit de hoogste kaste kan erop rekenen voor altijd te kunnen bepalen wie de tempel mag bezoeken en de heilige rituelen mag uitvoeren.'

Hij vertelde ook dat er natuurlijk antidiscriminatiewetten zijn en quota die de mensen uit een lage kaste aan een opleiding en werk moeten helpen, maar dat er in India nog steeds geen verbod is tegen het hele kastenstelsel. 'Een verbod! Dat is mijn droom.'

Hij hield veel roemrijke toespraken. Toen hij werd gebeld door de University of Culture in Bhubaneswar, omdat ze hem een eredoctoraat wilden verlenen, moest hij er wel naartoe. Hij was gevleid. En trots.

Toen ik klein was, duwden ze me in het vuil, dacht hij, nu drogen ze me af en zetten ze me op een voetstuk. Als een onaanraakbare een eredoctoraat krijgt, gaat de mensheid erop vooruit, ondanks alle oorlog en ellende.

Hij droeg weer zijn donkerblauwe pak. Hij haalde diep adem en stapte het podium op. De schijnwerpers straalden warmte uit, de zweetdruppels stonden op zijn voorhoofd, honderden paren ogen staarden hem aan. Hij kreeg bloemen in zijn hand gedrukt terwijl er een oranje mantel met een goudglanzende bies om zijn schouders werd gehangen. De toespraak die werd gehouden was uitbundig en pompeus, naar Indiase traditie.

'Ik ben niet altijd zo blij geweest. Toen ik een jonge kunststudent was, probeerde ik drie keer mijn leven te beëindigen en streed ik elke dag tegen de honger,' vertelde PK toen het zijn beurt was.

Daarna voegde hij er beleefd aan toe dat hij het zo ver had geschopt – helemaal tot aan een leven in een geel huis in het bos bij Borås – dankzij de inspiratie die hij opdeed bij de mensen in Orissa.

Dat drukte hij uit met een formulering die hij Olof Palme een keer in een toespraak had horen gebruiken: 'Jullie moeten mij niet bedanken, jullie moeten jezelf bedanken.'

Op een ijskoude ochtend in december met een bleek zonnetje stappen ik, Lotta, Emelie en Karl-Siddharta op Landvetter in een vliegtuig om te reizen naar dat wat ooit het koninkrijk Athmallik was.

We vliegen over de met sneeuw bepoederde akkers van Denemarken en de blauwgroen uitgeslagen koperen daken van Wenen. We vliegen over Irans droge woestijnen en Afghanistans kale bergen, waar ik dertig jaar geleden op mijn fiets in tegenovergestelde richting worstelde. We vliegen over de door de zon verschroeide Gangesvlakte, waar de trein die mij ooit het dorp uit bracht nu over de glanzende rails kruipt. We vliegen over het land van het inheemse volk, waar de begroeiing donkergroen en hobbelig is en op broccoli lijkt, we zwenken over de Golf van Bengalen en vliegen over de lange gele zandstranden met de Zwarte Pagode, de tempel van de Zonnegod met het magische zonnewiel, landen in mijn geboortestreek.

We huren een auto en rijden over steeds hobbeliger wegen langs de bazaarsteden Dhenkanal en Angul, slaan van de hoofdweg af en rijden het laatste stuk over een nog smallere weg, omgeven door de steeds dichtere jungle, naar het dorp waar ik ben geboren.

Aan het begin van de dorpsstraat worden we opgewacht door een welkomstorkest. Acht mannen lopen langzaam voor onze gehuurde Chevrolet met vierwielaandrijving uit, die vaart moet minderen om geen muzikanten te overrijden. Net zoals de vorige keer dat ik hier op bezoek kwam. Het orkest speelt zoals gewoonlijk een gekke melodie. Trommels, klarinet, bastuba. En de dorpsbewoners staan langs de hoofdweg naar de processie te kijken en groeten ons.

We logeren in het huis tussen de bergen en de rivier. Het huis dat we hebben gebouwd om een eigen plek te hebben, nu vader en moeder dood zijn en het huis uit mijn kindertijd al heel lang weg is. Van hieruit kan ik ook het liefdadigheidswerk coördineren dat ik ben begonnen: de waterpompen, de school en het activiteitencentrum dat studiekringen voor arme vrouwen organiseert.

Ik wil de mensen helpen die niet zo veel geluk hebben gehad als ikzelf, ook al is het maar een druppel op een gloeiende plaat. Er is zo veel te doen. Elke ochtend verzamelen arme dorpsbewoners zich voor het huis voor advies.

We gaan naar de Mahanadi-rivier waar vrouwen kleding wassen aan de oever, buffels en koeien rondlopen in het stromende, kniehoge water en krokodillen op de zandbanken liggen te zonnen. We worden gevolgd door een stroom mannen, vrouwen en kinderen uit het dorp. Naast mij loopt mijn persoonlijke lijfwacht, een militair met een zwarte alpinopet en in camouflage-uniform, gestuurd en betaald door de regering van de deelstaat.

Achter ons loopt de bard van het dorp, een brahmaan die af en toe iets roept, zijn stok in de lucht steekt en triomfantelijk 'Hari Bol' roept, als een eerbetoon aan God. Hij heft zijn handen en lacht rochelend zijn tanden bloot, die roodgekleurd zijn na al die jaren kauwen op betel.

Een schare bewonderaars, een brahmaan en een soldaat. Ik heb de beste bescherming die je kunt krijgen.

De brahmaan vertelt me dat hij sinds 1962 regelmatig heeft gelachen en 'Hari Bol' heeft geroepen en daarom sinds die tijd nog geen dag ziek is geweest. God beloont de toegewijden.

Maar Karl-Siddartha krijgt genoeg van het monotone gedreun en leert hem om met een Göteborgs accent 'Hej på dig' *te roepen. Nu hoor je de brahmaan van 's ochtends vroeg tot 's avonds laat afwisselend zijn eerbetoon aan God roepen en de voor de dorpsbewoners onbekende woorden met hun blije klank.*

Halverwege de rivier nodigt de brahmaan Lotta en mij bij hem thuis uit. Daarbinnen in het donker staat een huisaltaar, zoals in de meeste hindoeïstische huizen, maar hier troont geen Shiva of Vishnu, maar een foto van... Lotta en mij.

We blijven staan en kijken toe hoe de brahmaan op zijn knieën valt, zijn handen heft en de foto aanbidt.

Ik kijk naar Lotta, die lachend haar hoofd schudt. We kunnen onze ogen nauwelijks geloven.

Nawoord

Het kastenstelsel in India

Zoals PK zegt is het kastenstelsel op het eerste oog niet zo moeilijk te begrijpen. Maar wanneer je dieper gaat graven in de divisies en subdivisies van het systeem, lijkt het even chaotisch en verbijsterend als een drukke straatmarkt in India.

Het woord 'kaste' is afgeleid van het Portugese *casta*, wat 'ras, soort of afstamming' betekent, en oorspronkelijk van het Latijnse *casto*, wat 'puur of kuis' betekent. In Indiase talen is er geen nauwkeurige vertaling voor, maar *varna* en *jati* komen het meest in de buurt. Deze twee concepten vertegenwoordigen verschillende niveaus van sociale identiteit binnen het kastenstelsel.

Volgens brahmaanse boeken zoals de *Rigveda* betekent varna in het Sanskriet 'kleur, type of orde'. Historisch gezien waren er vier hoofdvarna's in een starre hiërarchie. Bovenaan stonden de brahmanen (leraren, intellectuelen, priesters), vervolgens de kshatriya (krijgers en heersers), gevolgd door de vaishya (handelaren en ambachtslieden) en ten slotte de shudra (arbeiders en bedienden).

Sommige groepen mensen werden buiten het varna-systeem geplaatst en 'onaanraakbaren' genoemd, tegenwoordig bekend als *dalits*. Ze worden tot op de dag van vandaag op sociaal vlak buitengesloten.

Jati verwijst naar de geboorte en wordt meestal geassocieerd met je baan of beroep. De jati behoren tot een van de vier varna, en dit is het moment waarop de meeste van PK's westerse vrienden hun handen ten hemel heffen en een ander onderwerp proberen aan te snijden, want er zijn duizenden jati. Deze complexe sociale groeperingen laten zich vrijwel niet definiëren.

De verzen uit de *Rigveda* die PK noemt zijn afkomstig uit een verzameling oud-Indiase hymnen in het Sanskriet, gewijd aan de goden, waarvan Purusa er één is: het 'kosmische wezen'. Hij bewoont al het bewuste en onbewuste op aarde en wordt afgebeeld met duizend hoofden, ogen en benen.

Mensen uit de onaanraakbare of dalitkaste waartoe PK behoort, oefenden van oudsher beroepen uit die werden gezien als onzuiver, zoals werken met leer, het slachten of opruimen van kadavers, of het verwijderen van afval en lijken. Het waren veelal verschoppelingen, verbannen uit het alledaagse sociale leven, fysiek afgescheiden van de rest van de gemeenschap en ze mochten tempels en scholen niet betreden. Zoals PK beschrijft zijn de onaanraakbaren al vanaf hun geboorte buitenbeentjes, ongewenste zwervers, door een ongeluk van het lot ingedeeld in een categorie van non-mensen.

Het kastenstelsel in India heeft al een lange geschiedenis, maar de Britse *raj* heeft de problemen verergerd door de verdeling in kasten juridisch bindend te maken. Tussen 1860 en 1920 deelden de Britten de Indiërs op in kasten, waarbij de beste administratieve functies gingen naar de hogere kasten. Protesten in de jaren twintig van de vorige eeuw dwongen het koloniale bestuur echter om een beleid van positieve discriminatie te voeren door een bepaald percentage van de bestuurlijke functies aan te bieden aan mensen uit lagere kasten.

Over het algemeen beschouwden de Britten de onaanraakbaren meer als nuttige arbeidskrachten dan als onmenselijk of ritueel onrein, en velen werden dan ook gerekruteerd in het leger. Tijdens de heerschappij van de raj werden de onaanraakbaren met een zekere pragmatische welwillendheid behandeld en bereikten ze een bescheiden vorm van emancipatie. De familie van PK deed het goed bij de Britten.

Mahatma Gandhi begon een landelijke beweging tegen onaanraakbaarheid en noemde de lagere kasten *harijan* ofwel 'kinderen van God'. Hij begon de All-India Anti-Untouchability League en het weekblad *Harijan.* Ook ondernam hij tussen november 1933 en augustus 1934 een tour door India om het woord te verspreiden, helemaal tot aan de laagste en meest onderdrukte lagen van de samenleving. Echter, velen vonden dat het veranderen van de term onaanraakbaren in het ogenschijnlijk meer verheven harijan het probleem van de vervolging van de onderklassen niet oploste. Het klonk weliswaar minder erg, maar verder veranderde er weinig. Vandaag de dag wordt harijan gezien als een denigrerende, beledigende term. PK zelf houdt helemaal niet van de term, omdat het kan worden opgevat als een ontkenning van iemands ware afkomst.

De onaanraakbaren werden na de India Act van 1935 en daarna, na de Indiase grondwet van 1950, *scheduled castes* en *scheduled tribes* genoemd. De grondwet verbood ook discriminatie op grond van kaste en kwam met quota voor mensen uit scheduled castes in overheidsfuncties en educatieve instellingen. Sinds de Untouchability (Offences) Act van 1955 is het strafbaar om iemand te discrimineren omdat hij afkomstig is uit een scheduled caste.

Ondanks deze maatregelen leeft het onderscheid in kasten voort, en daarmee ook het geweld en de intolerantie, met name in landelijke gebieden. Aan het begin van deze eeuw waren er 170 miljoen dalits in India.

> 'Ondanks alle inspanningen om een einde te maken aan discriminatie op basis van kaste en afkomst blijft het in de praktijk bestaan vanwege de slechte handhaving van de wet. De mensen uit deze gemeenschappen hebben een verminderde toegang tot grondstoffen en diensten waardoor hun ontwikkeling achterblijft, wat maakt dat de meeste blijven hangen in ernstige armoede. In India stijgt het aantal geweldsdelicten tegen dalits nog altijd drastisch, waar vervolging in deze zaken extreem vaak achterwege blijft. De aanslagen zijn

> wreed en onmenselijk, variërend van groepsverkrachtingen tot het recent levend verbranden van twee kinderen in de Indiase staat Haryana.'*

PK beschouwt het kastenstelsel als een ernstige ziekte, zoals kanker, en discriminatie is hooguit het symptoom. We moeten ons richten op het genezen van de ziekte – de wortel van het probleem – en niet op het symptoom, en liefde en medeleven vormen het beste medicijn om dit voor elkaar te krijgen. In het Sanskriet betekent het woord dalit 'onderdrukt, verbrijzeld, in stukken gebroken'. Met alleen wetgeving komen we er niet. Zoals PK het zegt: 'Wetten zijn nutteloos als ze niet worden gehandhaafd. Oude vooroordelen zitten in het hoofd van mensen net zo vast als lagen van oergesteente. Verandering moet van binnenuit komen, vanuit het hart.'

* Human Rights Watch: 11 maart 2016, debat over het beëindigen van discriminatie op basis van kaste en afkomst

PK's dankwoord

Allereerst wil ik mijn grote dankbaarheid betuigen aan Juliet, Novin en iedereen bij Oneworld voor hun liefde, warmte en niet-aflatende steun, evenals voor hun harde werk aan dit verhaal. Toen ik ze voor het eerst ontmoette bij hun uitgevershuis in Londen voelde ik me meteen thuis, en zij en al hun collega's hebben grote indruk op me gemaakt. Zoals mijn zoon opmerkte: 'We hebben de beste uitgever ter wereld gevonden.' De naam Oneworld past heel goed bij hun ethos en we delen dezelfde visie voor de toekomst van de mensheid.

Dit boek is ontstaan uit het verhaal van twee personen, Charlotte en ik. We hebben een totaal verschillende achtergrond, we komen uit verschillende continenten en verschillende werelden, die uiteindelijk één wereld werden! Ik had nooit kunnen dromen dat mensen zouden worden geïnspireerd om een boek over ons te schrijven, uit te geven en te lezen.

Ik wil graag mijn moeder bedanken, die me op de wereld heeft gezet. Al kon ze niet lezen of schrijven, met haar vingers telde ze de dagen, weken en maanden, ze wist wanneer de Indiase feestdagen waren en ze begreep de zon, de maan en de bewegingen van de planeten. Mijn moeder leerde me vergeven en leven in harmonie, terwijl mijn vader me leerde overleven. Als kind vroeg ik me vaak af hoe ik mijn moeder gelukkig kon maken. Nu voel ik hoe ze vanuit de hemel naar beneden kijkt, en ik weet dat ze blij is dat dit boek over haar zoon is geschreven.

Verder ben ik de Zweedse auteur Per J Andersson en zijn geliefde Pernilla dank verschuldigd voor hun eindeloze onderzoek in de afgelopen zes jaar, waarin Per mijn dorp in Oost-India heeft bezocht en veel van de mensen die in het boek voorkomen heeft geïnterviewd. Speciale dank gaat ook naar Liselott en Adam van uitgever Forum, en alle anderen die erbij betrokken waren. Ik wil ook Martin Fletcher bedanken voor zijn redactionele hulp en voor zijn naschrift over het Indiase kastenstelsel.

Mijn speciale dank gaat uit naar mijn dierbare Britse vriendin Anne, die het vele jaren geleden op zich nam mijn oude dagboeken op mijn typemachine uit te typen. Ze voelde zich sterk emotioneel verbonden met mijn verhaal en bleef me aanmoedigen. Ze is een zeer loyale vriendin – niet alleen van mij, maar van mijn hele familie.

Vanzelfsprekend: dit verhaal noch het boek zou mogelijk zijn geweest zonder Charlottes warmte en onvoorwaardelijke liefde. Behalve mijn vrouw, levenspartner en beste vriendin is zij mijn godin – niet alleen hou ik van haar, ik aanbid haar.

Ik moet mijn lieve vrouw ook hartelijk danken omdat ze zo ongelofelijk geduldig is, omdat ze me eindeloos laat praten en naar al mijn ideeën luistert. Bijzonder veel dank aan onze dochter Emelie – een sympathieke ziel en net als mijn vader een geweldige fluitspeler – voor haar oprechte morele steun, en aan onze zoon, de prins Karl-Siddharta; hij is de echte zakenman van het gezin en heeft nog veel andere prachtige talenten.

Ik ben ook de moeder van Charlotte, AnnMarie, erg dankbaar voor haar waardevolle advies over hoe je op een milieuvriendelijke manier op het Zweedse platteland kunt leven, en omdat ze me al veertig jaar liefkozend Mowgli noemt, net zoals mijn grootvader altijd deed. En verder Charlottes zus Ulla, die geweldig kan paardrijden, altijd genadeloos eerlijk is en omdat ze al zolang ik in Zweden ben mijn haar beter heeft geknipt dan een professionele kapper.

Als laatste vraag ik om de vergeving van iedereen die ik hier vergeten ben te noemen die me heeft geholpen en me van eten en advies heeft voorzien tijdens mijn lange reis over land over The Hippie Trail van het Oosten naar het Westen.

Fotoalbum

Shridhar, PK's vader

PK tussen zijn vader en moeder, met vooraan zijn broertje Prabir en een neefje

Kalabati, PK's moeder

Zelfportret, getiteld 'Love to my Lotta'

PK geportretteerd door zijn vriend Tarique

PK tekent portretten in Connaught Place in New Delhi

Een Zweedse oude dame die wordt getekend

PK ontmoet de kosmonaute Valentina Teresjkova die hij net heeft geportretteerd

B.D. Jatti was de derde president die PK in korte tijd tekende

Met vrienden uit Orissa op bezoek bij premier Indira Gandhi

Lotta en een vriendin in Varanasi

De eerste foto van PK en Lotta samen, genomen in New Delhi in januari 1976

PK in zijn woning in New Delhi

PK en Lotta in Lodi Colony in New Delhi

Weer samen na de lange fietstocht

PK en Lotta trouwen op 28 mei 1979 in Borås, precies twee jaar nadat ze in Zweden herenigd werden

Onderstebovenyoga op een congres voor blinden aan de Volkshogeschool Mullsjö

De familie Mahanandia-von Schedvin in een fotostudio in Sandared

De familie: Emelie, Lotta, PK, Karl-Siddharta

PK en Lotta thuis in Kroksjöås

Ochtendgebed op een school in Baghmunda, waar PK's nichtje Ranjita lesgeeft

PK spreekt studenten toe op het Kalinga Institute of Social Sciences (KISS), Odisha